# 慈濟社區志工

—— 布善種子 遍功德田 ——

# TZU CHI
# Community Volunteers

編著——

財團法人印證教育基金會

靜思法脈勤行道 慈濟宗門人間路。（攝影／阮義忠）

靜思堂 人間菩薩道場——雪隆靜思堂。（攝影／林炎煌）

佛心師志，承擔如來家業。（慈濟花蓮本會提供）

佛教慈濟功德會，秉承佛陀「無緣大慈、同體大悲」之信念，服膺上印下順上人「為佛教、為眾生」之志節，從事濟貧教富之志業。因此，我們的理想是：

以慈悲喜捨之心，起救苦救難之行，予樂拔苦，締造清新潔淨之慈濟世界。

我們的方法是：以理事圓融之智慧，力邀天下善士，同耕一方福田；勤植萬蕊心蓮，同造愛的社會。

我們的工作是：集慈善、醫療、教育與人文四大志業於一爐。

而我們的精神是誠、正、信、實；我們深信眾生平等，人人具有佛性。

只要能從慈門入，必能得一覽佛門的莊嚴美妙殿堂；只要能從善門入，富者施之，必能得福而樂；貧者受之，必能得救而安。

人生無常，生命隨日俱逝，我們應該把握難得的人生，造善因、得善果，才不致有深入寶山，空手而回之憾。

慈濟宗門人間路

靜思法脈勤行道

傳家寶

慈濟志言

慈濟志言，慧命傳家。（慈濟教育執行長辦公室提供）

慈濟隊伍浩蕩長。（新加坡慈濟分會提供）

# 2020 年全球慈濟人分布國家地區概況

| 亞洲地區（23） | | 非洲地區（9） | 大洋洲地區（4） |
|---|---|---|---|
| 臺灣 | 中國大陸 | 南非 | 澳洲 |
| 香港 | 日本 | 賴索托 | 紐西蘭 |
| 泰國 | 印尼 | 莫三比克 | 美屬薩摩亞 |
| 越南 | 汶萊 | 史瓦帝尼 | 美屬北馬利納群島邦（塞班島） |
| 以色列 | 印度 | 辛巴威 | |
| 新加坡 | 菲律賓 | 波札那 | |
| 約旦 | 土耳其 | 納米比亞 | |
| 斯里蘭卡 | 緬甸 | 馬拉威 | |
| 柬埔寨 | 韓國 | 尚比亞 | |
| 尼泊爾 | 馬來西亞 | | |
| 寮國 | 俄羅斯 | | |
| 澳門 | | | |

| 歐洲地區（11） |  |
| --- | --- |
| 英國 |  |
| 德國 |  |
| 奧地利 |  |
| 法國 |  |
| 荷蘭 |  |
| 瑞典 |  |
| 義大利 |  |
| 挪威 |  |
| 波士尼亞 |  |
| 塞爾維亞 |  |
| 葡萄牙 |  |

| 美洲地區（19） |  |
| --- | --- |
| 美國 | 加拿大 |
| 墨西哥 | 巴西 |
| 阿根廷 | 巴拉圭 |
| 多明尼加 | 瓜地馬拉 |
| 薩爾瓦多 | 荷屬聖馬丁 |
| 哥斯大黎加 | 宏都拉斯 |
| 玻利維亞 | 海地 |
| 智利 | 委內瑞拉 |
| 厄瓜多 | 波多黎各 |
| 尼加拉瓜 |  |

馬來西亞檳城「清淨‧大愛‧無量義」音樂手語劇。（攝影／易金融）

## 總序

# 印證法源　廣行宗門

慈濟宗門本於一念慈悲濟世之心，五十五年來，超越宗教、種族、地域，撒播無量善種；在宇宙星河，則有一顆「慈濟」小行星，位於火星與木星間、距地球3億多公里，日夜繞行太陽。天上「慈濟」的星光，輝映著世間慈濟人的心光，心星相映，光光相照。

這顆「慈濟（Tzu Chi）」小行星，係 2007 年 5 月間鹿林天文台觀測時發現，中央大學為彰顯慈濟對世人之貢獻，命名「慈濟」行星。2010 年 7 月 26 日國際天文學聯合會命名正式通過，象徵以善、以愛為寶的「慈濟」躍上天際，代表無私、無所求的精神恆久傳遞。

為傳承慈濟宗門之廣行，各志業同仁發心編寫四大八印專書，蒐羅博采，揀擇核實，徵引大事紀，剖析大數據，匯編大歷史。《叢書》費時一年完成，以四大志業為綱，

八大法印為目；依各志業歷時性的發展為主軸，輔以共時性的學術論述，文理史論，交互輝映。各書以《無量義經偈頌》為標引，諸佛名號果德為指歸，啟發人人本具性德為路徑，誠正信實走入人群，慈悲喜捨濟度有情。

《慈濟慈善志業—洪注大乘　潤漬眾生》志承「如來」家業，如來者，乘如實之道，來成正等正覺。慈善志業以如法、如理、如是之道，成救苦、救難、救世之行。詳載難民援助、防災減災，行善半世紀，愛灑百餘國之紀錄。

《慈濟醫療志業—救處護處　大依止處》效法「大醫王」胸懷，創設全臺七家醫院，在缺乏資金、人力、土地，艱困籌建後，造福偏鄉原鄉；國際慈濟人醫會全球醫療援助，及析論臺灣醫療之永續發展。

《慈濟教育志業—曉了分別　性相真實》學習「天人師」之德行，興辦慈濟大學、慈濟科技大學、慈大附中、臺南慈濟中學四校，培育典範良師，作育人間英才，推廣國際教育、社會教育，援建海內外學校，闡述慈濟教師聯誼會與靜思語對教學之助益。

《慈濟人文志業—大愛清流　法音宣流》本乎「正遍知」之使命，宣揚正知、正念、正行，以期達到正確而普遍了知。回溯慈濟月刊、大愛廣播、大愛電視台、經典雜誌、人文真善美志工創立緣起，報真導正，傳播人間美善。

　　《慈濟急難賑災—無量大悲　救苦眾生》依止「明行足」之德行，結合智慧與實踐，圓滿而具足。在全球災禍連連之際，慈濟人研發救苦救難之科技設備，直接、重點、及時、務實、關懷五大洲、119個國家地區之歷程。

　　《慈濟大捨捐贈—頭目髓腦　悉施於人》體現「善逝」之精神，亦即善巧教化，不執著、無分別，捨身度人。無語良師盡形壽獻身命於大體解剖學、模擬手術教學和病理解剖，貢獻醫學教育，培育良醫。骨髓捐贈則為救人一命，無損己身之例證。

　　《慈濟社區志工—布善種子　遍功德田》立「調御丈夫」之志，各區志工以大丈夫之氣度，調伏煩惱，發揮功能與良能，全人、全家、全面、全程，就近就地，長期守護社區，成為安定社會的磐石。

《慈濟環境保護——扇解脫風　除世熱惱》尋求「世間解」之精髓，通達理解世間之事理，尋求解決環境之沈痾。面對氣候變遷、地球暖化，慈濟推行環保三十年，從回收品研發綠色產品，在生活中減塑、素食到身心環保。

　　總括八冊專書以「事」契「理」，修習理事圓融。以「行」入「解」，深明解行相應。以「悲」啟「智」，體悟悲智雙運。從「做中學，學中覺，覺後修。」實踐慈濟「行經」之宗風——行菩薩道，經真實路，尋根溯本，印證法源。

　　叢書分為兩套，第一套「四大志業」，編修慈善、醫療、教育、人文之志業史實。第二套輯錄急難賑災、大捨捐贈、社區志工及環境保護，秉持四大八法之精神，結集四大志業相依相攝、合和互協，名為「四大合協」。

　　《無量義經》云：「譬如從一種子生百千萬，百千萬中，一一復生百千萬數，如是展轉乃至無量。」一生無量的慈濟人，秉承佛心師志，為佛教、為眾生，聞聲救苦，慈心悲願之文史得以付梓，感恩四大志業，合心編纂印證叢書，記載志業發展歷程，撰述全球援助事例，匯集人間美善行誼，見證宗門無邊大愛、無量善行。

釋證嚴

序

# 社區志工　全球布局

佛教慈濟慈善事業基金會　**劉銘達（濟雨）副執行長**

───────────◇◇◇◇◇───────────

　　2020 年是慈濟志業邁入第五十五年，回首過去慈濟志業的推動是篳路藍縷以啟山林，四大志業八大法印 [1] 的觸角隨著全球各地的不同因緣而廣伸，尤其 2020 年年初新冠狀病毒肆虐全球，更讓慈濟防疫物資的援助達到一百多個國家地區，而慈濟全球慈善關懷的國家更高達 119 個。

　　無論是單獨國家的災難，亦或區域國家同時遭受天災重創，或如此次疫情讓全球陷入困境……等等，慈濟基金會之所以能極有效率地收集資訊、集結人力、統籌物質、

───────────────────────────

1「四大志業、八大法印」為慈濟的主要事業，即慈善、醫療（如慈濟醫院）、教育（如慈濟大學、慈濟科技大學、慈大附中、臺南慈中）、人文（慈濟人文志業中心、大愛電視、經典雜誌、檀施會、慈濟月刊、外語期刊）、國際賑災（如援助川緬）、骨髓捐贈（慈濟骨髓資料庫）、環保（如慈濟環保教育站、大愛感恩科技公司）、社區志工（慈濟各分支會所）。

配置運送並及時發放……等等，其中「社區志工」與「區域志工」體制概念的靈活運作，扮演著十分重要的角色。

「社區志工」會被列入慈濟志業推動的八大法印之一，足見此概念之重要性。社區志工顧名思義就是最接近人群及基層的志工，是志工力量的泉源與基礎，也是落實敦親睦鄰、守望相助的重要支柱。既然志工資源來自基層社區，志工活動及志工聯誼自是以自己居住之社區為最理想與方便之處，此乃各國慈濟分會廣設社區道場以方便志工與會眾前往之故。距離不遠加上交通方便才能持續，持續才會穩定，穩定才會成長，因此社區道場林立而社區慈善聯誼與活動也推動有成之分會，相對的其會務推動包括志工成長率自是成效卓著。

對慈濟全球佈局而言，一個城市有一個城市的社區志工制度，一個國家有一個國家的地區志工制度，一個區域有一個區域的區域志工制度，而全球則有全球的國際志工概念與制度。小至一個鄉里，大至一個區域或一個國家乃至地球村，社區志工與區域志工制度仍可因地制宜而通權達變，以適應不同國情與不同慈濟志業的推動。因此社區

志工制度也非一成不變，只要能適合不同國情而對機起妙用，則皆成妙法，此乃「佛法不離世間法」之精神。既要入世就需有方便權教來妙權誘引的世間法，然而仍不脫離「隱實施權」之精神，最終還是透過開權而顯實，亦即開方便門顯真實相之意。

法無定法、法本無法，能對機就是妙法。所以社區志工制度之推動也非僵化不變，而是千變萬化，然而千變萬化萬變不離其宗，無論形式上如何變化，本質始終如一，此「宗」乃慈濟宗門之法源與法脈，意即「靜思法脈」，也是所有慈濟志業推動的行動綱領，所以證嚴上人才譬喻為「粽串的粽頭」。

例如全馬來西亞隨著志工人數快速竄升，為因應志工及會眾參與慈濟活動的持續性與方便性而普設社區道場，此外為讓新發意志工能方便參與慈濟活動而廣設社區環保站，透過社區道場的方便聚眾與透過環保站的方便投入，兩者相輔相成、雙軌並行讓志業推動的基礎更為務實且接地氣，成就了如今馬來西亞百萬菩薩的志業風采。鄰近馬來西亞的新加坡分會，也是透過全島三十幾個慈濟環保點

帶動新加坡環保社區志工的接引，並落實環保意識行動化，是以人人身體力行的方式推動環保，而非空談環保理念，這樣的精神深獲新加坡政府的認同與肯定。此外，同時幾個與政府合作的義診中心與醫療站也成為社區志工的集結點。這些都是社區志工互動的聯結網，對志工接引與讓志工方便投入活動的善巧鋪排，對志業成長扮演著催化劑的角色。

美國州際遼闊，志業推動不易，如要在疆域遼闊的城市落實社區志工制度，實有鞭長莫及之憾，因此透過全美九大合心區以提綱挈領的方式扛起全美的慈濟志業及各州規模大型的急難救災之工作。面對大型災難如 2005 年卡崔娜風災、2012 年發生於美東的桑迪風災及發生於中南美洲的一些中大型災難，美國志工在美國總會的人力資源統籌之下，以跨州接力的方式賑濟中南美洲受災的國家。如此跨州甚至跨國的賑災工作，更需以區域志工的概念有效去進行繁瑣及長期的救災方案。而這樣的以跨國的志工人力整合去配合臺灣本會行政團隊的合縱連橫，在許多國際重大災難中發揮得淋漓盡致，且成效卓著。

例如：2004 年遭逢南亞世紀海嘯襲擊的印尼亞齊與斯里蘭卡、2010 年造成三十幾萬人往生的海地大地震、2013 年的人類史上最大的颶風菲律賓海燕風災、2015 年的尼泊爾百年大地震，以及 2017 年的墨西哥大地震等，都是以跨國接力的方式輪番進駐災區進行勘災、賑災、發放及規劃短中長期的災後重建造鎮方案。其中號召災民清理遼闊災區的以工代賑模式則是上人的救災智慧，在各大災區起立竿見影的恢復速度。而重建之後整合當地本土志工成為在地種子繼續在當地推動慈善工作，讓大愛在地球村不斷循環，如今全球超過六十幾個國家有六百多個慈濟據點。如此跨國接力的經驗傳承，及受災國本土志工種子養成的永續經營，在慈濟裡已行之數十年，也累積十分豐富的國際經驗。

　　其實，這樣的作法也是上人將「身在臺灣、心繫全球」的宏觀與遠見透過實踐法門而落實在全球的人與人之間，也唯有將臺灣的慈濟種子及精神理念透過國際災難的救災因緣深植於全球的不同國度，才能透過災難的福田一方，去廣邀天下善士，每每在不同區域的災難中發揮一呼百應

及一手動時千手動的動員力道。災難發生時如要跑在最先，就須要有經驗豐富的資深志工帶頭先遣，而如要做到最後，則須有區域志工一批批不斷地大愛接力支援，這中間區域志工扮演著承先啟後與環環相扣的重要角色。而如果是單一國度的常態性志業推動如社區茶會、社區訪視、社區環保、社區守望相助、社區敦親睦鄰……等等，顧名思義社區志工是扮演關鍵性的角色，而以社區志工接引社區大德，再讓社區大德接受培訓成為社區志工，則更是讓善念共振、以善導善的宗門弘揚之道。

2020 年年初，新冠狀病毒肆虐全球，重創全球經濟，地球村的每一個國家地區及每一個人無不被看不到又摸不著且難以掌控的病毒影響生計與生活。在各國紛紛鎖國封城及防疫物資如口罩、手套、試劑、隔離衣、隔離帽、額溫槍、護目鏡以及防護鞋套……等等嚴重短缺求助無門之際，紛紛向慈濟求援，慈濟也預計須給予援助的國家達86個。上人呼籲全球慈濟據點除通報所在國對防疫物資的需求量之外，也責成臺灣本會主導全球慈濟防疫物資之資源統籌，再以跨國方式互相支援。例如：初期大陸疫情嚴重

之際，海外慈濟據點紛紛援助大陸，之後疫情蔓延全球時，馬來西亞分會以當地自製隔離衣大量援助疫情嚴重的紐約、菲律賓分會自製護目鏡援助該國各醫療單位、梵蒂岡向臺灣慈濟求援，經本會安排由莫三比克慈濟據點提供口罩援助、慈濟南非分會則負責援助鄰近非洲國家、慈濟美國總會則統籌分配資源，除援助 10 萬口罩給墨西哥之外，也援助幾個中南美洲國家、慈濟印尼分會則援助宏都拉斯防疫物資……等。這些作業是從不同國家出口至全球八十幾個嗷嗷待援的國家，中間的訊息通報、資訊更新、溝通協調、跨國採購、數量變更、項目變動、驗貨出口、付款事宜等，過程的繁瑣與複雜可想而知。而疫情肆虐期間造成每一個國家均面臨企業倒閉及工廠關閉而造成失業人口急速攀升，影響所及弱勢族群及中低收入家庭更是雪上加霜，生活更加無以為繼，慈濟全球據點啟動扶困及紓困方案，在 31 個國家地區進行各項發放工作，逾 55 萬戶家庭受益。

社區志工及區域志工的跨國、跨區概念，在全球史無前例面對嚴重疫情災難之際，發揮「靈活調度」、「即時

通報」、「互通有無」以及達到直接、重點、效率的資源整合之效能，這在此次新冠疫情嚴峻時刻見證此機制之重要。而這樣的全球慈濟聞聲救苦的菩薩網也正逐年逐月在增強其庇蔭苦難眾生的力道，在末法時代災難偏多的當今更突顯此社區概念之重要。

# 目　次

慈濟二十九周年慶系列活動，花蓮委員呈給證嚴上人竹筒撲滿。
（慈濟花蓮本會提供）

# 第一章
# 慈濟社區志工理念及其組織發展

佛教慈濟慈善事業基金會　**鄭鳳嘉主任**

慈濟功德會建立於民國 55 年（1966），創辦人為證嚴法師，其志業從臺灣東部偏遠的花蓮地區開始發展，到目前已經有 55 年的歷史，本文重點在探討慈濟社區志工此一志業發展緣起與幾次改變的過程，期能呈現慈濟志工組織幾次重要調整與改變。

慈濟以慈善志業發軔，隨著慈濟志工日漸增多，志工組織運作成為慈濟志業推展重要的一環，有充足的人力資源，慈濟志業才能順利平穩地推展。象徵著慈濟緣起的「竹筒歲月」[1]，30 個家庭主婦節省買菜錢日存 5 毛錢的努力，在慈濟團體中是人人皆知的典範，除了以此勉勵後

---

[1] 關於竹筒歲月起源的內容，可參見邱秀芷，《大愛──證嚴法師與慈濟世界》（台北：天下文化，1996），頁 55-56。竹筒歲月不僅僅是 5 毛錢激勵人行善的過程，也是當時佛教克難慈濟功德會正式開始的契機。

進之人當效法前人的精神外，從30個家庭主婦慢慢拓展成為龐大志工團體的過程，呈現出竹筒歲月開展的無窮活力，並意味慈濟重視志工人力的基本特質。

　　若要瞭解慈濟社區化的歷程，除了掌握上人對於落實社區的構想與理念外，對於慈濟志工組成和產生過程，也應該有基本的瞭解，才能對於慈濟志工呼應社區化的組織分組與分工有更深入的瞭解。慈濟社區志工組織發展過程，除以上人的精神理念為依歸外，實際運作乃建立在慈濟志工人力基礎上，人力充足完備，才能逐步地將志工調整回社區，這樣調整非一蹴可幾之事，而是隨著志工人力逐漸累積有不同發展階段，筆者以**社區志工發展**為脈絡，嘗試歸納出3個階段：一、社區志工發展醞釀期（1966-1996），二、扎根社區發展期（1996-2003），三、四合一組織發展期（2003-迄今）。各階段有其發展的重點與不同的調整，不論其調整為何，慈濟將志工往社區推移是重要的組織發展過程，將於下文詳述之。

## 壹、慈濟社區志工理念

　　提及慈濟社區化的理念，自然需要返回當初提出的時空場景，那是民國85年（1996）的夏天，一如往常，夏季的臺灣總會有颱風過境，只是7月31日襲臺的強烈颱風賀伯威力出乎人們意料，重創臺灣各地，臺北縣板橋、社子、汐止等地嚴重淹水；中部南投縣水里鄉有村子房屋倒塌，許多人家園毀於一夕之間。慈濟志工在此時也展開一連串救災工作，並同時發動「鄉親受災害，大家來關懷」之街頭勸募活動[2]。就在風災之後，上人前往各地關懷受災鄉親時，在同年9月開始向慈濟人呼籲需在各地推廣「社區志工」制度，希望能夠呼籲親幫親、鄰幫鄰，在災難發生時，鄰里之間可以互相援助，將災害造成的損傷減到最低。[3] 在颱風過後提出「社區志工」的概念，可視之為上人對於此次嚴重災害的一個回應，對於當時社區人

---

2 賀伯颱風災情與慈濟人動員援助的相關報導可參見何貞青、陳秋山，〈強颱賀伯肆虐各地災情嚴重慈濟人緊急協助災民度難關〉，《慈濟道侶》253期1版（1996）；以及何貞青等人撰，〈人間有情‧無私大愛——慈濟人全省總動員協助風災災民度難關〉，《慈濟道侶》254期2版（1996）。

情冷漠的現象，在災難發生時，外地慈濟人奔波前往災區協助與清理家園，但在災區中的人們卻無法彼此互助，袖手觀看慈濟人的協助；而慈濟人從不同地點聚集前往受災地區，也有交通距離及時間上的耗費，不若當地人有地利與人緣之便。由此之故，慈濟的志工組織展開新的調整。目的為加強社區居民能夠就近彼此互助以及更快速立即地組織動員志工。慈濟「社區志工」的理念和精神為何？以下將從幾段上人於民國85年（1996）對北區委員慈誠的開示來探討。

> 過去我說要淨化人心、祥和社會、天下無災難，那是觀念的呼籲，讓大家知道這個方向。**現在因緣成熟了，我要開始去實施了，我現在要告訴你們怎樣淨化人心，怎樣祥和社會——就是落實社區志工。**
>
> 假設，我住在有1萬人口的社區，其中若有50位慈濟委員、50位慈誠隊，聚集起來就有100個有效的力量，就能在這個社區帶動1萬個民眾，宣導大家守望

---

3 上人呼籲社區志工的全文可參見何貞青，〈推廣社區志工制度與環保觀念證嚴上人指示賀伯颱風善後重點工作〉，《慈濟道侶》255 期 1 版（1996）。

相助、敦親睦鄰。

帶動整個社區敦親睦鄰、守望相助，比請社區警衛還重要。所以，我們現在就是要來推動「社區志工」，希望你們也要把這方福田擴大，讓大家來耕耘——耕耘我們心地的福田。這是我對諸位最大的期待！

我們應該以身作則先去敦親睦鄰，左鄰右舍若無法敦睦，你想去愛更遠的人怎麼可能？有人告訴我說，從近鄰做起較困難，因為天天會碰面，容易暴露個人的缺點。我覺得，就因為如此，所以更應該從敦親睦鄰做起，請左鄰右舍大家來督促，自己就會提高警惕心注意言行。剛開始盡量勉強自己學習，久而久之好習慣就養成了，這也是幫助我們修行的一個好道場。

諸位，師父要你們落實社區志工，也有鞭策大家的意思，要你們大家真正練出一片菩薩心地。社區就是我們修行的好道場，你們若能受到鄰居與社區民眾認同，你們的人格即修成，人格成佛格即成[4]。

---

4 林碧珠編，〈慈濟福田回歸社區——85 年 12 月 14 日北區委員聯誼開示〉，《慈濟年鑑 1996》（1996），頁 414-415。引文中粗體下線處為筆者所加。

從上人上述的講話中，可以歸納出幾個元素，首先是對於當前社區人心淡漠的狀況，上人講述了幾個現象[5]，引起眾人感同身受的共鳴感，讓慈濟志工理解此一任務的重要與急切性。現象之後，上人後續詮釋及提出的對應之道才是理念重點，於是，經上人詮釋後，「社區志工」這個理念有不同意涵，它是慈濟淨化人心、祥和社會的社會教化工作中的關鍵，落實社區志工最終就能使社會祥和。在行動的層次中，就是透過原本在社區中的慈濟志工（委員、慈誠）當做種子，去邀約帶動更多社區民眾一起投入，只要一人能夠帶動10個人，就能夠發揮出相加相乘的效果。帶動社區民眾之後，就要發揮社區中守望相助、敦親睦鄰的鄰里之情，這樣的作法，較之於在社區中廣設社區警衛更有維護社區平安之效。

---

5 上人在開示全文中提到：「現代的社區，左鄰右舍互不相識，欠缺敦親睦鄰；明明看到小偷進去隔壁家裡，反而把門關緊一點，不管隔壁遭小偷。還有，聽到樓上有人求救了，不敢探頭看看，趕緊把門關緊一點以免遭殃。現在的社區都是『自掃門前雪，不管他人瓦上霜』，這是不對的。譬如，隔壁若是失火了，我們家也很危險啊！所以，我們應該讓整個社區都安全，這才是我們生活真正的保障。」林碧珠編，〈慈濟福田回歸社區——85 年 12 月 14 日北區委員聯誼開示〉，《慈濟年鑑1996》（1996），頁 414-415。

上述內容都偏向成果或是理念的層次，仔細爬梳，其中「敦親睦鄰」、「鄰里互助」這樣的概念，並非上人首創，而是文化傳統中原有的理念，是漢人傳統村庄維持生存的一種方式，但此處上人作了一次轉化，賦予傳統鄰里互助行動不同的結果意象，互助並非只是維持村庄的生存，若人人都能落實此一理念，最終的指向是一個人心淨化、社會祥和的大同世界、人間淨土，讓傳統的理念和慈濟本身的工作結合在一起，行為與理念上可以互相滲透與融合。

　　除了讓傳統復活並賦予新意，在激發慈濟志工投入社區的層次上，也能發現幾個主要的概念。首先落實社區志工，帶動民眾一同投入是擴大「福田」，眾人一同戮力為公眾付出，不僅僅是耕有形的「福田」，同時更是耕耘自身的心地福田。所以社區不僅僅是一個地理位置，同時也包括宗教修行意涵的「福田」，福田人人自當耕耘，在耕耘福田同時，若能反觀自照，便能更進一步變成「自耕心地福田」。

　　其次，社區是人人平日生活的場域，雖然現代生活已不若傳統雞犬相聞的緊密，但是互動意味著親近，親近則

帶來貼近的考驗，不熟識之前可以僅是點頭之交，但熟識
之後則會產生不同的檢視標準與期待，所以上人鞭策弟
子，在居住地區落實社區志工就是一種修行。社區是慈
濟志工「修行的道場」，透過左鄰右舍的督促，提醒自我
要時時、日日注意身口意的修行，隨著時間的累積就能成
為一種習慣，所以透過外力的督促，就能漸漸內化成自我
修行的資糧，轉他力為自力。於是，對於慈濟志工而言，
在社區服務除了是耕耘福田外，更是落實修行於道場社
區中，「人格成佛格即成」，社區因為上人的「福田說」
與「道場說」，被賦予了宗教修行的意涵，透過宗教的結
合，社區服務有別於單純的助人工作，對於付出的人而
言，在付出過程中同時也開展自身的宗教修行鍛鍊，修行
與行善同為生命個體自我意願下的抉擇，修行與行善結合
的脈絡下，大大提高了個人的主動參與性，讓社區服務的
工作更可以持久。

　　簡而言之，慈濟「社區志工」的理念，一則強化傳統
鄰里互助的觀念，更能落實「社會祥和、人心淨化」的願
景，讓認同者感受到責任感與使命感，將社區工作視為重

要的志業而努力推動。其次，對於慈濟志工而言，社區不單是一個居住鄰里區域的地理界線，更是一種富有宗教氛圍的「福田」和「道場」，投入社區工作即意味著修行與累積福德因緣，對於宗教實踐者或是宗教志工而言，提供一種內在驅力，讓慈濟志工能夠認同這樣的調整與改變，慢慢地落實慈濟在社區的服務與工作。

　　此一理念提出後，隨即帶來的改變即是慈濟志工組織型態的調整，此一部份將於下節中說明；另一明顯改變則是慈濟的活動型態有不同的開展。慈濟以慈善發軔，早期的訪視貧戶傳統一直延續下來，成為慈濟委員濟貧教富的主要工作，在上人早年親自帶領委員訪視的過程中，建立慈濟訪視工作的基本模式，從初訪然後評估開案與否，開案之後除了提供物資金錢協助外，更有複查機制，讓照顧跟關懷不間斷 [6]。這樣的濟貧模式不斷累積其厚度而成為

---

6 慈濟慈善工作複查制度的建立，源自於第二個濟助個案盧丹桂女士的遭遇，盧女士患有青光眼，育有 4 子，先生是撿字工人，收入微薄。後來慈濟得知後，遂送其至羅東五福醫院開刀，負擔了五千多元的費用。不料，後來盧丹桂因用 3 顆高麗菜煮粥，被先生責罵，竟自殺了。因此意外，催生了慈濟的「個案複查」制度。詳請可參見丘秀芷，《大愛──證嚴法師與慈濟世界》（1996），頁 57-58。

慈濟志工的基礎服務工作，然而早年因為人力不足，訪視範圍常常有跨縣市的情況，無法落實就近照顧。就在社區志工概念提出之後，慈濟人開始回歸社區舉辦各項服務與活動，其中慈濟基金會在民國85年（1996）正式提出「推展社區志工計畫」[7]，民國86年（1997）元月開始執行，其計畫首先擇定的範圍是在花蓮縣吉安鄉北昌村、新城鄉佳林村開辦，其中服務項目包括健康照顧、環保、社區綠化等工作。透過推展社區志工計畫，加速慈濟志工落實社區的腳步，透過社區服務的帶動，才能夠在社區找到邀約當地民眾一起投入的方式。於是，「社區志工」在上人呼籲、慈濟志工的響應之後，概念轉為實際的行動，慈濟志工除了組織調整外，在社區的工作也更豐富與多樣，也能夠因應當地的人文特色開展出不同的活動型態，可說是經由服務與活動的舉辦，讓理念轉化成具體可操作的行動，再加上慈濟刊物上有系統的報導[8]，慈濟志工開始調整社

---

7 此一計畫的相關內容報導可見葉文鶯，〈花蓮慈濟人在吉安鄉北昌村、新城鄉佳林村開辦示範社區健康照顧計畫〉，《慈濟道侶》262 期，1 版（1996）。報導中對於此計畫執行內容與方式有詳細介紹。

區活動的方式，訪視區域跟著委員而重新調整，活動重心更加關注社區，於是有所謂「慈濟巷」的出現，就在臺北市合江街130巷，因為此地兩百多戶住戶中，慈濟人佔了8成，於是被上人大加稱讚，於是「慈濟巷」[9]就成了慈濟志工落實社區的典範。

在推動社區志工理念的過程中，慈濟如何能夠改變人的慣習，使其願意調整舊有的模式而接受不同以往的組織運作方式？除了上人再三呼籲、創造出落實的典範以茲學習之外，慈濟不斷利用因緣創造許多可以深化社區關係的活動，也是促使慈濟志工加速融入社區的一大動力。這樣大規模推動慈濟志工回歸社區的活動有幾次（請見表1），其模式大抵都是因為天災人禍的關係，上人開始呼

---

8 在慈濟刊物中，《慈濟道侶》自 256 期之後，幾乎每期都有固定以「社區志工」為主題的報導，至 269 期停止此一系列報導，其中報導內容並非侷限於慈濟志工所作所為，其作者的涵蓋層面更包括學者、地方文史工作者以及其他志工團體等等，相當多元地呈現社區志工的意義與他者的經驗。

9 關於慈濟巷的始末，可參見黃秀花，〈好厝邊，慈濟巷〉，《慈濟道侶》261 期 8 版（1996）。對促使合江街 130 巷成為慈濟巷的靈魂人物——林勝勝師姊的帶動，其中有詳細描述。

籲慈濟人從事某些活動或運動[10]，這些活動深化之後會變化出種種形態，當其中成功的經驗產生後，再經由上人的宣說讚歎後，就會成為其他人學習的模範，於是如此往復累積出各式各樣不同的活動型態，讓慈濟志工的活動力得以維持，而且也唯有不斷地創新變化，才能維持一個團體豐沛的活力與行動力。

　　從慈濟社區志工理念推動迄今，可歸納得知慈濟落實社區的發展是一種持續不斷強化與深化的過程，期間也經歷過幾次組織的調整變動、活動型態的不斷翻新等等推力，透過這些動態的調整讓慈濟志工與社區緊密結合，正因為自民國85年（1996）開始推動社區志工，經過不斷累積經驗後，慈濟也才能在日後幾次臺灣島內大型災難中，尤其是民國88年（1999）九二一大地震發生時，慈濟展現的強大動員力，讓人留下深刻印象。

---

10 上人對於「運動」有其詮釋，他表示：「所謂『運動』的意義是——已經開始起跑了，就沒有停歇的時候。」這是慈濟開始推動「愛灑人間運動」時，上人對慈濟人的開示。釋德凡，《證嚴法師上人衲履足跡·2001年，冬之卷》（2002），頁58。

## 表 1 慈濟落實社區的活動類型整理表

（整理至2011年，細節將於下章進行說明）

| 緣由／發起者 | 年度／西元 | 活動名稱 | 活動內容 |
|---|---|---|---|
| 美國九一一恐怖攻擊事件；臺灣桃芝、納莉颱風災害；美阿戰爭開打 | 2001 年 | 推動「愛灑人間‧植福田」運動 | 透過街頭宣導與社區茶會，以真心勸募一分愛心，帶動人們發善念、行善行。 |
| 高雄慈濟人首先發動（2001 年），之後被廣為推動。 | 2005 年 | 愛灑社區按門鈴 | 進入社區鄰里，逐戶按門鈴拜訪，主動將慈濟精神理念送至他人家中。 |
| 臺北文山區慈濟人發起 | 2007 年 | 推廣靜思語好話一條街 | 以靜思語海報張貼於社區商家的方式，推廣上人法語慈濟人文。 |
| 菲律賓慈濟人首創 | 2008 年 | 運用交通工具推展靜思好話滿街跑 | 將靜思語製成貼紙，貼於交通工具上，透過交通工具四處跑動的特性，傳遞慈濟訊息。 |
| 有感於四大不調，慈濟基金會發起水懺入經藏活動 | 2011 年 | 《法譬如水潤蒼生 廣行環保弘人文》經藏演繹 | 在社區舉辦讀書會，之後在全臺舉辦數場《法譬如水潤蒼生 廣行環保弘人文》經藏演繹，藉以引導人人法入心，以懺悔之心洗淨心靈無明，點亮心燈的同時，成為照亮大地的明燈。 |

資料來源：整理自慈濟全球資訊網 http://www.tzuchi.org.tw 上相關報導

## 貳、慈濟志工團體的類型與發展

　　社區化理念得以推動而落實，除了理念及活動外，另一個重要的元素就是「人」，若沒有龐大的慈濟志工群，慈濟落實社區的理念恐怕也只能淪為空談。所以瞭解慈濟的志工組成，也連帶能掌握慈濟在社區志工推動時的策略和方式。以下將針對慈濟志工團體的類型與個別發展進行說明，而在慈濟眾多志工團體中，慈濟委員與慈誠是其中的主力，故本節對於其他團體的發展僅簡要陳述，而委員與慈誠成立的過程與責任會有詳細的說明。

### 一、慈濟志工團體種類

　　慈濟是由30個家庭主婦慢慢累積而成的志工團體，慈濟委員、慈誠的身影也深深烙印在臺灣人的心中，凡是重大災難時，總是可見身著藍天白雲的慈濟志工，穿梭在災難現場，從事各項服務工作。慈濟志工中的委員慈誠自然是慈濟的主力支柱，是經過一定過程才能被授與的身分，其重要性自然不能小覷。除了主力的委員慈誠外，隨著志工人數增加，也慢慢增生延展出各類各項的團體，讓

慈濟志工組成更多元。根據慈濟全球資訊網上的介紹[11]，慈濟志工團體的種類繁多，除了較為人熟悉的慈濟委員、慈誠隊之外，尚有慈濟教師聯誼會、慈濟大專青年聯誼會、慈幼、慈少、慈濟外語隊、慈濟榮譽董事、慈友會、國際慈濟人醫會、國際慈濟人道援助會、慈濟警察消防暨眷屬聯誼會、慈濟書畫聯誼會、慈濟青少年籃球家族聯誼會、慈誠懿德會等14個或大或小的團體。雖然網頁上林林總總介紹十多個慈濟團體，但根據筆者的接觸瞭解，其中部分團體並沒有普及全臺，僅限於部分地區，例如：慈濟外語隊、國際慈濟人道援助會、慈濟書畫聯誼會、慈濟青少年籃球家族聯誼會等需要比較高專業、技術或是身分條件的團體，都以臺北地區為主要發展地點，因而普及度低，團體成員較少，所以往往被視為接引志工投入慈濟的團體，較無法在社區中成為帶動的主力。

除了上述幾個團體外，慈誠懿德會組織的關懷對象以

---

11 慈濟全球資訊網上，有一個單元專門介紹慈濟志工團體。網址如下：
https://www.tzuchi.org.tw/about-us/%E6%85%88%E6%BF%9F%E5%BF%97%E5%B7%A5/%E6%85%88%E6%BF%9F%E5%9C%98%E9%AB%94

就讀慈濟學校之學生為主，目前以花蓮和臺南兩地學校的學生為關懷對象，屬於特定目的而成立的團體，團體成員由全臺各社區委員、慈誠推薦，學校是主要服務場域；另外較特殊的團體是慈少與慈幼，此團體也是因慈濟委員、慈誠帶動而產生的團體，其組成成員是大專以下的孩子，為傳遞慈濟教育理念，各社區慈濟志工多舉辦以國中、國小學生以及家長為招生對象的「親子成長班」或「兒童精進班」，這些參加活動的青少年與兒童則稱為慈少或慈幼，是慈濟志工在社區扎根的一種服務方式。

乍看之下慈濟志工團體種類繁多，就其屬性與特質可歸納出幾種類型：

（一）以委員、慈誠為主，因特別任務需要而從委員、慈誠中另挑選成員而組成團體，比如慈誠懿德會等。

（二）因委員、慈誠進入社區帶動不同屬性成員，連同其帶動成員而組成的團體，例如：慈少、慈幼、慈濟青少年籃球家族聯誼會等。多半因為慈濟志工進入社區帶動青少年的因緣，而逐漸形成團體。

（三）特殊功能專長的委員、慈誠，因志業發展需要

或興趣相投組成的團體，也會邀約有此專長志工加入，如：慈濟外語隊、慈濟書畫聯誼會等。

（四）因職業或身分而組成的團體，例如：慈濟教師聯誼會、慈濟大專青年聯誼會、國際慈濟人醫會、慈濟警察消防暨眷屬聯誼會等等皆屬此類的團體。這類團體在慈濟志工內部分類中，習慣以「外圍團體」稱之，外圍是相對於主軸的委員、慈誠，換言之外圍團體離慈濟主軸稍遠，成員流動性亦高，所以在相對概念下被稱為外圍團體。

就其普及度與活動力觀之，慈濟委員、慈誠當是最大支柱，其次當屬上述第四類團體，較能成為委員、慈誠落實社區的助力，讓慈濟社區志工的理念能落實。換言之，慈濟接引志工的方式相當多元，不論哪種職業專長，幾乎都能夠找到對應團體而加入，參與團體活動後，慢慢地跟慈濟委員、慈誠互動，時間一久，逐漸朝著委員慈誠的方向流動，也是一種養成志工的模式。

## 二、慈濟委員團體

慈濟委員的誕生，與「佛教克難慈濟功德會」成立有

密切關係，民國55年（1966）初成立時，尚在困難草創階段，人力維艱，自然無法建立一完善制度，所以當時只要有心皈依證嚴法師、介紹慈濟者，即可領取勸募本，投入濟貧教富工作，皈依領妥勸募本後，即是慈濟委員。日後上人稱這群早期委員為「善來委員」[12]，這樣口耳相傳自動自發的委員招募過程持續了很長一段時間，直至民國77年（1988），慈濟醫院興建啟用後第二年，隨著慈濟志業逐漸擴展，慈濟開始明訂委員制度，依參與程度不同，開始有簡單區分，而此一階段要成為委員主要是來自推薦，需經已具有委員身分者推薦，經過正式會議討論後才能成為委員。

　　民國82年（1993）之後，因應志業快速發展且委員人數持續增加趨勢，於是再次調整委員制度，分為見習、培訓、受證3個階段。而正式的培訓課程則至民國84年（1995），才開始規劃並實施。至今見習、培訓、授證這3

---

12 在佛教中有所謂「善來比丘」的說法，意謂著由彼人之願力與佛陀之威神力，佛向欲出家之人稱「善來比丘」，彼人即為沙門，具備剃髮與著袈裟之相，得具足戒。證嚴法師取其主動自來之意，而改其稱呼，稱呼早年自願而來的委員為「善來委員」。

個階段的委員培養，已有制度地落實於臺灣各區，培訓課程進行方式以聯區舉辦較多，視當地該年度培訓人數多寡而有不同。培訓課程除每月固定一天的靜態課程外，還必須在培訓階段動態參加社區各項活動，並至少參加過一次慈濟醫院志工，過程當中可說全面且深入瞭解慈濟志業發展，最後課程當中會安排尋根[13]，讓全省各地培訓委員、慈誠回花蓮。從見習委員、培訓委員至受證的過程至少要2年，期間除參加見習、培訓課程外，還有募款的要求，需達到勸募戶數40戶，才能順利受證。

關於慈濟委員特性與其社經地位的探討，林本炫（1996：230）曾於民國80年底至81年初（1991-1992）做過小規模的問卷調查，從回饋問卷歸結出「慈濟委員是以40歲以上的中年婦女為主的宗教團體，其中又有一半是50歲以上之婦女。」其中閩南籍的慈濟委員又佔多數，客

---

13 因為全球慈濟志工將花蓮靜思精舍視為「心靈的故鄉」與發源地，故在培訓階段的最後課程，都會安排全省各地培訓委員慈誠回到花蓮，住在花蓮靜思堂中，然後安排搭乘遊覽車返回靜思精舍巡禮。尋根最後一天，上人會前往靜思堂跟大家圓緣，同時舉辦皈依，若是上人時間上不允許時，才由上人弟子代為圓緣與舉行皈依。

家人和大陸各省籍略少；在居住地分佈上，發現以臺北居多、但屏東卻比高雄、臺中人數更多。大體而言，林氏觀察慈濟委員的年齡、性別和族群的特性亦符合現今的狀況，但在慈濟委員分佈上，從筆者統計資料中，發現臺北、臺中及高雄是慈濟委員最集中的3個地區，當時呈現出屏東人數集中的現象，理應與屏東發展較早有關，當高雄、臺中逐漸發展後，屏東自然無法維持人數上的優勢。同時林氏也發現慈濟委員在民國75年（1986）後開始有大幅成長，委員人數至民國90年（2001）後，開始維持固定的成長，起伏明顯減少。

正式成為一名慈濟委員後，除了義務投入志工行列付出行善外，其主要任務有幾項，首先一定要勸募善款，發揮慈悲喜捨、予樂拔苦的精神；其次，參與訪視慈善工作；最後就是投入慈濟志業推動，參與社區各項活動。慈濟委員從最早的家庭主婦，到現在有各行各業人士加入，讓慈濟委員成員屬性更多元，也讓志業發展面向更開闊，許多後來衍生的慈濟志工團體，多半是由特殊專長的委員影響帶動下而慢慢形成。

## 三、慈濟慈誠團體

　　早期慈濟發展時，主要以女眾成員為主組成慈善團體，之後為籌建花蓮慈濟醫院，漸漸與社會大眾有更多接觸。上人鑑於慈濟不僅是佛法的一部份，且是社會事業的一部份；為使醫院融合宗教精神，用佛教精神從事社會事業，遂有「諮詢委員」構想。於是，上人呼籲委員推薦自己配偶，只要對慈濟有愛心，不拘各行各業都很歡迎。於是慈濟開始有較多男性加入，但當時沒有特別區隔出純粹男性參加的團體。

　　慈濟男性志工團體成立，直至民國78年（1989）才開始醞釀，當時為迎接慈濟護專創校開學暨花蓮慈濟醫院3週年慶，需要男眾居士負責車輛調度、交通指揮、會場佈置等工作，於是號召男眾居士投入，當時名為「保全組」。他們機動性強、形象整齊，很受人矚目。這股男眾力量漸漸地凝聚成型，之後在民國79年（1990）7月，鑑於「保全組」名稱易與社會上新興保全業混淆，故同年7月25日由上人正式賜名為「慈誠隊」。有正式組織後，同時進行人才養成，民國81年（1992）第一屆正式慈濟隊員

受證，慈誠隊慢慢發展出兩年培訓、受證的養成過程。嗣後慈濟委員培訓課程正式規劃執行，委員和慈誠一起進行靜態培訓課程，動態志工服務則分開進行，於是慈濟團體中單純男性團體也逐漸成熟，慢慢成為另一股志工主力。而目前臺灣島內的慈濟委員慈誠人數，可參見表2。

　　慈濟委員並非單純女性團體，部分慈誠隊員也會同時培訓委員，同時擁有委員與慈誠雙重身分，甚至有部分男眾僅選擇成為委員，不成為慈誠，所以委員團體中以女性為多，男性較少，而慈誠隊中則全為男性，雖然男性有較多的選擇，不過平時活動時，上人則清楚指示「男眾歸隊、女眾歸組」活動，所以不論是何種身分的男眾，原則上都歸入慈誠隊活動。而慈誠隊員責任為何？首先，是護持慈濟志業推動，其次就是參與慈濟社區活動，接引群眾進入慈濟。與委員基本精神理念相符，唯一差別在於委員必須要勸募，慈誠隊員則是隨緣，只有鼓勵但非規定。

　　近年來，臺灣頻頻發生大型災難，慈誠男眾在大型急難以及工程上發揮的功能讓人稱讚，也因為有男眾加入，讓慈濟志工運作得以剛柔並濟，母性智慧與父性力量並具。

表 2 慈濟基金會2020年臺灣地區委員慈誠人數統計表

| 臺灣（縣市） | 委員人數 | 慈誠人數 | 雙培人數 | 區域合計 |
|---|---|---|---|---|
| 花蓮 | 1,618 | 599 | 277 | 2,494 |
| 臺東 | 249 | 71 | 50 | 370 |
| 屏東 | 1,235 | 332 | 211 | 1,778 |
| 高雄 | 6,294 | 2,088 | 1,907 | 10,289 |
| 臺南 | 3,000 | 1,244 | 717 | 4,961 |
| 雲林 | 844 | 272 | 222 | 1,338 |
| 嘉義 | 922 | 443 | 204 | 1,569 |
| 南投 | 774 | 305 | 153 | 1,232 |
| 彰化 | 1,805 | 1,040 | 417 | 3,262 |
| 臺中 | 5,768 | 2,496 | 1,532 | 9,796 |
| 苗栗 | 706 | 306 | 148 | 1,160 |
| 桃園 | 2,475 | 1,415 | 395 | 4,285 |
| 新竹 | 1,157 | 574 | 196 | 1,927 |
| 臺北<br>（含新北市） | 16,579 | 7,858 | 3,525 | 27,962 |
| 基隆 | 675 | 349 | 127 | 1,151 |
| 宜蘭 | 779 | 274 | 172 | 1,225 |
| 澎湖 | 100 | 31 | 11 | 142 |
| 小計 | 44,980 | 19,697 | 10,264 | 74,941 |

備註：慈濟於 47 個國家地區的委員、慈誠，以及兼具委員與慈誠身份者，計 9 萬 1,701 人；其中往生者、身份停用者人數，計有 8,746 人。

## 四、其他次文化志工團體

從慈濟志工的種類看來，不論團體如何衍生變化，都必須經由慈濟委員帶動，團體才能持續成長擴大，而加入某一個團體後，也會在活動的潛移默化中，逐漸被引導而成為慈濟中堅份子「委員、慈誠」，如此才真正是上人的弟子，肩負起慈濟志業工作的推展。

在慈濟委員慈誠之外，另外一股力量就是民國81年後續成立的次文化志工團體，即是慈濟內部慣稱的「外圍團體」，這些團體如同委員慈誠一般屬於全臺性組織，廣佈臺灣各地，所以發揮的影響力自然與僅限於局部地區的團體不同。這類志工團體包括有：慈濟教師聯誼會、慈濟大專青年聯誼會等，以下以表格方式整理其緣起與發展過程。

從慈濟志工到最後培訓成為受證委員或慈誠的過程觀之，慈濟於社區接引志工方式的確相當多元，小有慈幼、慈小，長如環保志工等等，年齡涵蓋範圍廣泛；而就職業考量也有很多選擇，如果是醫生、老師、警察等職業身分，可以參加不同身分組成的聯誼會，輕易地發揮職業專長，從熟悉領域入門，慢慢地習慣慈濟團體的文化與風

表3 慈濟其他次文化志工團體一覽表

| 團體別 | 成立年度 | 緣起 |
|---|---|---|
| 慈濟大專青年聯誼會 | 民國 81 年（1992） | 民國 78 年（1989），清華大學、交通大學多位志趣相投的學生，開始積極將慈濟人文帶入各大專院校，讓更多同學認識慈濟精神；民國 79 年（1990）6 月正式組隊回花蓮慈濟醫院擔任志工。經過了許多人的認同及努力，民國 81 年（1992）5 月 31 日，慈濟大專青年於臺北分會正式成立「佛教慈濟大專青年聯誼會」。 |
| 慈濟教師聯誼會 | 民國 81 年（1992） | 民國 81 年（1992）7 月 23 日，在慈濟慈悲喜捨大愛的感召下，一群滿懷善心和愛心的教師，以及社教機構、學術研究機構專業人員，在慈濟靜思堂，正式成立「慈濟教師聯誼會」，簡稱「教聯會」。教聯會初期，名為「慈濟教師專業聯誼會」，由陳美羿老師率先發起，先於北區成立，隨後，中區、南區等地相繼成立。多年來，教聯會成員用心將慈濟精神普遍社會，深入校園，許多老師以慈濟點滴救人、動人的故事，做為上課教材，或指導學生書寫靜思語語句，收陶冶品格，怡情悅性之效。 |
| 慈濟警察消防暨眷屬聯誼會 | 民國 83 年（1994） | 慈濟警察暨眷屬聯誼會，由臺北縣警察局「關老師」督察員莊文堅發起，是慈濟首度在警察單位成立組織，其旨希望透過該組織擴大警察及眷屬的生活領域，並由本身做起使社會風氣逐漸改善。該構想獲上人支持，而後經陳火全師兄協助、板橋市新埔國中校長林國雄大力支持，得以舉辦第一次籌備會。慈警會對於警察單位的關懷活動，開始於北區，成員包括現職警察、消防、海巡、及退休員警和眷屬。 |

| 國際慈濟人醫會 | 民國 87 年（1998） | 人醫會組織發展從義診開始，之後美國慈濟義診中心於民國 82 年（1993）成立，爾後民國 85 年（1996）臺灣成立慈濟醫事人員聯誼會，逐漸發展成為跨區、跨國醫事人員團體。之後，由夏威夷醫生建議成立「國際慈濟人醫會」，邀約臺灣、菲律賓、美國各地醫生和專家進行討論，終於讓組織形成，成為一跨國性的人醫會組織。 |
|---|---|---|
| 慈濟榮譽董事聯誼會 | 民國 86 年（1997） | 民國 85 年（1996）8 月 16 日，慈濟醫院開幕前一天，上人為感恩捐款滿百萬元贊助建院的大德們出錢成就慈濟志業，特地頒發慈濟榮譽董事聘書。他們有的是事業成功的公司負責人，有的則是市井小民。民國 86 年（1997）1 月 21 日，慈濟榮譽董事聯誼會正式成立。榮董，只關懷慈濟的發展，但不參與行政事務；每年並享有一次免費的慈濟醫院健康檢查，這是本會對榮董表示由衷感恩的實質回饋。 |
| 人文真善美志工 | 民國 92 年（2003） | 早期慈濟文化志工當中，文字協助者稱為「筆耕隊」，拍攝者則稱「映像志工」；直到民國 92 年（2003），文化志工跳脫「筆耕」或「映像」的區分，進行文字、照片、影像的訓練與整合，統稱「文化志工三合一」，後來亦稱為人文真善美志工團隊。 |

資料來源：整理自慈濟全球資訊網中「認識團體」的網頁資料。http://www.tzuchi.org.tw/index.php?option=com_content&view=category&layout=blog&id=86&Itemid=344&lang=zh

格之後，自然能在潛移默化下，逐漸成為更核心的慈濟志工。一旦成為慈濟委員、慈誠之後，除了志工身分外，更被賦予不同的責任與使命，必須「以佛心為己心、以師志為己志」，承擔起如來家業與慈濟使命，對於委員、慈誠而言，投入志工不單是喜好，也會自我詮釋為「修行」的一種，透過持續動態與靜態活動的參與，慈濟委員、慈誠對慈濟的向心力方能穩固，才能帶動各項慈濟志業的發展。

## 參、社區志工發展醞釀期：母雞帶小雞

掌握慈濟委員、慈誠這兩個團體的發展過程後，發現早年委員大多是彼此呼朋引伴而來，經過熟識的人推薦而為委員，多仰賴人情脈絡的牽引，加入後逐漸凝聚成一個整體，透過這樣情感牽引的過程，盧蕙馨以人情角度觀之（2002：64），稱慈濟為「一個以師徒關係為主軸的情感社群」。在團體運作中，上人是慈母亦是嚴父，眾人對於上人的信賴堅固且不可動搖，上人亦是團體的絕對中心，眾人從對上人的尊敬中，再開展出彼此如兄弟姊妹的關係，彼此互相支持牽引。所以在慈濟落實社區之前，志工組織

運作以人緣為主，地緣其次。有時同一個委員分組中，成員可橫跨幾個地區，只因都是同一個資深委員引薦而來，所以被劃分為同一組的成員。

在彼此互相介紹接引，以人情為軸線慢慢形成編組方式後，慈濟委員開始習慣以「母雞帶小雞」來形容委員之間彼此接引的過程，母雞指的是較早進入慈濟，已具備慈濟委員身分的資深委員，小雞意指還沒有成為慈濟委員，需要被孵育的幕後委員，經過母雞的陪伴與帶領下，慢慢成為合格的委員，同一隻母雞孵育出來的小雞通常情感深厚，和母雞也有一種臍帶相連的親密感。資深委員為新委員在慈濟團體中的帶領者，幕後委員正式受證委員後依資深委員組別為歸屬，兩者同在一組，自然可以累積出深厚的感情。以「人帶人」的模式持續很長一段時間，而且「母雞帶小雞」的說法也曾為委員之間彼此鼓勵的默契，互相勉勵期許要多多「孵小雞」，帶出更多「小雞仔」，讓慈濟志工人數能日漸增長。於是，能夠帶出很多小雞的母雞，就是資深而且積極投入的委員，自然經常為上人鼓勵嘉獎，久而久之成為一種典範與學習的目標，而且這樣

生動的譬喻也被靜思精舍德慈師父予以形象化，做成母
雞帶小雞的陶胚，作為禮物讓委員摸彩。在《慈濟月刊》
474期（2006）中這樣記載：

> 慈濟人常說的「資深」、「資淺」，是從「母雞帶小
> 雞」的意旨演變而來，其深層意涵就是「人帶人」的
> 藝術。
>
> 人帶人，不是一堂靜態課程。母雞為哺育小雞，不
> 斷地以爪耙蟲；若遇下雨轟雷，更不忘展翅擁子入
> 懷，呵護備至。
>
> 40年來，依著「母雞帶小雞」的精神，帶動出臺灣愛心
> 奇蹟；「以身領眾」、「口耳相傳」，身教與言教一直是
> 慈濟人新舊傳承、理念傳遞、訊息傳播的重要方式。
>
> 民國78年（1989），靜思精舍德慈師父親手捏了10
> 窩大小不等的「母雞帶小雞」陶胚，每窩各有3隻、
> 5隻、6隻、12隻小雞，供當年返回精舍過年的委員
> 們作為晚會摸彩 [14]。

---

14 李委煌，〈婆婆牽媽媽，母雞帶小雞〉，《慈濟月刊》474期（2006），
頁40。

這段記錄可視為當時「母雞帶小雞」階段最佳註腳，這樣生動比喻背後，意味著一種「人帶人」的藝術，是人與人之間情感聯繫的緊密情誼，透過不斷呵護、排除困難及經驗分享，讓新進者能快速融入團體，在資深者引導下，覺得有所依靠，對新進者而言，母雞是其依靠和諮詢者，能夠分享傳承慈濟的經驗，透過資深者的分享，後來者彷彿透過他們參與慈濟過往歷史，而不覺生疏。

　　對於資深委員而言，接引新人進入慈濟，是責無旁貸的使命，必須要「以身領眾」作示範，透過不斷「口耳相傳」的經驗分享，傳遞慈濟精神與理念，所以資深者必須更加努力，才能成為良好典範以為傳承。這樣以人帶人後成組的模式，從慈濟成立後持續到賀伯風災提倡社區志工為止，首重人緣的組織運作方式才有不同的調整與改變。

　　母雞帶小雞的比喻在慈濟團體流傳一段時間後，逐漸不被提起，從上人民國81年（1992）對北區委員的一段開示，可看出其不被提起之因，也發現其後志工組織調整另一個考量點：

　　我們慈濟現在有一口頭語：「我的小雞」，小雞就說：

「我的母雞」不打緊，還有「雞祖母、雞曾祖母」，這種口頭語，本來是很幽默的語言；現在卻變成一種粗陋，很粗俗的語言了；而又再醜化了我們的團體，為什麼呢？

因為我腦中會這樣想：「**你是我度的，你一定要跟我**」，變成彼此分派：「**這是他們的，這是我們的，這是誰的……**」，就像剛剛他們說：「**這是15組的兒子第五組的女婿**」就演變成彼此分別，你們要知道，我們應該要打破「**母雞小雞、雞媽雞祖，再上去就不知道要如何稱呼**」這樣很俗氣，心理上就會起「**分別心**」[15]。

透過對眾開示，上人向所有人說明「母雞帶小雞」真正來源，源於早年冬令發放眾人齊聚在精舍打包物資時，上人眼見委員招呼自己的幕後委員回到精舍一起幫忙，每個委員都很熱心帶領照顧自己的幕後委員，一邊招呼、一邊工作、一邊分享慈濟精神，上人看了之後覺得很貼心，

---

15 1992 年 04 月 08 日，證嚴法師全省行腳集會——台北委員開示，黑色粗體字為筆者所加。

於是某一天晚上跟眾人講話時就談到：「師父有時候真像一隻母雞，小雞都出來以後，現在要一直啼一直走，邊走邊啼邊尋覓。向那些小雞『咕咕咕』這裡有稻米，那邊有蟲，讓這些小雞跟得上這隻母雞來吃東西。……不要讓師父從早到晚在『咕咕咕』，這隻母雞要展翅遮小雞，有時候遮不完，所以你們每個人要幫我帶好，像姊姊帶妹妹一樣。」後來工作結束後，有委員提議要輕鬆一下，於是演出母雞帶小雞的戲劇，從此這個典故在慈濟世界就廣為流傳。

從上人開示中可知，上人當時自比為母雞，弟子們都是小雞，小雞之間要彼此相互照應，如同長姊呵護幼妹一般，委員彼此之間是姊妹情誼，非為從屬關係，眾人都是上人弟子，只有先後差別，沒有隸屬關係。所以上人在開示中雖然沒有明確地否認「母雞帶小雞」的作法，但明確地教示不能將此說法粗俗化，無限延伸擴大這樣「雞母、雞祖母」等稱呼，這樣不僅會讓原意喪失，而且也容易招致批評。更重要的是，上人提醒弟子們，不應因「人帶人」而產生「分派」的想法，若是執著於誰帶誰，長久下

去就會造成分別,不但俗化彼此之間關係,心理上更容易
起分別心,忘記大家同為上人弟子,而衍生出許多人為紛
爭和區隔,容易造成團體內部不和諧。

　　第一階段社區志工落實醞釀期的組織運作模式有兩個
特色,首先,「人帶人」是成員招募基本型態,早年在媒
體不發達的年代,只有《慈濟月刊》以及之後的《慈濟道
侶》等雜誌刊物[16]能為輔助,所以人為傳播成為當時介紹
慈濟主要管道,而且快速便捷,由此發展出的組織型態自
然以人緣為重,透過人情凝聚和彼此引薦,委員編組規則
以依歸其推薦委員為主,與居住地緣沒有直接關連,會務
推動以花蓮本會指導為原則,推動招募會員及濟貧教富等
工作。其次,這個階段因為成員較少,彼此之間感情特別

---

16　1967 年 7 月 20 日慈濟的第一份刊物《慈濟月刊》出版,每月 5 日、
　　20 日出刊,主旨在報導好人好事,傳揚人性的美善芬芳,並做會員捐
　　款徵信。第十八期(1968 年 4 月)創刊 9 個月後,從「半月刊」改為
　　「月刊」。1986 年 9 月《慈濟道侶》創刊;2004 年 3 月 1 日,《道侶》
　　擬與《月刊》合併,出刊最後一期;2004 年 3 月 25 日,兩刊合併後
　　首次轉型出刊。之後,2007 年 4 月 1 日《慈濟月刊》推出電子雜誌,
　　可透過網路下載閱讀。慈濟廣播則於 1985 年開始在臺北民本電台播
　　出。慈濟全球資訊網於 1996 年正式上線。慈濟大愛電視臺於 1998 年
　　正式開播。

深厚，資深者對後進者容易透過互動產生影響和經驗分享，組織運作上傾向以人為主，沒有形成特別明顯的組織運作方式。委員分組後各組設有組長，但其他輔助幹部角色較少，志工運作倚賴上人指導與志工間默契，沒有明確的制度，換言之，人治色彩較重，後期也容易流於分別，從整體凝聚的角度觀之，容易因人的不合而產生某種程度的阻力。

## 肆、扎根社區發展期：依地緣編組

時序推移，轉眼來到民國85年（1996）夏天，這一年除賀伯颱風讓臺灣人印象深刻、難以忘懷外；另一件影響至深的事件也在此時發生，慈濟開始呼籲落實「社區志工」，除了理念上的宣說外，落實到組織運作層面時，首先調整慈濟委員、慈誠編組模式，打破原先依人分組模式，重新進行志工人力劃分，這次劃分最重要的依據不再是資深、資淺委員之間情感跟緣分，而是依委員、慈誠居住地點，把居住同一處的慈濟委員、慈誠整合在同一組，如此一來，當活動或災難發生時，居住同一區域的慈濟志

工就能快速地動員，不會因為彼此居住區域過於分散而無法立即組織人力。簡言之，此階段組織運作調整方向在於人員重新整編，所依憑的原則就是慈濟志工居住地。

重要決策推動時，上人一定會全省行腳，逐一跟各地委員、慈誠宣說政策改變的用意與目的，緊接在賀伯颱風之後推動社區志工，在理念上很快地為眾人接受，因為救災動員過程中，對於社會人情淡薄現象人人深有所感。但在情感層面上許多人感到依依不捨，畢竟長年累積的深厚情感不是一個理念就能快速取代，所以初始會有一些慈濟委員無法接受，而產生情感上的抗拒。

然而，組織要能長治久安，無可避免要往制度化方向邁進，不論個人如何懷念過往，組織仍是必須調整，於是全臺委員重新編組。陣痛是絕對有，感情的聯繫非一朝一夕組織調整能完全替代，於是當時曾出現這些狀況：「組織重新分區運作後，不同區的委員不能再同組活動，而有些「出嫁」的失落與擔心；擔任組長等幹部者，面臨「嫁入」新家的組員，也有尚待熟悉與如何帶動的壓力；或諸多社區活動佔卻大半生活時間，也讓人對時間規劃喪失信

心。」[17]從《慈濟月刊》中的紀錄，可以看出對志工而言，最為難的就是要重新適應彼此，這對長年來以情感為運作基礎的慈濟委員而言，是一項沈重的挑戰。其次，人員重新彼此適應時，對於幹部而言，則需要面對更龐大帶人的壓力，新組員需要彼此熟悉建立默契，幹部則有重新帶人的惶恐。最後，當活動場域落實社區時，活動頻率、次數開始遽增，活動型態也和之前單純訪貧、舉行小型茶會不同，對於志工而言，也需要重新調適。

面對志工組織調整後運作會產生的困難，上人自然知之甚詳，所以對大眾說明完社區志工理念後，總是會排出時間另外與幹部互動，聆聽幹部的聲音，做出輔導跟裁示，以減少眾人心中不安與適應的困難，同時也不斷反覆強調社區志工理念，調整大家想法，讓眾人慢慢接受瞭解，上人當時主要的調整方向有三[18]：

首先是「合作觀」，雖然組織必須進行分區，但是這

---

17 謝莉娟，〈從社區開始築夢 回顧九七——生活、社區、文化、省思〉，《慈濟月刊》374 期（1998），頁 30。
18 同前註，頁 30。

是有形的層次，在無形的層次上，要能做到分區不分心，合作而分工，分工而和心。同時，也不要過份執著要與資深委員同組，而是尊重所有資深委員，將同區資深委員視為帶自己的資深委員，有活動時彼此多招呼，營造大家庭的溫暖；同組之間也要多聽、多溝通，達成一致共識，才能呈現整體行動之美。

再者是「學習觀」，上人期勉眾人要放下身段，重新省視人我互動態度。回歸社區是增加學習及與人共事的機會，畢竟「慈濟是個宗教團體、修行團體，慈濟人投入菩薩道，必有諸多考驗，成為委員之後雖沒有很多訓練課程，但要時時藉事練心，做好『在職』訓練。」所以進入社區活動付出，就是最好的宗教修行，讓人可以時時收攝自己心念，才能從行善的層次提升至修行層次，動中有靜心不散亂。

最後是「製造觀」，上人常以500個人就能成為一尊千手千眼觀世音菩薩的比喻勉勵眾人，期待慈濟委員、慈誠能帶動更多人一同投入付出，成為人間菩薩。所以落實社區就是「製造」更多有服務善心的「慈濟人」，讓做善

事從我進而擴及至他人，因為有新志工不斷參與，帶入源源活水，慈濟社區志工組織運作才能保持活潑與創意。

在慈濟委員重新編組後不久，慈誠隊也在民國86年（1997）重新編組，方式與委員編組一致，組跟隊之間能有比較好的互動跟對應。而重新編組完成後，慈誠隊幹部特地返回花蓮面稟上人人事與會務推動狀況，也提及重新編組之後慈誠隊運作的感受[19]：

> 區中隊長們表示，以區為單位編組後，較能集中力量辦事，並且節省交通往返時間以及體力上的負荷；且彼此間關係更為密切，可隨時相互就近照顧。為落實社區志工，平日藉小組聯誼，加強區內師兄們及其眷屬的情誼，並接引新隊員。另外，以參與社區活動的方式，與區民打成一片，適時宣導慈善理念；或主動邀請里民參加慈濟活動，共同致力社區祥和。

從隊長們的分享可觀察出擴編前後變化，首要的改變是時間上相對簡省，以往因為人員分散，要聯繫事項或活

---

19 善慧書苑，〈一九九七年四月六日衲履足跡〉，《慈濟月刊》366期（1997），頁14。

動時，需要奔波較遠的距離，對人力與體力而言都是負擔，重新編組後，將同區或是鄰近區域的志工集合在一起，交通往返時間因而縮短，可將時間調整運用於社區慈濟志業推動，而且更便於平時的關懷與互動。其次，慈濟志工間互動方式也漸漸著重彼此的聯誼互動，讓志工感情可以更凝聚，除了本人之外連同家人也能一同互動，讓彼此間更像一家人。最後，就是活動型態開始調整，原本志工活動以慈善為主，為了要跟社區更融合，社區中的慈濟志工也開始參加社區舉辦的活動，和區民建立感情，之後再分享慈濟的慈善經驗和精神理念，或者在社區舉辦小型茶會或各種活動，接引招呼左鄰右舍一同參加，讓社區居民增加彼此熟絡的機會，暖化社區情感，讓純樸敦親睦鄰的古風能再現於現代社會中。

　　於是，在經歷一段陣痛期後，慈濟志工的組織型態有大幅度調整，從原先依人緣編組，轉而為以地緣為主、人緣為輔的編組方式。此階段將行政地區的地緣關係納入考量，大大地提高地緣的重要性，讓人與地有更緊密的結合。此一調整的過程被黃倩玉（2009：161-162）認為是慈

濟組織的「再組織化」（Reorganization），她以嘉義地區委員組織為例，認為調整後的組織改變志工領導模式與工作分配，而如此變動並非所有志工皆樂見，部分志工仍懷念早年人情互動高的溫柔舊組織。

正因為調整意味著變動，所以需要透過轉換觀念減少變動的影響，在此重新編組過程中，上人不止一次跟眾人說明何以需要落實社區志工，其中主要概念與第一節所示一致，敦親睦鄰、帶動人人愛心、推動社區志工以建立幸福家庭、祥和社會等等，是「社區志工」理念中幾個主要元素。除此之外，上人對於宗教實踐主體的慈濟志工，有不同向度的期勉，例如上人期勉慈濟志工把握自度度人的宗教情懷，因為「能累積良好的方法，推行在社區中，這就是『妙法度眾生』。好的方法使用得當，就能發揮影響力，使民眾樂於主動與我們一起來關懷社區。[20]」除此之外，上人也提醒慈濟志工「落實社區志工是為了使慈濟人更有機會接觸民眾，了解民眾的需要，進而影響全區居民成為慈悲喜捨、樂於付

---

20 同前註，頁 14。

出之人，以締造祥和的社會。[21]」上人清楚地讓慈濟志工知道，慈濟人接觸民眾、瞭解民眾是一條必行之路，唯有如此方能發揮影響力，進行更深入的帶動。沒有主動擁抱人群，無法建立人與人間感情，沒有感情基礎何來影響？所以，在社區中要發揮影響力，除靠近外沒有其他方法，而這些接引活動不只是世俗方式，更是修行妙法，度眾生的智慧妙法。於是，慈濟人落實社區，除了有實際運作層面的考量，始終都有慈濟一直強調「身體力行、慈悲濟世」的行動脈絡貫徹其中，於是社區活動是接引民眾的方便法門，方便進入後接連修行的真實道路，以此與單純付出行善的服務活動進行區隔，讓慈濟志工在身體力行付出時，不忘勉勵自己此為最動態的宗教實踐。

## 伍、四合一組織發展期：制度建立

從發展脈絡來看，落實社區後的慈濟志工組織理應已達到社區化理想，在整體運作漸趨成熟穩定後，實不需再

---

21 同前註，頁 15。

調整與變動，因為每次變動都意味著一次新的衝擊，對於志工團體而言，總是充滿著不安與變數，讓人心浮動一段時間，才會慢慢地隨時間沈澱下來，人跟新的組織重新密合在一起，逐漸習慣新組織運作及人員互動的方式。

自民國85年（1996）呼籲落實社區志工以來，各項社區活動舉辦成為社區慈濟志工重要工作，決定活動舉辦與否，各區有其不同的運作方式與默契，但漸漸地，各區負責規劃的活動組逐漸成為各區會務推動主導者，當活動組幹部覺得可行應加以推廣的活動，就能在社區舉辦，活動組覺得不妥的活動，多半會被否決而無法順利推動，而活動組的決策往往掌握在組長一人身上，長久下來，容易產生某些功能組獨大的狀況。相同的，若是遇到比較強勢的區組長，對於同組的成員而言，同樣會覺得相左的意見往往被否決，個人好惡決定整組運作方向。這種區組長或是活動組長主導會務推動的方式運作一段時間後，終在民國92年（2003）的夏末秋初，上人再次提出新的組織運作構想，再次調整慈濟志工組織運作模式，此次調整的方向，除再次編組外，更進一步調整志工運作模式，以下將從組

織調整的過程、內容以及影響進行說明。

　　民國92年的臺灣社會，SARS（嚴重急性呼吸道症候群）風暴剛結束不久，整個社會還瀰漫著一種大難過後的放鬆氛圍，慈濟卻在此時重新調整腳步，準備迎接第二次組織調整。一如以往，關於慈濟志工的重要調整或指示會務推動方向，上人必定透過全省行腳向眾人說明解釋，同年8月31日起，上人行腳全臺慈濟大型會所，正式向眾人宣布慈濟志工組織架構更動，委員為「組」、慈誠為「隊」，各以「合心、和氣、互愛、協力」為名稱重新編組，增加隊組共同籌畫、彼此配合的機會；新分組的優點是「人人有事做，事事有人做」，整體架構宛如透徹無染的琉璃圓球，每個人皆可發揮功能，沒有上下高低之分，在新架構中，組織被形容為「立體琉璃同心圓，菩提林立同根生，隊組合心耕福田，慧根深植菩薩道」[22]。這幾句上人開示隨即被譜成歌曲，名之「立體琉璃同心圓」[23]，在慈濟活動中廣泛傳唱，讓眾人耳熟能詳牢記不

22 蕭名芸，〈慈濟志工 架構調整 發揮良能 互敬互愛〉，《慈濟道侶》424期4版（2003）。

忘。全省宣說結束後，各地區志工在基金會宗教處協助下開始重新調整組織架構，當各地主要「合心組隊」成員順利產生後，因為這次調整有別以往，除了人員重新編組外，更牽涉志工會務推動運作方式，為求慎重，宗教處在上人指示下，於10月3日至5日在花蓮本會（靜思精舍）舉辦「全臺委員慈誠合心精進三日」共修法會，也是靜思精舍自民國77年（1988）暫停打佛七後，首度舉辦的法華經精進佛三，參與此次精進3日的成員是全臺各區合心組隊與功能幹事，共220人，皆為慈濟資深志工幹部，3天的精進共修主要由拜經、繞佛和上人開示輪流組成，早上和下午的時間皆如此，兩個晚上的時段則另有規劃。

　　針對資深幹部的說明凝聚結束後，上人又馬不停蹄地前往全省各地關懷「四合一」新架構運作狀況，從10月17日開始行腳全臺至30日回到花蓮，期間上人對眾說明

---

23 整首歌完整歌詞如下：「立體琉璃同心圓，慈心圓融無後悔；菩提林立同根生，悲心同根無怨尤。隊組合心耕福田，喜心淨化無憂愁；慧根深植菩薩道，捨心永恆無所求。立體琉璃同心圓，菩提林立同根生；隊組合心耕福田，慧根深植菩薩道，慧根深植菩薩道。」後來傳唱的為最後4句的版本：「立體琉璃同心圓，菩提林立同根生；隊組合心耕福田，慧根深植菩薩道。」

新架構運作方式時，開始運用比喻進行說明，讓大家便於記憶又能印象深刻，上人將「合心」比喻成樹根、「和氣」是樹幹、「互愛」是枝椏、「協力」則是樹葉，雖有不同功能，但同根而生，沒有誰大誰小、資深資淺問題，宛如一個透明、澄澈的立體琉璃同心圓[24]。以大樹的比喻讓眾人明白不同名稱幹部的功能，分工的同時還要兼顧整體，人人既是合心又是協力，如此通暢運作才是上人心中理想的琉璃同心圓[25]。經過上人兩次行腳以及中間一次資深幹部精進後，慈濟四合一隊組運作的模型大致完成，之後就是各社區的實際操練，以及之後不斷的組織擴編，在四合一的架構下，只要協力組隊人員到達一定人數，就要

---

24 呂祥芳、陳柏州，〈「四合一」新架構運作 3 個月上人期許志工：平面關懷、直線功能 彼此成就、提攜後進〉，《慈濟道侶》427 期 1 版（2003）。

25 關於慈濟志工組織第二次調整的緣由，在《證嚴法師衲履足跡‧2003，冬之卷》中有這樣的記載：「上人言及新架構的精神及實際運作方式，並勉勵眾人要集思廣益為未來立法。……分組是為了小組關懷，多組活動，落實區域的鄰和里，如此一來，要照顧鄰里就方便多了。……所以才分為合心、和氣、互愛、協力等功能。」由此可知，組織調整除了上述原因外，更重要的是為「未來立法」，建立制度。詳見：釋德伭，《證嚴法師衲履足跡‧2003，冬之卷》（2004），頁 80。

進行拆分為二的動作,這樣的「擴編」在各社區持續進行著,讓四合一組織始終能夠保持活力,不致衰竭。究竟這樣「四法四門四合一」的志工組織該如何運作?其中的「法」、「門」又指稱什麼?透過表4,可以看出四法四門四合一的意涵與內容。

表4 四法四門的內容與意涵

| 四法<br>四無量心 | 立體琉璃同心圓(慈心圓融)菩提林立同根生(悲心同根)<br>隊組合心耕福田(喜心淨化)慧根深植菩薩道(捨心永恆) |
|---|---|
| 四門 | 合心:總持門──總一切法、持一切善和氣:和合門──和聖賢心、合菩薩道<br>互愛:觀懷門──內觀自在心、懷抱眾生苦<br>協力:力行門──力持諸善法、行遍人間道 |
| 精神與默契 | 慈濟宗門一家人 志同道合是法親法髓相傳長慧命 如同身受感恩心人間菩薩如農夫 信實誠正如大地<br>智慧妙法如淨水 廣邀善士耕福田 |

整理自釋德凡 (2003),《證嚴法師衲履足跡・2003,秋之卷》。

四法結合佛法中的四無量心,讓實際運作與佛法結合在一起,四門就是合心、和氣、互愛、協力4個門,門意

旨通道，也是過程跟身分，上人不斷強調「人人是合心也是協力」的概念，希望營造出無大無小的平等觀，避免資深幹部個人色彩過重。於是，在上人宣說之下，新架構不僅可落實在運作層次，更將佛法精神灌注其中，提升慈濟人的宗教情操，以期勉所有慈濟志工將有形組織運作提升至無形宗教修行層次，如此才能將人事紛爭淡化，把磨練當作一種修行。當然，無論哪種型態的組織運作，對於宗教團體而言，都必須賦予組織運作宗教神聖意涵，才不會過度世俗化、制度化，最後變為單純的行善團體，而非宗教修行團體。

理念清楚之後，實際運作與上個階段有幾點調整之處，首先最大的改變就是「隊組運作合一」，在新架構運作之前，慈誠隊和委員組是相互獨立的團體，委員有活動時慈誠隊支援，但是同一區的會議或會務推展方向，兩者各自獨立運作，沒有必然的連結。但在新架構下，隊與組必須緊密結合一同推動社區工作，從會議的召開到幹部遴選，都必須一起運作，不再分開獨立，這樣的調整對於男眾而言一開始很難適應，總覺得跟委員開會沒有效率，然

經過一段時間磨合後，隊與組之間互動默契越來越好，也唯有兩者齊心協力，在社區推動慈濟志業時，才能收事半功倍之效[26]。

　　其次就是人員分組更細緻化，之前的落實社區原則上以區域為劃分範圍，雖然有依其大致地緣分組，但並不十分精確，但在這次的調整中，則明確制訂出多少人力以上組成協力、多少協力構成互愛、多少互愛組成和氣、幾個和氣成為合心，當人員增加時，協力就必須要擴編，不能讓協力成員一直無限制膨脹，到達一定人數後，組織就必須擴編，如此協力組隊長關懷人數才不會過多，而能真正落實人員關懷，協力組隊長不用擔心人力不足，社區活動舉辦時則多組聯合一起活動[27]。

---

26 對於慈濟調整志工組織，上人曾很明確地開示其功能：「『四合一』架構的最重要功能，就是要回歸社區；委員的本分是走入社區與會眾接觸，才能真正關懷會員，也才能淨化人心。」由此可知，四合一組織調整，就是要鼓勵慈濟志工走入社區，這也是慈濟社區志工組織很重要的目的。詳見：釋德仉，《證嚴法師衲履足跡·2005，冬之卷》（2005），頁 383。

27 筆者訪問慈濟志工幹部時，得知因為慈濟委員人數是慈誠的兩倍，所以組和隊劃分的人數也略有不同，慈濟委員編組的人數（包括受證慈濟委員與培訓委員）依據分別是：協力組 10 人以上，30 人以下；互

人員分組完成後，各層次要產生各層次的幹部，合心設有合心組隊跟合心功能幹事、和氣設和氣正副組隊長跟和氣功能幹事、互愛設互愛正副組隊長以及互愛功能幹事、協力設協力正副組隊長以及協力功能幹事，除合心不設「長」之外，和氣、互愛、協力仍有組長與隊長的設置，希望合心能以團隊關懷方式推動會務，避免個人意見左右團體發展。

　　重新調整人員及幹部遴選完成後，另一個重要的改變就是調整會議進行方式，過去慈濟志工的幹部會議多半無法定期召開或遇有大型活動時，才密集召開會議。而在新架構下，明訂出各項會議召開方式，合心團隊要負責召開合心會、合心和氣會，和氣要參與合心和氣會，之後要負責召開和氣互愛會，互愛則需要參加和氣互愛會，然後召開互愛協力會，最後協力組隊召開協力聯誼會，合心團隊

---

愛組則是 20 人以上，150 人以下（換言之，一個互愛不能超過 5 個協力）；和氣組則是 100 人以上，400 人以下（換言之，一個和氣不能超過 4 個互愛）；合心組則以區域（縣市）為設置範圍，不限人數。慈誠隊協力隊、合心隊劃分依據與委員組相同，互愛隊人數略少，20 人以上，80 人以下；和氣隊 100 人以上，300 人以下。

的會議主席則採輪值制，由組隊各推一人負責輪流主持會議。除合心和氣等幹部會議之外，各功能也會有各自會議需要召開，因此會議的數量較之前多一些，一時之間也讓志工幹部負擔增加。

經過幾年實行，發現會議召開方式需要調整，於是在民國98年（2009），在上人指示下，再次調整會議方式，精省和氣互愛會、互愛協力會，將其整併為「四合一幹部會議」，所有委員慈誠一起參與開會，同時結合委員、慈誠精進日共修，利用週末假期，早上共修下午開會，保留合心會與協力聯誼會，志工幹部參加會議次數得以減少，如此訊息的傳達也能夠比較快速而正確，不會每經一次轉述就漏失很多訊息，會議中到最後往往只剩下本會諸多佈達與配合事項，中間的過程與考量都被省略。委員慈誠合心、和氣、互愛、協力組織架構職掌與精神理念可參見表5。

簡言之，第二階段的調整，大幅度深化慈濟志工和居住地區的連結，因為有這樣的分工，調整後的培訓委員慈誠，一開始報名慈濟培訓課程，就會被歸入其所屬的協力

## 表5 慈濟四合一架構職掌與理念

| 名稱 | 職掌 | 理念 |
|------|------|------|
| 合心組／合心隊 | 綜理合心組會務<br>執行本會交辦事項<br>輔導及協調各和氣組會務 | 1. 合心傳承，如同一棵樹的樹根。<br>2. 秉持「靜思」精神，以正知正見之理念，事理圓融之智慧，豐富熟稔之經驗，掌握慈濟志業脈動，擘劃全區之方向，關懷全區慈濟人，將「法」融入於活動與會務中。<br>3. 合心必須回歸協力 |
| 和氣組／和氣隊 | 綜理和氣組會務<br>執行合心組交辦事項<br>輔導及協調各互愛組會務 | 1. 和氣布達，如同樹幹。<br>2. 力行「拱橋」的服務精神，一脈相承，以正確敏睿之思維，冷靜沈著之處事，推動合心組的規劃及精神的落實。 |
| 互愛組／互愛隊 | 綜理互愛組會務<br>執行和氣組交辦事項<br>輔導及協調各協力組會務 | 1. 互愛規畫，如同樹椏。<br>2. 如同「手與腳」一般，以身作則，真誠關懷組內的每一法親，凝聚彼此共識，積極履踐各項慈濟志業工作。 |
| 協力組／協力隊 | 綜理協力組會務<br>執行互愛組交辦事項 | 1. 協力執行，如同小枝與葉。<br>2. 四門的第一道門是協力門，在社區接引會眾，帶動投入。 |
| 合心即是協力，互愛、和氣居中間，人人展開雙手，開闊心胸，合抱三千大千世界，就是立體琉璃同心圓。 ||||

資料來源：訪談志工幹部與整理自《證嚴上人衲履足跡‧2005，春之卷》

組隊別，開始跟自己同組別的志工互動，活動以協力為單位進行人力規劃，因此除了推薦的資深委員外，自己的協力組隊長從培訓開始就扮演重要的角色，因為培訓委員慈誠能否順利受證；不僅需資深委員、慈誠推薦，更需要協力組隊長認同，才能順利被推薦受證。於是，個人開始依著地緣取得組隊別，落實到協力組隊別，個人才算是有一個安身立命之處。除個人外，整個組織也依著四合一的地區概念進行運作，至民國98年底（2009），全臺被劃分成12個合心區域，分別是北區（臺北縣市與基隆）、桃園、新竹、中區（臺中縣市、苗栗與南投）、彰化、雲林、嘉義、臺南、高雄、屏東、花東、宜蘭。因著志工人力增加以及會所興建等等因素，至民國一〇九年時，全臺已經有17個合心區域，北區分為北一、北二、北三，含括基隆、北市與新北；中區擴為中區、苗栗、港區、南投。

於是，在不變的地域範圍中，只要慈濟人增加，組織就能一直不斷地增長，同時也讓更多志工有機會承擔幹部，養成更多人才。透過召開四合一會議決議志工會務，雖然「共識決」往往不容易快速做出決定，但是也避免個

人意志決定一切的狀況，對於志工團體成員而言，比較有機會表達意見同時也得到較多尊重。換言之，希望能逐漸建立制度，讓組織能夠長治久安地持續發展下去，避免人為因素而大起大落。

## 陸、小結

從慈濟志工組織調整的脈絡發展觀之，可以發現當慈濟志工人力逐漸增加，組織運作就慢慢朝向與地域結合的模式發展，逐漸降低早年以人帶人為主的組織運作方式，人緣和地緣比重的調整也意味著組織朝著制度化方向發展。

若以地緣和人緣為兩條發展軸線，筆者嘗試歸類出幾種不同的發展類型，分別以人緣結合度低至高以及地緣結合度低至高，交錯劃分出4種類型，並將慈濟志工組織發展階段嘗試歸入其中，以作為一種可能的對照。

由下圖1可知，依地緣與人緣結合度高低不同，可得4種類型：

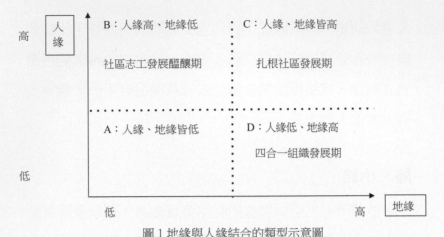

圖 1 地緣與人緣結合的類型示意圖

A：地緣結合度低、人緣結合度低

B：人緣結合度高、地緣結合度低：慈濟的社區志工醞釀期發展類似此種型態

C：人緣與地緣結合度並重：慈濟社區志工落實期發展類似此種型態

D：地緣結合度高、人緣結合度低：慈濟社區志工重整期發展類似此種型態

在慈濟功德會正式成立後，勢必開始發展組織，於是進入第一種發展模式，以人際傳播為主的方式，順著人情脈絡進行發展，於是母雞帶小雞、資深帶資淺這樣「人帶

人」的模式成為組織發展的主力，重視情感的牽引與認同，組織制度建立屬於其次。之後，組織人數逐漸增加，人和人之間開始慢慢衍生聯絡、活動舉辦與會務決策等等問題，加上賀伯颱風造成災害後，慈濟志工在救災中發現臺灣社會裡社區人群感情淡薄，無法發揮彼此互助功能，如此現象促使上人開始呼籲慈濟人落實社區，於是慈濟志工開始重新編組，落實大範圍的區域，讓大家先習慣以自己居住地點為活動範圍，敦親睦鄰於社區中帶動接引，發展各樣活動，此時屬於人緣和地緣並重階段，沒有馬上讓人緣連結消失，而是在原先人緣牽引中，再加上地緣互動的便利性。

經過一段時間熟悉之後，同時也慢慢發現以大區運作很容易讓幹部個人意見左右團體發展，在資深幹部面前，新進委員慈誠往往無法多言，必須尊重前人經驗指導，且慈誠隊與委員之間分別運作，在社區推動時無法集合眾人之力，所以最後一個階段將人更細緻的劃分，以四法四門的理念配合上地域範圍，把志工依人數落實在可能的最小單位中，並且依合心、和氣、互愛、協力選出幹部，讓委

員與慈誠從此結合為一個整體，在社區共同推展慈濟志業，隊組合心共耕社區這塊大良福田。同時，每年只要慈濟志工人數增加，就會進行協力擴編，讓人往更小的地理範圍落實，讓社區範圍逐漸縮減，以利慈濟人在社區中互動與落實，不斷進行擴編的過程同時也讓團體保持著活性，不會想要固定下來，而讓團體成員不斷努力接引，讓人力增加從而能持續擴編。

這4種組織類型除了地緣與人緣高低之別外，其他組織運作上的差別為何？筆者參照慈濟發展的歷程，歸納出幾點不同之處，分敘如下：

一、當人緣結合度高時，表示組織發展以情感為主要訴求，人治色彩也比較濃厚。以慈濟志工組織為例，在社區志工發展醞釀期時，母雞帶小雞是招募人力的主要方式，人和人之間的情感是最大媒介，透過人情媒介，才能透過人際網絡向他人介紹慈濟，並非依靠慈濟本身的知名度吸引一般人加入，而是透過第三者介紹，才能將慈濟推而廣之。另外，早年的「善來委員」也是方便進入，不需要經過固定課程和歷程才能成為委員，只要皈依上人，願

意發心投入，護持慈濟志業，透過資深委員引薦後就能成為慈濟委員，並不拘泥於固定的形式和規矩，所以早年憑藉的是人情，方式就是方便接引，廣開方便之門。

二、當組織人數漸增，團體龐大到一定程度時，沒有規矩難成方圓，工作推動不能總由少數人決定，除了宗教領袖的絕對性不容顛覆外，其餘志工討論工作時，也需要有規矩才能建立共同默契，所以逐漸會需要建立制度和規矩，於是組織慢慢朝向與地域社區結合的方向轉移，一如慈濟第二階段的發展，也是組織發展龐大後的必然趨勢，無法單純地以人情組織動員志工，需要有更快速號召人群加入的方式，若不進入社區當中互動，很難快速組織動員人力，於是在建立制度與需要更多招募志工通路的需求下，地緣開始被納入考量。當人群習慣與地域結合，人緣色彩降低後，也表示組織制度化的需求越來越高，於是人和地域社區結合更加緊密，也表示組織已能以多數決來替代少數人的意志。當然，對以志願參與志工為主體的宗教團體，制度之外總是需要兼及人情，所以就算是朝著落實地緣為主發展組織，仍會考量志工的感受以兼顧人情。

三、從組織發展的過程來看，當組織跟地域社區結合越緊密時，也意味著各社區所擁有活動自主性相對提高許多，早年以人緣為主進行組織活動時，活動的項目跟方式比較單一，但隨著落實社區的程度提高，慈濟志工參與一般社區活動的頻率也大大提高，與社區鄰里長或政府單位結合活動的次數頻率也相對增加。

四、以B型態和D型態相互對照，可以發現B型態屬於傳統式的招募志工方式，以人情為基礎進行組織運作，而D型態則是現代社會多元傳播的招募方式，以組織整體制度化的運作來維繫團體發展，讓志工招募管道多元暢通，當然接引進來後還是有人情招呼與溫暖情誼在其中，但是其先後順序已大有不同。其次，就地區自主性觀之，組織發展到D型態時，各社區才有比較高的地方自主性，不需經常透過總會進行決策。

以慈濟為例，整體組織發展的過程是由B型態慢慢轉移成為C型態，到現在發展成為D型態，其中B型態維持30年之久，C型態則維持7年，D型態到目前為止也有近7年的發展過程。可見要把志工慢慢導向以社區活動為主，

也需要一段時間的醞釀才能達成，非一蹴可幾，必須透過組織、活動型態以及人力編制等等方向共同支撐，才能將志工慢慢導回社區活動，同時能在需要時跨區域一起活動，能夠獨立活動又能連結成一個整體。

對志願從事服務的志工而言，組織變動與調整往往都只能被動接受，尤其在上人宣說之後，絕大部分的志工都會遵循上人指示努力調整，所以在組織調整的時候，不會有遭受太大抗爭與阻力。而慈濟志工組織目前發展到這個階段，已漸趨成熟，不論是組織本身的彈性或自主性，相對而言都提高許多，而幹部的遴選也慢慢建立固定的時間和方式，再經由上人正式在眾人面前佈達而確定。所以慈濟持續的社區化已有一個明確的方向，也逐漸形構出屬於慈濟的一套模式，將志工（人）和社區（廣義慈濟人居住的地區）透過各項淨化人心的活動，緊密結合在一起，凝聚成一個無形的慈濟社區，並且每年不斷增生與擴編，讓根能夠越扎越深，融合成為一個慈濟社區。

*本文節錄自：鄭鳳嘉（2010）。在地紮根的兩種模式－花蓮地方公廟與慈濟社區志工組織之對話。慈濟大學宗教與文化研究所，花蓮縣。

1996 年 3 月大陸青海玉樹州老人院慰訪。（攝影／林櫻琴）

2020 年 9 月菲律賓計順市政府廣場為吉普尼車司機發放糧食物資。
（菲律賓慈濟分會提供）

# 第二章
# 海外社區志工的功能與良能

## 第一節　大陸慈濟志願服務發展

佛教慈濟慈善事業基金會執行長辦公室　**王運敬主任**

「一月普現千江水　千江水月一月攝」。人性本善，慈悲心如月，付出無所求的志工精神，就如同月光慈悲普照世間，關懷天下苦難蒼生。我們深信每一個國家愛心志工人士越多，當地社會也就越祥和穩定！

此章節以探討慈濟在大陸的志願服務發展為主要內容。慈濟在大陸的志願服務發展與全球其他地方相同，都是以人道情懷為核心，因為兩岸關係的特殊性，所以慈濟作為臺灣民間慈善組織，在大陸志工服務方面，的確有其歷史性意義。

此文以4個角度論述慈濟在大陸的志願服務發展：

2020 年 7 月印尼廖內省北干巴魯新型冠狀病毒生活物資發放。

（攝影 / 陳旗虎）

1989 年 12 月 9 日美國分會靜思堂正式成立。（慈濟花蓮本會提供）

壹、慈濟在全球的志工發展模式

貳、大陸志願服務發展歷程

參、慈濟在大陸的志願服務發展歷程

肆、志願服務在大陸的發展趨勢

## 壹、慈濟在全球的志工發展模式

在論及慈濟在大陸志願服務發展之前，必須先充分理解慈濟在全球的志工發展模式。有了這一層理解，對於慈濟大陸志願服務發展，即能一窺全貌。

自1966年證嚴上人創辦慈濟功德會至今，慈濟志工遍佈全球超過66個國家地區，並將慈善的足跡拓展至超過119個國家地區。在推動四大志業和全球大型賑災與各項活動，慈濟志工都是扮演著主軸關鍵性的角色，並成為慈濟在全球志業發展過程中，最為世人稱道讚揚的特色之一。

慈濟在全球的志工發展模式歸納4項重點（VPAC）：

以「價值使命」為驅動力量（Value-driven）

以「慈濟十戒」為自我規範（Precepts）

以「身體力行」為啟發帶動（Action first）

以「社區志工」為運作基礎（Community based）

簡述如下：

## 一、以「價值使命」為驅動力量

為了達到淨化人心、祥和社會的願景，慈濟誠邀全球社會各界愛心人士，共同投入慈濟志工行列，參與慈善人道援助工作，並透過見苦知福，進而產生無私的慈悲力量，發揮愛心，以「教富濟貧　濟貧教富」理念，創造社會溫馨氛圍。因為慈濟認為在全球經濟和科技高度發展、人性價值混淆的時代中，藉由帶動人人參與助人關懷與慈善服務的志工行列，是樹立社會良善風氣、消弭人心失序、減緩對立衝突以及促進社會穩定的關鍵！

因此，上人以「慈悲喜捨」和「誠正信實」為核心，希望每一位慈濟志工都能以「付出無所求」的精神投入慈濟慈善與各項人道援助工作。慈濟更強調平等，不分財富、年齡、學歷，以平等的態度在團體中學習「感恩、尊重、愛」，多元化志工活動參與，發揮長才，肯定生命價

值，落實「做中學」、「學中覺」的精神，從關懷他人的過程中，體悟生命的珍貴。

所以每一位慈濟志工均以「淨化人心」為己任、以「祥和社會」為使命、以「天下無災」為願景，「淨化人心」先要「淨化自己」，透過「修行」（修身養性、端正行為），斷除生活中不好的習慣，讓自己的人格往典範方向邁進。

哈佛大學商業管理學院赫曼‧李奧納教授（Herman Dutch Leonard）就分析：「慈濟志工是以使命為導向。而核心價值不但為慈濟的使命提供定義，還能創造推動使命所需的能力，動員助力。而核心價值完全由上人的教法所定義。在慈濟每天遇到數以千計的大小事中，志工可從核心價值得到指引，從中找出解決問題的方法。它也為組織內部與外部的人提供了信任的基礎，讓人們相信慈濟會依照其核心價值來行事。」

因此，每一位志工投入慈濟志業，無論是做環保或參與賑災等，都不是以獲得報償或有形回饋為目的，而是以自我內心的「生命價值、理想使命」為最重要的驅動力量！因此慈濟志工在辛苦付出的過程中，內心是充滿歡喜

與價值感，這就是「幸福」的生命價值觀！

有了這一層的認識，就能理解為何慈濟志工在全球各地，無需動員、無需指派、無需規範、無需報償，大家就能在全球各地自動自發的「自我動員」，立即投入助人行列。答案就是：慈濟志工乃是以無形的「價值使命」為自我驅動力量，積極投入全球人道援助行動，回應世界災難頻傳、貧病交疊的生命呼喚之聲！

## 二、以「慈濟十戒」為自我規範

許多人都很好奇地請教上人，面對全球超過百萬位的慈濟志工，成員從企業家、專業人士、家庭主婦、一般從業人員、老人家、年輕人、小朋友等各行各業各年齡層，上人是如何管理，讓全球慈濟志工的運作有條不紊？上人的回答很簡單：「以戒為制度、以愛為管理！」

其中第一句話「以戒為制度」的「戒」，就是「慈濟十戒」。

慈濟十戒：「一、不殺生；二、不偷盜；三、不邪淫；四、不妄語；五、不飲酒；六、不抽菸不吸毒不嚼

檳榔；七、不賭博不投機取巧；八、孝順父母調和聲色；
九、遵守交通規則；十、不參與政治活動示威遊行。」前
5項為佛教五大根本戒，後5項則為上人針對現代社會發
展的特殊形態，所提出的生活要求。慈濟十戒是所有已受
證的慈濟人必須遵守的自我戒律。

為何遵守十戒對於慈善團體如此重要？

（一）自律修行到兼善天下

宏偉的慈善願景，除了需要有目標、策略、計畫、方
案、執行之外，更重要的是，慈善團體裡的每一位成員，
無論是行政同仁或志工，都能自我規律，堅守核心價值與
理念願景，方能達成慈善的終極理想。自律修行除了是兼
善天下的礎石之外，兩者之間更存在著密不可分的「強連
結」，這與「修身、齊家、治國、平天下」的理念完全一
致。

（二）保持慈善精神的純淨

放眼全球慈善機構發展經驗，有許多慈善機構在慈善
助人方面成果卓著，但有時卻因為組織內部單一個人行為
的偏差，導致整體組織發展受到極大影響。或有組織成員

無法堅守初心與價值，以致組織發展偏離正軌。因此如何保持慈善精神的純淨性？組織成員中每一位的自我規律成為最重要的關鍵。因此，慈濟十戒，對於慈濟四大志業以及全球志工發展的「精神純淨性」，產生重要的影響力。

（三）恆持慈悲善行的永續

慈悲善行如何在全球的規模基礎上，產生永續發展的目標？除了推動有形的永續慈善方案、組織制度永續運作、財務管理永續經營之外，最重要的就是「人才永續培育」。特別是在以宗教精神為核心的慈善機構，具有自我規範的人才，更是慈善機構的最重要資產！因此，戒律是具有宗教精神的慈善機構永續發展的核心關鍵！也唯有持續發揮戒律的重要性，慈善機構才能發揮永續的影響力。

（四）促進慈悲能量的增長

因為全球氣候危機日益加劇，災難越來越多，如何增強慈善助人的愛心能量，除了啟發更多愛心人士的投入之外，更重要的是還要能反求諸己，從自我戒律為起點，不斷思考在工作和心靈方面是否都緊緊環扣核心精神？也唯有不斷自我淬煉、自我精進，才能吸引更多愛心人士共同

投入志工行列。換言之，慈善機構希望增強愛心能量的關鍵方法，就是遵守組織戒律！

慈濟志工遵守慈濟十戒，改變自己過去不好的生活習慣，才能獲得別人的敬重、家人的支持、社會的肯定，也才能在微觀層次上產生感染力，眾人匯聚，即能在巨觀層次上發揮影響力！

例如，在慈濟十戒最後一戒：「不參與政治活動示威遊行」！因為全球慈濟志工人人落實此戒，所以無論在任何國家或體制之中，慈濟志工都能單純以人道精神為當地付出，以超然的心境推動慈善工作，不會介入政治活動或是捲入政治紛爭，這就是確保慈善精神的純淨性。一旦參與政治，很容易因為政治因素而導致慈善發展的不穩定，無法永續推展。也唯有遵守此一戒律，慈濟在全球各地才能獲得各方肯定，吸引更多愛心人士投入志工行列，增加全球慈悲的愛心能量。

因此，在全球志工發展的過程中，以「慈濟十戒」為自我規範是非常重要的一環。

### 三、以「身體力行」為啟發帶動

參與慈濟志工最主軸的任務是：以身體力行投入慈善以救拔災難、投入醫療關懷病苦、投入教育徹底脫貧、投入人文提倡價值、投入環保保護地球。無論在災難或貧困之地，對於慈濟志工而言，都是佛經所言的「福田」。如何能為世人提供關懷與服務，猶如農夫耕田，必須親自耕作，而且勤勞付出，方能產生效果。

例如，慈濟人都自假自費，親自到災區參與發放物資、擁抱災民；前往醫院擔任志工，膚慰病苦；親身參與資源回收、垃圾減量；走入大街小巷與偏鄉苦地，為弱勢家庭帶來溫暖。所以慈濟志工都是以親自身體力行，帶動更多愛心人士參與慈濟行列。

### 四、以「社區志工」為運作基礎

在行善助人的層次上，上人認為，帶動整個社區敦親睦鄰、守望相助是最重要的關鍵。所以上人在1996年開始大力呼籲推動「社區志工」，期待慈濟人以身作則，透過原本在社區中的慈濟志工當做種子，邀約帶動更多社區

民眾一起投入，只要一人能夠帶動10個人，就能夠發揮出相加相乘的效果。帶動社區民眾之後，就要發揮社區中守望相助、敦親睦鄰的鄰里之情，這樣的作法，最終指向一個人心淨化、社會祥和的大同世界與人間淨土，讓傳統的道德理念和慈濟的精神結合在一起，行為與理念上可以互相融合。

上人推動志工社區化計畫，落實社區服務的就近性、即時性與在地化。一方是我們以民間團體力量，由下而上推動社區服務，另一端是政府由上而下訂定政策，推動福利社區化目標。

慈濟志工社區化的精神，以社區為基礎，建立志工組織運作模式，深入社區發揮「親幫親、鄰幫鄰」的互助精神，共同關心社區，提升社區倫理，一步一腳印帶動社區多元參與，形成福利社區關懷網絡。

因此，無論在世界各國地區，慈濟志工的推動均以「社區志工」為發展基礎，提升鄰里互助的氛圍，才能促進社會祥和與穩定。

對於慈濟在全球志工發展的4項模式（VPAC）：「價

值導向、慈濟十戒、身體力行、社區志工」有全面的認識之後，後續瞭解慈濟在大陸的志願服務發展輪廓，就能更為清楚。

## 貳、大陸志願服務發展歷程

　　大陸自從改革開放之後，無論在經濟、社會層面，乃至於民間社會組織與志願者的發展，都產生許多變化與成長。欲深入瞭解慈濟在大陸的志願服務發展，必須先對於大陸志願者發展的社會與法制歷程有所認識，才能充分理解。（志工一詞，在大陸稱為志願者）

### 一、大陸民間社會慈善公益與志願服務發展歷程：

　　以下簡要對於大陸民間社會組織與志願者發展歷程，重點條列：

◎ 1978年大陸開始走向改革開放，對於經濟、社會與民間力量的發展，產生巨大影響。

◎ 1981年中國兒童少年基金會成立，這是大陸第一家全國性基金會。其後，具有公益慈善性質的全國性基金會紛

紛成立。

◎1988年第一部專門規範大陸民間組織登記管理的行政法規——《基金會管理辦法》發佈，成為在大陸運作的基金會產生法規的依循條例。

◎1989年通過《社會團體登記管理條例》。

◎1991年華東華中大水災，慈濟基金會前往大陸進行賑災工作，是台灣第一個前往大陸進行慈善工作的佛教慈善機構。

◎1994年大陸第一個綜合性慈善機構——中華慈善總會成立，標誌著現代慈善理念開始在大陸樹立。

◎1995年聯合國第四次世界婦女大會在北京舉辦。「NGO」（Non-governmental Organization，非政府組織）一詞進入大陸公眾話語。

◎1998年大陸設立民間組織管理局，負責管理與輔導相關基金會與社會團體。1998年第一個NGO研究機構——清華大學宣佈成立NGO研究中心。

◎2004年通過了《基金會管理條例》。該條例將基金會劃分為公募性基金會和非公募性基金會。該條例還第一次以

官方行政文件的形式允許國際NGO在大陸註冊辦公室。

◎2004年大陸民營企業家中的先行者自發組織 —— 阿拉善SEE生態協會成立。

◎2007年第一家由互聯網企業發起成立的基金會 —— 騰訊公益慈善基金會成立。2015年9月9日，騰訊公益慈善基金會聯合眾多機構和名人明星共同發起大陸首個互聯網公益日「騰訊99公益日」。自此，騰訊99公益日成為大陸一年一度的全民慈善日，持續創下大陸互聯網募捐的新紀錄。互聯網公益創新展現出愛心捐款能量，不單開啟了平民慈善新機制，也在重塑著慈善生態。

◎2008年5月12日四川大地震，當地政府、民間企業、社會組織、國際機構開展了規模空前的救援行動。大災激發了大陸社會各界空前的慈善捐助熱潮，使得2008年被稱為「大陸民間公益元年」。當年大陸慈善事業捐贈總額中，個人捐贈首次超過企業捐贈。往後10年，大陸民間公益逐漸走上專業化、組織化、協同化、科技化、多元化、國際化的道路，觸動了大陸社會治理體系的重構，促使社會力量被逐步納入政府社會治理改革範疇。

◎2008年北京舉辦奧運會，加上川震引發的社會能量，在相當程度上，四川大地震和北京奧運會對於促進大陸總體志願精神、拓展社會志願服務認知、推動公民志願行動、觸動志願服務管理體系的構建，產生深遠影響。

◎2008年慈濟正式在大陸註冊，成為大陸第一家由境外人士擔任法人代表的民間慈善基金會。

◎2010年北京師範大學壹基金公益研究院宣佈成立，這是大陸第一家由大學與公益組織聯合發起的專門從事公益理論研究、公益人才培養與公共政策咨詢服務的研究機構。

◎2010年基金會中心網正式上線，對於民間基金會的財務透明、運作效能、組織評比等，提供一個開放平台，在大陸基金會發展史上也是一個標誌性事件。

◎2012年首屆「中國公益慈善項目交流展示會」在深圳舉行，是當時最大規模的綜合性公益項目集中展示會。

◎2015年尼泊爾強震，中國扶貧基金會、愛德基金會等多家民間救援機構奔赴災區投入救災，被評為大陸民間海外救援力量初長成。

◎2015年首家由中美慈善家創建的國際性公益學院——深圳國際公益學院正式成立。

◎2016年通過《慈善法》，這是大陸第一部全面性、基礎性、綜合性的慈善法律，開啓了大陸民間與政府同為社會築底的慈善法治時代。

◎2016年通過《境外非政府組織境內活動管理法》，對於規範境外非政府組織在大陸境內活動，產生規範性、管理性的法律依據。

◎2016年的兩部大法，共同搭起大陸慈善法治體系的基本框架，是大陸慈善立法進程的重要關鍵。

◎2017年《志願服務條例》出台與實施，標誌著大陸志願服務進入制度化階段。

## 二、大陸慈善與志願組織的發展特色

總結上述的發展歷程，大陸慈善組織與志願服務數十年來的發展特色，簡要如下：

（一）慈善公益風氣普遍化：隨著經濟發展與社會開放，特別是四川大地震之後，民間社會與企業對於慈善公

益的推動，日益普遍，無論是在個人捐款或是例行投入志工行列，均呈大幅增長趨勢。

（二）慈善法規制度規範化：從基金會管理條例到慈善法、志願服務條例的實施，關於社會組織的公益與慈善行為、捐贈收入與慈善支出、公益信託、財務透明、行政支出比例等，均逐步完備相關法規制度。

（三）慈善組織特色多元化：從早期單純從事慈善捐助發送物資等，逐步發展慈善平臺、慈善研究、社會企業、互聯網公益等多元發展，各有特色展現。

（四）慈善項目執行專業化：隨著教育普及，學歷普遍提升，更有許多海外歸來優秀人才紛紛投入慈善與公益志願服務領域，讓慈善項目的推動與執行，逐漸朝向專業化發展。

（五）慈善傳播參與網路化：因為網路與社群網路全面發展，對於慈善轉型、志願投入、捐款行為、訊息發送、互動連結、廣泛參與等，產生巨大的影響。

（六）慈善規模範圍國際化：在慈善風氣日益普遍、慈善法治逐漸完備、慈善發展特色多元、慈善人才優質專

業、慈善訊息快速傳播等基礎之上，大陸當地慈善組織也開始從關注當地慈善發展之外，更開始將慈善推動延伸到其他國家，並積極參與聯合國與國際上相關平臺與全球會議，展現慈善國際化的能量。

## 參、慈濟在大陸的志願服務發展歷程

從上述論及慈濟在全球志工發展的模式以及大陸慈善組織與志願者發展歷程之後，就可以完全理解慈濟在大陸的志願服務發展脈絡與其對應之處。以下就臺商因緣、登記註冊、本地志工、多元發展等4個層面簡要說明。

### 一、臺商因緣：大陸華東華中大水災

因為1991年大陸華東華中大水災，在兩岸情勢仍然緊張之時，慈濟毅然決然秉持「慈悲平等」的大愛心念，首次踏上大陸土地，在安徽、河南及江蘇3省展開賑災行動。

慈濟的大陸賑災計畫，引起大陸當地臺商的支持與響應，更啟發許多臺商在經營企業之餘，發揮企業社會責任

的使命，身體力行投入賑災行列。尤其是大陸臺商聚集之地，例如福建、廣東、上海、江蘇、昆山、北京等地，都是臺商人士開始投入慈濟志工行列的省份城市。

也因為有許多臺商發揮愛心，一路從水災發放、住屋重建、風災救濟、甘肅水窖、貴州遷村到四川大地震的長期投入，無形中感動許多公司企業內部的大陸本地民眾與社區人士，也紛紛捐款或參加慈濟活動，成為慈濟的愛心支持響應者。

## 二、關鍵基礎：慈濟正式登記註冊

慈濟的人道善行從1991年至今，獲得大陸各級政府信任。從最早的急難救助模式、到計畫型扶困、社區志工與環保觀念的推動，皆為當地注入一股既草根又能即時展現動員力的慈善模式。

而2008年也是慈濟在大陸另一個重要的里程碑！為了落實在地化、本土化，讓愛在當地生根深耕，「慈濟慈善事業基金會」在2008年國務院的批准下核准設立，並於2010年在江蘇蘇州市靜思書院舉行掛牌典禮與揭牌儀

式，成為大陸第一家由境外人士擔任法人代表的非營利組織基金會。

這個里程碑，之於兩岸慈善互信互助的建立，有極大的啟發與意義。

更重要的是，在大陸的愛心人士，也因為慈濟在當地已經是獲得正式批准與認可的慈善機構，就能安心參與志願者的行列，共同投入助人行善、祥和社會的公益活動。

## 三、慈善價值普及大陸本地愛心人士投入志工行列

2008年四川大地震過後，全大陸各地民眾參與志願者服務的風氣日盛，再加上慈濟已在大陸登記註冊，因此，許多大陸愛心人士紛紛加入慈濟志工行列，為當地貧苦民眾奉獻愛心、救濟賑災、投入環保等。

由於近年來大陸各級政府規範慈善行為與志願者服務的法制規範越來越完備，尤其是慈善法和志願服務條例，更讓大陸民眾參與慈濟等慈善公益活動，成為經濟發展與社會進步後的更高生命價值追求。

也因為在慈濟的人間菩薩精神與慈善價值薰陶下，許

多志工也更加確立自我的生命價值觀，積極奉獻社會、服務他人，無形中促進家庭幸福、社區溫馨、社會祥和，對於社會穩定產生一股默默而厚實的支持能量。

## 四、慈善公益多元發展促進志工參與

慈濟在大陸的志願服務發展，隨著慈善項目的轉型與多元發展，產生不同階段的影響。

（一）從大型急難到社區慈善

慈濟在大陸的慈善公益推展項目，從早期以大型災難援助行動為主，包含急難階段的物資發放、中長期的重建與復原計畫等。由於越來越多的臺商加入慈濟行列，慈善行動的觸角從大災大難的區域，逐漸延伸到以「社區關懷」為範圍。

也因為在社區型的慈善濟助個案越來越多，當地民眾更感受到慈濟志工的慈悲和善良，所以他們也開始身體力行投入慈善行列。深耕為在地化的「社區慈善」。

（二）從慈善關懷到社區環保

隨著大陸慈善與志願者服務政策越來越規範化，許多

大陸志工也來到臺灣觀摩志工發展的經驗，尤其看到慈濟的慈善工作，不僅只有慈善濟助，更關懷地球環境與預防災難的環保行動，再加上大陸慈善法當中對於慈善機構的從事範圍，也包含環境保護類別，以及各級政府積極提倡環境生態、資源回收分類、垃圾減量的重要性，因此大陸許多各行各業的有志之士，紛紛投入環保資源回收、宣導垃圾減量、推動環境教育等行列。

隨著全球環境意識的提升，大家都知道，保護環境人人有責，環保已經是迫在眉睫的搶救地球行動！所以許多本地人士，紛紛加入慈濟的環保行列，大手牽小手，默默配合當地政府的環保政策，與社區相關單位共同合作，致力於資源回收、垃圾減量、蔬食無塑等相關環保推動。

在許多城市的環保推動都獲得當地政府的肯定，並獲得環保教育基地的認證，例如四川成都、廣東深圳、江蘇無錫與昆山、浙江紹興等。

因此，從慈善關懷到社區環保的推展，對於慈濟在大陸志工而言，產生「多元化」的發展特色。

（三）從一般民眾到專業人士

隨著大陸慈善公益組織發展的專業化趨勢，許多社會上的專業人員在工作閒暇之餘，也都紛紛願意投入社會慈善志工行列。例如，醫師與護士等醫護人員，也因為慈濟舉辦醫療義診服務的因緣，開始利用假日，隨著訪視志工一起探訪弱勢家庭的長者和病患，讓他們感受到社會的溫馨，重新找回行醫的初心，並提供實質上的醫療照護。例如有些教育工作者，認同當地政府推動文明教育以及證嚴上人的品格教育理念，所以也利用閒暇之餘，與慈濟志工一起為弱勢家庭的孩童，提供課業輔導、補助教學等教育支持行動。

綜上所述，慈濟在大陸的志工發展，除了完全符合慈濟在全球志工發展的四大模式之外（VPAC：「價值使命」、「慈濟十戒」、「身體力行」、「社區志工」），更完全相應於大陸慈善社會組織與法制發展的總體趨勢與社會需求。

無論人間大愛道路平順或坎坷，慈濟人始終秉持單純的「人道精神」，為當地社會奉獻付出，而且更重要的是

慈濟人都遵守「不參與政治活動」的戒律，保持慈善精神的純淨性與永續性。

　　慈濟人為兩岸搭起愛心橋樑的心念不變；慈濟人為天下鋪設慈悲大愛之路的願景也從未改變。因為我們希望透過慈悲善行，讓天下平安，讓世代幸福。

## 肆、志願服務在大陸的發展趨勢

　　隨著社會持續性發展，未來慈善公益與志願服務也將產生許多變化與趨勢，簡述如下

### 一、公益慈善的法治與制度建設日益完備

　　隨著《慈善法》的頒布實施，支撐公益慈善事業發展的新制度環境將逐步建立起來，相關延展性制度設計也將逐步完善或將陸續推出。除了有形的制度規範之外，無形的慈善精神結合中華優秀傳統文化精髓，推動現代化的公益慈善人文，也將陸續提升與成長。

## 二、多元跨界合作機制日益頻繁加深

全球的社會治理已經開始步入多元合作時代。不同的組織形態、部門和技術之間需要日益緊密的協作，包含政府、社會組織、公司企業等多元跨界合作成為一種嶄新的機制趨勢。尤其在大陸主要展現在：通過政府轉移職能和購買服務，不同政府部門和公益組織之間的跨界合作會越來越多、越來越深；通過企業社會責任的踐行，企業和公益組織的跨界互動也將越來越多元。創新越來越多地表現為跨界與融合。

## 三、科技網路對於公益慈善產生巨大影響

移動互聯網和新媒體時代的湧現，不同於既有的政府、民間、企業等組織形態，更廣泛影響社會大眾的認知、慈善觀念與社會價值。社會組織信息公開平臺等借助互聯網和大數據技術，打造信息公開渠道，區塊鏈技術在公益領域得到越來越多運用，科技進步正在並將持續助力慈善組織誠信體系建設。同時，科技企業持續支持公益慈善，履行企業社會責任，以騰訊、阿里巴巴為代表的科技

公司將互聯網技術廣泛應用到公益慈善領域，基於其平臺優勢，嫁接公益慈善的理念和運作方式，倡導形成了「隨手公益、指尖公益」的潮流。如何促進「科技向善」，讓科技與網路成為慈善公益、社會祥和的促進器，則是未來需要共同思考的重要課題！

## 四、回應社會問題的重要性日益增高

依據《中國慈善創新報告》一書指出，大陸慈善創新呈現出多元包容特徵，在跨界、跨部門、跨區域的協作過程中，慈善方式的吸納和融合成為必然。越來越多的慈善組織與其他慈善組織、不同的政府部門、私人企業建立多元化的合作共贏關係，形成了很多慈善合作平臺，拓展了慈善服務的方式和領域，開拓了慈善活動的空間。同時，科技創新和技術創新的成果也愈來愈受慈善組織青睞，大數據和區塊鏈技術的成熟及在公益慈善領域的應用將為慈善創新帶來技術動力。

## 五、發展慈善價值與精神日益重要

志願服務，其實是人類展現奉獻愛心、服務社會、捨己為人高尚情操的追求！雖然志願服務呈現出蓬勃興盛的發展趨勢，但是除了有形的慈善方案推動之外，面對社會價值觀的混淆、人性的對立與衝突、環境問題日益惡化、氣候災難警聲不斷的態勢下，樹立慈善價值與精神的重要性，更加顯著！

因為，就解決問題的層面而言，如果沒有從問題的「根本處」著手，再多的解決方案，問題還是層出不窮！而問題的根本處，探究其源，就是「人心」。因此，如何從淨化人心開始做起，才能有機會找到邁向社會祥和與天下無災的道路。上人慈示：救世當從救心起！

如何救心？在佛法與中華倫理價值中，就明白揭示唯有去除「貪嗔痴」心靈三病，進而邁向清淨簡樸、慈悲智慧的健康幸福人生，這就是全球慈濟志工努力的目標！

## 伍、結語

在1991年兩岸關係緊張之際，上人看到大陸華東華中水災千萬災民受災，毅然突破萬難，秉持人道精神，前往大陸進行賑災。一路走來，人道援助之道，難行能行。

感恩臺灣各界善心人士與全球各地慈濟志工，默默奉獻付出，尤其大陸臺商在賑災初期的積極投入，對於日後慈善人道援助在大陸的發展，居功厥偉！後來因為大陸各方面發展快速、政策支持，加上慈善法制完備，越來越多大陸本地志工也加入慈濟行列，為當地的扶貧脫困、鄉村振興、環境保護用心投入，一起為祥和社會而努力。

全球慈濟人的心念都一致，希望以慈悲喜捨之心，起救苦救難之行；以理事圓融之智慧，力邀社會善士，同耕社區福田，同造愛的社會。

我們深信眾生平等，愛心人士只要能從善門入，富者施之，必能得福而樂；貧者受之，必能得救而安。

「一月普現千江水，千江水月一月攝」慈悲如月，雖然菩薩助人道路難行能行，我們更期待透過多元跨界的共善合作，政府、民間、企業、科技等，合心共創愛心歷史於

千秋，同傳美譽於世代，給自己留下人生美好的回憶，讓子孫以今天我們所做的為榮。

# 第二節　菲律賓社區志工

菲律賓慈濟分會

## 壹、菲律賓社區志工緣起

菲律賓是由7,641個大、小島嶼組成，可分為呂宋島（Luzon）、未獅耶群島（Visayas）和棉蘭佬島（Mindanao）三大島群，根據2015年普查，總人口達1億多。其中具有華人血統，出生即居住在菲律賓的華裔菲律賓人，人數約有110萬。在華裔菲律賓人當中，信奉羅馬天主教的有70%，信奉佛教的僅有2%。

1991年，上人獲頒享有「亞洲諾貝爾獎」之稱譽的菲律賓麥格塞塞獎（Ramon Magsaysay Award），當時由靜思精舍德宣師父和德旻師父代表上人列席，讓菲律賓華裔佛教徒得以認識上人及慈濟。1992年，在臺灣委員許金鳳師姊的接引下，林小正師姊返臺參加當年的歲末祝福，深受上人的悲心感動，回到菲律賓後開始向親友及普濟寺學佛社的朋友募心募款，成為慈濟在菲律賓的第一顆種子。

1994年，林小正與蔡萬擂等26位菲律賓慈濟會員，

回到臺灣花蓮靜思精舍尋根，並到慈濟醫院做志工，從中體會到生老病死，人生無常。心中的善念被啟發，並向上人發願，希望在菲國推展慈濟志業以回饋僑居地。在上人的慈示下，於同年11月8日成立慈濟菲律賓聯絡處，並設置急難基金。1997年9月11日因會務發展需求而正式改制為慈濟菲律賓分會。

慈濟菲律賓聯絡處成立不久，東明多羅省發生芮氏規模7.1強烈地震，造成傷亡慘重。慈濟人前往勘災後，旋即至災區進行發放，踏出慈善急難救助的第一步。1995年，有感於菲國貧富相差懸殊，醫療資源分布不均，加上交通不便，許多生活在偏遠及離島的貧病患者無法獲得適當的醫療服務，因此菲律賓慈濟人於4月7至10日，與中華崇仁醫院合作，成立義診團為偏遠山區和鄉下的居民義診。每年4次的下鄉義診，由於志工人力不足，激發了志工邀約會員及親友參加的動力，此乃鄉下克難的醫療環境，造成眾多小病拖成大病的惡性循環，志工見此困境而相互邀約，也因此志工隊伍逐漸茁壯增長。

1998至2000年，於宿霧和三寶顏舉辦的下鄉義診，

促成了在當地成立聯絡處的因緣，當地華商參加慈濟義診後，受慈濟的慈悲濟世及尊重生命的精神所感動，發願在當地推動慈濟志業。自此，慈濟在菲律賓呂宋島、未獅耶群島和棉蘭佬三大島群皆有據點。

2001年，上人希望慈濟人能就近從首都馬尼拉附近推展慈善志業，志工擔心既有人力與物力無法負荷大量的濟貧需求。在上人一再的鼓勵下，首都的志工們開始在馬尼拉近郊關懷貧民村落，逐步落實社區化的慈善工作。

2005年，菲律賓分會開始推動四合一志工組織架構，根據志工分布的區域和人數，整個菲律賓包含一個合心區、一個和氣組，大馬尼拉（Metro Manila）有一百多位受證委員慈誠，志工多集中在馬尼拉市（City of Manila），因此馬尼拉市和加洛干市（Caloocan）、巴賽市（Pasay）組成一個互愛組，其餘分布在計順市（Quezon City）、仙範市（San Juan）、曼達盧永市（Mandaluyong）等市組成一個互愛組，每個互愛組各有5個協力組。由於男眾慈誠人數不多，因此菲律賓的四合一組織架構與東南亞其他國家相同，並沒有分組隊，委員慈誠皆為同一個

組。推動四合一志工組織架構後，志工們逐步適應「小組關懷，多組活動」的運作模式，各協力在社區積極舉辦茶會，接引社區民眾，慈善訪視的工作也落實到社區，惟有大型活動如義診、歲末祝福及浴佛，仍舊由分會統籌，所有的協力、互愛一起動員。

## 貳、社區志工與菲律賓社會脈絡之關聯

　　菲律賓有1億人口，華人僅有一百多萬人而已，志工必須扎根本土化才能進入主流，但菲律賓的人民大都信仰天主教，慈濟人雖然勤奮耕耘了十多年，但本土志工的招募始終不易。直到2009年凱莎娜風災，契機出現。當凱莎娜風災的急難救助告一段落，2009年11月開始，495位馬利僅那鄉親參加第一梯次的本土志工培訓營，天主教徒、基督徒、佛教徒共同在課堂上精進學習繞佛繞法，專注聆聽慈濟十戒、佛教儀軌，也學習慈濟的用餐禮儀。居民們感恩慈濟人的陪伴，協助度過難關，對於透過培訓研習擴展新視野，培養正確人生觀，都抱持正向的態度。菲律賓慈濟人在一年內舉辦10梯次的本土志工培訓，參與

培訓的社區志工逾5,300人次。他們這群人曾經是手心向上的受助者，如今加入志工行列而成為手心向下的濟助者，彼此以「師兄」、「師姊」互稱，人人內心滿載著愛，從付出的大願力中，重燃生命的光芒。

直到2011年，因應大馬尼拉的華人志工人數已逐漸增加，菲律賓分會才進行四合一的擴編，根據志工的分布，將大馬尼拉區分為岷西、岷中、岷東3個和氣、8個互愛、21個協力。此次的擴編讓各社區的人才能獲得發揮良能與功能的機會，3個和氣組在社區舉辦讀書會、茶會、素食烹飪班、設立環保點，惜福愛物二手物品義賣、遊民發放、舉辦社區歲末祝福及7月吉祥月祈福會等活動。

菲律賓因為風災，在地接引更多社區志工，運用「以工代賑」的方式，並透過愛灑宣揚慈濟發好心、濟貧教富的理念；進而設立環保站鼓勵人人身行好事。就慈濟社區志工整體與在地的連接，除運用以工代賑濟貧扶困外，更透過愛灑人間傳法揚善、讓愛跨越宗教的藩籬，凝聚更大的善與愛、協助臺灣糧食人道援外，慈濟志工深入社區接

地氣種福田，並且以「愛護大地‧淨化人心」為題，運用環保站啟發社區志工為環境為社會盡心力。

## 一、以工代賑　濟貧扶困

　　因應凱莎娜風災後的中長期援助，繼續關懷協助需要承擔家計的受災鄉親，慈濟於4月開始啟動「以工代賑做環保」方案，讓鄉親安心安身之餘，也能將環保觀念及資源回收的做法普遍推廣到各社區。幾個月後，本土志工開始走入各自的社區推動環保，從最初的兩個點拓展到四十多個點，並在囊卡里發起掃街活動，帶領更多人投入。

　　原本上人慈示動員志工，就如同臺灣慈濟人在莫拉克風災的作法，到災區協助清掃。可是當時菲律賓受證、培訓和見習委員慈誠僅兩百多人，年齡層偏高，加上志工自己也受災，能動員的人不多，因此上人慈示用「以工代賑」的方式，在馬利僅那市囊卡里、馬蘭代里、杜馬那里等地發動「以工代賑」方案，以每人每天400披索代賑金，讓受災鄉親清掃自己的家園。這項計畫，不僅讓受災的人獲得及時的經濟援助，同時也有效防止傳染病的爆

發，更讓居民儘快恢復正常生活。

## 二、結合愛灑人間　匯聚善念

　　每天在以工代賑開始前，志工將鄉親們集合在室內籃球場，為他們進行「愛灑」分享。「愛灑」這個名詞來自於2001年美國九一一事件，慈濟發起「愛灑人間」運動，募社會大眾一分善念、一分愛心，匯聚善的力量，遠離災難。菲律賓慈濟人不論是急難發放或義診，都會在開始之前，聚集災民或病患藉此機會「愛灑」。

　　「愛灑」的流程會有介紹慈濟的緣起，包括一灘血的故事、竹筒歲月等。接著志工分享慈濟的大愛是不分種族、不分宗教，並將「一家人」的歌詞翻譯成菲語，以手語帶動，拉近彼此的距離。志工也會藉由小故事讓鄉親了解因緣果報，種善因，得善果的道理，更以「一滴水如何不乾枯」的問與答，鼓勵他們即使貧窮，只要有心，即使是小金額的捐款也可以行善助人。最後再以「祈禱」和「募心募愛」結尾，將內心的感動立即化為行動。這就是慈濟人文氣息與精神的傳揚。

以工代賑期間，每天早上清掃前、下午清掃後領取代賑金時各一場「愛灑」，就如同《無量義經》〈德行品〉「微渧先墮，以淹欲塵」，將法水一點一滴地注入鄉親的心田。部分居民起初冷眼旁觀這個陌生的華人佛教團體，在慈濟志工的持續關懷下，感受到慈濟人的付出確實無所求，因此有一千四百多人主動表示，希望加入社區志工的行列。以工代賑做環保安頓了馬利僅那鄉親的生活，他們對於慈濟和上人充滿了感激之情，接引近3,000名菲律賓本土志工投入社區活動，舉凡濟貧大米發放、醫療義診、環保等都有他們付出的身影。

### 三、跨越宗教藩籬　凝聚更大的善與愛

　　菲律賓是天主教國家，很多人質疑本土化的可能性，擔心宗教問題會造成推行不力；但分會前執行長慈濟志工李偉嵩師兄相信，慈濟以傳法不傳教的方式，啟發人人的愛心與智慧，進而改變人生，這種做法有別於其他團體，一定可以跨越宗教的藩籬。秉持「捨我見，棄分別，慈悲等觀」的理念，負責帶動本土志工的蔡昇航師兄表示，帶

動本土志工要尊重他們的宗教信仰、背景與文化，甚至語言的差異，都應以「慈悲等觀」的概念，多給予關懷與尊重。菲律賓天災人禍頻傳，加上貧民區裡還有廣大的福田，需要用心去耕耘，蔡昇航師兄表示帶動本土志工「一定要他們投入付出，因為有行動才會有感動。」

鼓勵社區民眾以愛心撲滿的方式，每天投一塊錢，存滿一個月，捐出30元菲幣的善款，成為慈濟捐款會員，每筆月捐的善款，分會都會開立收據。本土志工邀約親友鄰居一起響應，小錢也能行大善，回歸竹筒歲月的精神。有募心募款的本土志工，再根據捐款紀錄、參與共修及研習會次數、社區活動參與是否活躍、守戒情況等，推薦為見習委員慈誠、培訓、直至受證。慈濟志工蔡昇航鼓勵參加以工代賑的本土志工：「你們已經是街坊鄰居的榜樣，不要讓自願服務與團結互助的精神鬆懈下來。」希望他們週一至週五固定在慈濟園區工作之外，也能利用週六和週日的時間為自己的鄰里付出。

## 四、協助臺灣政府糧食人道援外

2011年開始，臺灣農委會「糧食人道援外稻米」送往菲律賓，由慈濟菲律賓分會與社會福利署合作，發放大米幫助災民及貧戶。此大米發放讓3個和氣組動員起來，與當地各社區里長接洽，進行貧民登記、家訪、分發領米券及發放流程的籌備及執行。臺灣大米發放讓菲國慈濟志工與社區里長，甚至市政府等地方政府官員有了互動與連結，藉著關注社區貧民的生活需要而進入社區基層，甚至從中接引到會員及志工。

## 五、環保站啟發志工為環境盡心力

馬利僅那環保教育站以「愛護大地・淨化人心」為主題正式啟用，環保站除了回收資源外，也設有共修禮堂，可容納800位志工在週日共修。新任市長德爾・德古茲曼（Del de Guzman）帶著團隊與議員到臺灣參訪慈濟。11月17日，市長與慈濟代表李偉嵩簽署環保協議書，菲律賓分會獲得市府贊同並支持慈濟在社區、學校、住宅區及私人機構推動環保，也允許慈濟志工以各種方式如

三輪車、推車等在市內收集回收物；菲律賓慈濟志工積極在市內16個里推廣社區環保理念，設置了五十多個社區環保點。

本土志工在馬利僅那市內推廣環保以外，行有餘力跨區到鄰鎮黎剎省（Rizal Province）聖馬刁鎮（San Mateo），從環保回收開始接引當地居民，進而募心募款，邀約參加志工研習會，並於之後的水災跨區支援清掃，達到社區志工跨區互助的良好模式。此舉也引起當地政府的注意，時任鎮長夫婦肯定慈濟的帶動方式，前往臺灣本會參訪，欲學習將慈濟人文落實於日常實務，因此與慈濟花蓮醫院簽訂醫療合作計畫，對慈濟也連續數年頒獎表揚，更於2014年將每年5月第二週日訂為「慈濟日」。

## 參、社區志工對在地社會的影響

菲律賓近年來受到多重災情的影響，災區範圍相當廣闊，非菲律賓慈濟人單獨的力量足以應對，來自臺灣等13個國家地區的慈濟志工及醫療團隊，接力前往災區第一線付出，亦有全球46個國家地區同步募心募款，作為

後援，共同為災民付出。這也是慈濟跨區跨國援助，以及一方有難十方馳援的最佳例證。

　　鑒於災後災難症候群的鄉親為數甚多，而此時最好的膚慰方式是讓枯坐於家門及呆坐在路邊的災民們，能站出來走出去，才能得到人群的祝福。因此慈濟在獨魯萬啟動「以工代賑清掃家園」方案，每天早上廣場聚集成千上萬人，慈濟志工帶動他們祈禱，介紹慈濟與上人的理念，並激勵他們化悲憤為力量，在慈濟的帶動下鼓勵他們用雙手重建獨魯萬及自己的社區與家園。慈濟志工每天將居民分成成千上百個小隊，一隊10個人，選一個小隊長。每天祈禱分享結束後，他們就開始清掃家園。藉著以工代賑的工作讓災民們與慈濟人互動，彼此關懷互助，這是轉移生活目標而開創出生命新視野，以及讓災民們走出傷痛最有效的賑災妙法。

　　社區志工體悟到2009年的凱莎娜，不過是「熱身」而已，當年要清掃的是1個城市的3個里而已，但海燕風災卻是整個城市，參與以工代賑的人數更是凱莎娜的數倍，1個月內達到40萬鄉親投入清掃家園，整個市容在極短時

間內從殘垣斷壁到恢復整潔，讓許多國際慈善組織對以工代賑的妙用刮目相看，也讓當地政府感激不已。而每日以工代賑後慈濟給予災民雙倍於過去的日薪，更加速恢復整個獨魯萬市的經濟活絡與家庭生計。這中間，前往獨魯萬帶動以工代賑的團隊，則是當年在其他災區由資深幹部帶動出來的本土志工，這一批本土志工種子，在此次海燕風災的救災工作中發揮了承先啟後的大力量。

急難救助過後，慈濟在當地的中長期計畫，包括簡易教室及組合屋的搭建都邀請當地華商一起投入。馬尼拉的資深志工也每個月為他們上課，從志工研習到見習培訓課程，並於2年後，有了第一批獨魯萬志工受證。此後，獨魯萬志工在幾次的風災中，不需要等待馬尼拉志工前往支援，自己就承擔起了勘災及救災的重任。海燕風災過後，新加坡人醫會年年在獨魯萬舉辦大型義診，獨魯萬志工也從中學習承擔、累積經驗。

## 一、奧莫克大愛村　遍灑愛的種子

海燕風災重災區之一的奧莫克市（Ormoc），市長愛

德華・寇迪拉（Edward Codilla）發心提供家族的私有土地，與夫人親赴花蓮，為受災鄉親爭取慈濟在奧莫克援建大愛村。2014年底，奧莫克首批房舍啟用入住，最終於2016年12月完成1,585間簡易屋。

村民從以工代賑搭建簡易屋開始，即接受慈濟人文薰陶，搬進大愛村後，生活上了軌道，開始在村內做資源回收，受到市政府肯定，與慈濟簽訂合作協議讓志工以社區為單位，到整個奧莫克市110個村里推廣環保。村民們從此翻轉人生，紛紛參加新進志工培訓，此後在奧莫克經歷地震、水災之時，馬尼拉志工尚未抵達之前，在地志工已迅速動員，及時勘災。

每個月的志工培訓課程，本土志工認真學習慈濟精神理念，不只學習行住坐臥、舉手投足的人文禮儀，每月也以區域劃分分組走遍大愛村，募集竹筒、收集善款、關懷社區長者、打掃修繕房屋、走訪山區登記病患，以及義診服務等等，無不在見苦知福，福中修慧，人人都希望自己能成為幫助人的菩薩。

每年5月第二個週日是慈濟周年慶，奧莫克志工與村

民一起朝山，沒有一位村民是佛教徒，卻有876人前來參加朝山，為的就是要感恩上人、感恩慈濟。在馬尼拉志工的帶動下，奧莫克大愛村也舉辦浴佛典禮，當地志工將上人開示有關孝順、戒殺茹素、守戒行善等故事，用自己的語言，自編自導自演呈現。

大愛村之善要代代相傳，少不了年輕力量的加入。在大愛村有一群青少年，從原本的無所事事，經過慈濟基金會以助學金資助孩子上學，學習期間還有慈濟志工從旁陪伴關懷，到現在一舉手一投足，都有慈濟人文的展現。慈濟志工在當地舉辦兩次的慈青生活營，許多村民看到年輕人的付出，感動之餘也希望自己的孩子能參加；在相互接引和積極號召下，人數愈來愈多，常態出席的慈青已經有一百多位，這是慈濟在菲律賓的年輕種子。

## 二、保和島以教育接引青年志工

2013年10月15日菲國中部的保和島發生芮氏規模7.2地震，許多百年教堂倒塌，學校、市府、房屋損毀。慈濟志工於19日即前往勘災，並為1,118戶災民發放毛毯及急

難救助金，慈濟醫療團隊也隨勘災團到災區為災民義診，並給予承諾將會持續予以關懷與援助。當海燕風災急難救援告一段落，菲律賓慈濟人在返臺報告時，聽見上人輕輕一句：「莫忘保和島。」志工團隊隨即分出人力，重回保和島，展開地震重建工作。

2014年，150間簡易教室完成，讓19所受災學校能有更好的教育空間。同時，志工也舉辦感恩會及大米發放，各項志業陸續展開的同時，也積極接引當地志工。馬尼拉志工跨區跨省的用心陪伴，帶出當地一位華人志工受證，同時持續培養本土志工。保和的慈善志業其中包括安心就學方案，幫助貧苦學子完成大學學業，2017至2020年來已經有123位學生畢業並找到工作，這些助學生在學期間，接受慈濟理念之薰陶，出了社會有穩定的工作後，也發願回饋，成為慈濟志工。保和青年志工與奧莫克慈青彼此交流學習，更一起舉辦慈青營隊，善用年輕人的力量，接引慈青。

### 三、受到政府及教會的肯定

慈濟在菲律賓耕耘二十多年，凱莎娜風災及海燕風災，這兩次的大災難，慈濟所進行的慈善援助之效率，動員之快速，以及所帶來的正面影響，獲得政府的肯定及認同。2011年，菲律賓國會通過議案，表揚慈濟基金會對菲律賓無價的服務和援助。慈濟在菲律賓用愛耕耘，因為凱莎娜颱風，讓馬利僅那的市民紛紛湧出成為志工，也讓各階層社會人士更了解慈濟。馬利僅那眾議員金波（Congressman Romero Federico Quimbo）到臺灣參訪本會，深受感動，提案表揚慈濟，獲得支持，經審慎評估後表決通過。在2011年2月23日在國會正式頒發一份表揚狀給予慈濟基金會。

馬利僅那眾議員金波表示：「慈濟對馬利僅那不只是幫助災後的重建，還有推動環保，更重要的是讓馬利僅那的人民改變他們的生活，戒除抽菸、喝酒、賭博等惡習。這樣的表揚不只是肯定慈濟，更重要的是透過國會的表揚，讓慈濟作為一個典範，讓大家知道有這樣的團體是他們可以去學習的。」

同年，菲律賓馬利僅那市政府正值設市15週年，慈濟菲律賓分會獲頒「傑出非政府組織獎」，時任馬利僅那副市長卡迪斯（Vice Mayor Jose Fabian Cadiz）細述慈濟推展「以工代賑」，提供就業機會給許多失業的鄉親，並透過堅定的環保宣導，鼓勵馬利僅那正向的改變。慈濟的環保方案，啟發了鄉親們成為負責任及有公德心的市民，同時也讓他們學習種下善的種子，幫助受苦難的人。2012年，馬利僅那市議會正式通過將該市幸運里（Barangay Fortune）的阿蘇塞納街（Azucena St.）改名為「慈濟街」，同時將每年5月第二個週日訂為馬利僅那市的慈濟日。

　　從2012年至2017年，慈濟菲律賓分會每年在馬利僅那體育館舉辦「佛誕節、全球慈濟日、母親節」三節合一活動，聚集萬人虔誠浴佛，在天主教的國度，讓菲律賓民眾體會佛教之美。浴佛典禮結合孝親活動，帶動子女為父母長輩沐足。時任馬利僅那市長德古茲曼（Mayor Del de Guzman）做為表率，在萬人見證下，蹲下來為年邁的父親洗腳，宣揚孝道，立下典範。之後每年的三節合一，馬利僅那市長、副市長、黎剎省聖馬刁鎮長、副鎮長等政府

官員紛紛效法，為自己的父母，或甚至為年長的市民沐足。

2014年，黎剎省聖馬刁鎮鎮長在浴佛當天宣布，將每年5月第二個週日訂為聖馬刁鎮的慈濟日。海燕風災後，慈濟協助有150年歷史的獨魯萬聖嬰教堂重建，2014年12月24日耶誕節前一天早上，上千信徒湧入聖嬰教堂參加重建後首次彌撒儀式，慈濟志工也受邀與會。萊特省大主教Archbishop John Du感謝慈濟，除了頒給感謝狀，也製作了兩個大看板，放在教堂一內一外，感恩上人及慈濟。

為了表達對慈濟援建聖嬰教堂及協助海燕受災鄉親的感恩，天主教教宗方濟各於2015年1月17日在菲律賓獨魯萬舉行萬人彌撒盛典，慈濟亦受邀以貴賓身分與會。曾在獨魯萬慈濟援建的聖嬰教堂服務的依薩卡尼神父（Msgr. Isagani Petilos）在2018年臺灣花蓮遭遇強震重創時，特地在週日的彌撒向信徒呼籲為花蓮付出一分愛心，彌撒當天信徒所捐的款項，都全部轉交給慈濟志工。依薩卡尼神父於2018年帶著其他15位神父到臺灣，特別來到靜思精舍拜會上人，向慈濟基金會及上人表達感謝。返回菲律賓

後，時時與信徒分享在慈濟的所見所聞，更親自參加慈濟在奧莫克的浴佛典禮。依薩卡尼神父表示：「自從海燕風災後，不只是這些人的生活有改變，特別是他們的人生觀，大家懂得如何幫助別人，我相信這是我們最需要的改變，不管是在個人或是在整個社會，我們之間沒有隔閡，無關宗教與政治，而是永遠只有愛與慈悲。」

## 肆、問題與未來展望

菲律賓貧富懸殊，16.6%的人口生活在貧窮線下，又時常遭逢天災人禍，上人曾說菲律賓是個大福田，而福田需邀天下善士一起耕耘，因此人間菩薩招生尤為重要。菲律賓分會在二十多年來發展社區志工上，面臨地理環境、華人與菲律賓人語言、文化及宗教的差異等挑戰。

菲律賓為千島之國，受多山嶺地勢及零散島嶼等地理環境所影響，加上政府對運輸基礎設施的投資不足，各島之間多以航空、航海為主。慈濟菲律賓分會在首都大馬尼拉地區，尚不能完全在各個城市落實社區志工，外省或外島有發生災難，馬尼拉志工就需要搭機前往勘災賑災。

經過凱莎娜風災的經驗，菲律賓慈濟志工把握因緣，用大愛及佛法度化災民，從受助者成為助人者，成功帶動出馬利僅那本土志工，並運用此模式，在保和地震、海燕風災等，帶出保和省和萊特省各地區的本土志工，守護當地貧病及受災者，藉由災難援助，帶出人間菩薩。

　　語言方面，近兩年，華人志工多為來自中國大陸移民來菲的新僑，同文同種，聞法上沒有語言障礙，但在訪視或救災工作上，還不能順暢地用菲語溝通。菲律賓本土志工則不懂中文，聞法需有人翻譯，且因普遍教育程度不高，英文能力有限，需用菲語翻譯。因此在菲律賓土生土長的華僑，精通中文、英文和菲文的志工，就要擔任溝通的橋樑，但這樣的人選有限，須注重培養年輕一代，才能接棒。

　　本土菲律賓志工在經濟上雖然較為不足，卻有同等的愛心，願意付出時間和力量。華人志工雖較有經濟能力，平日卻忙於事業。兩者需互補，有錢出錢，有力出力，方能發揮大力量。雖然有文化及宗教上的差異，只要以「感恩、尊重、愛」互相對待，相信眾生皆有佛性，即能跨越

這些籓籬。

　　2020年新冠狀病毒疫情期間，呂宋全島對所有住戶實行嚴格的家庭隔離，暫停公共運輸及行動管制，對一天沒有工作就沒有收入的貧戶而言，衝擊極大，菲律賓分會為紓解貧戶的困境，動員起來募心募款、採購大米，陸續在全菲律賓展開多場發放。首場大米發放於沓沓倫區展開，有賴於這一群本土志工，當能外出的華人志工有限，他們勇於承擔，克服對病毒的畏懼，做好防護社區，幫助自己社區的同胞。

# 第三節　馬來西亞社區志工

馬來西亞慈濟雪隆分會

## 壹、馬來西亞慈濟緣起

　　馬來西亞（Malaysia）是位於東南亞的君主立憲國家，也是擁有多元種族、宗教及文化背景的社會。全國13個州，包括馬來半島11州及位於婆羅洲北部的沙巴、砂拉越兩州，另有3個聯邦直轄區（吉隆坡、布城及納閩），總面積33萬524平方公里[1]。馬來西亞聯邦政府所在地位於布城，首都吉隆坡則是人口最密集與繁榮的地區。吉隆坡地處雪蘭莪州中心，曾受雪蘭莪州政府管轄。1974年，吉隆坡自雪蘭莪州劃分出來，組成第一個聯邦直轄區[2]。截至2019年，全國人口約有3,628萬。其中馬來人及土著佔69.3%、華人佔22.8%，印度人佔6.9%，其他種族佔1.0%[3]。

---

1 參見：https://www.dosm.gov.my/v1/uploads/files/1_Articles_By_Themes/Others/MSHB/Buku_Maklumat_Perangkaan_Malaysia_2019.pdf
2 詳見：http://www.ptgwp.gov.my/portal/en_US/web/guest/sejarah
3 參見：https://www.dosm.gov.my/v1/index.php?r=column/

馬來西亞的官方宗教為伊斯蘭教，但國民於憲法下亦擁有宗教自由的權利[4]。根據國家統計部（Department of Statistics Malaysia）2010年全國宗教信仰統計數字，其中伊斯蘭教佔61.3%，佛教佔19.8%，基督教佔9.2%，印度教佔6.3%，儒教、道教及其他華人信仰佔1.3%，未知佔1%，無宗教信仰佔0.7%，以及其他宗教佔0.4%[5]。

　　1989年，來自臺灣的葉淑美（法號慈靖）隨著任職的公司調職到馬來西亞檳城；秉承「佛心師志」積極地撒播慈濟種子，推動慈善志業。在慈靖的接引下，許多當地人加入了慈濟志工行列。1993年5月，18位馬來西亞志工專程前往台灣花蓮拜見證嚴上人當面請法，這是慈濟馬來西亞分會歷史上，第一批志工尋根團，其中一人就是郭秋明，法號「濟航」。

---

cthemeByCat&cat=430&bul_id=UDc0eVJ4WEJiYmw0Rmt5cjYvWHFkdz09&menu_id=L0pheU43NWJwRWVSZklWdzQ4TlhUUT09

4 參閱：https://web.archive.org/web/20161119072447/http://www.agc.gov.my/agcportal/uploads/files/Publications/FC/Federal%20Consti%20(BI%20text).pdf

5 詳見：https://www.dosm.gov.my/v1/index.php?r=column/cthemeByCat&cat=117&bul_id=MDMxdHZjWTk1SjFzTzNkRXYzcVZjdz09&menu_id=L0pheU43NWJwRWVSZklWdzQ4TlhUUT09

1993年8月，郭濟航再回到台灣花蓮本會，從證嚴上人手中傳承一尊觀世音菩薩聖像；上人叮嚀將千手千眼觀世音菩薩「聞聲救苦」的精神落實在馬來西亞。同年8月11日（農曆六月二十四日），馬來西亞第一所慈濟聯絡處正式在檳城成立，當時，訪視志工已累積十五個個案，以臺灣本會慈善工作理念為藍圖，成立「個案訪視組」，葉慈靖親自陪伴著本土志工累積訪視經驗。郭濟航成為首任負責人，也是第一位本土志工承擔執行長的人。

　　1996年，由劉濟雨發心提供的吉隆坡聯絡處新會所，正式舉行成立典禮；1997年，馬來西亞第一座靜思堂在馬六甲啟用，隔年馬六甲支會升格為分會，統籌中南馬及東馬的會務推展。

　　早期醫療資源匱乏，洗腎費用昂貴，慈濟在檳城照顧的135戶貧病個案中，有三十多戶家中有病人需要洗腎，甚至為求一線存活希望而登報籌款。不忍照顧戶貧病交迫，慈濟志工決定籌辦免費的洗腎中心，克服資金籌募、醫療人才招募等萬難，經由環保回收、舉辦大型義賣園遊會等活動，吸引大批民眾支持籌建工程。1997年8月3

日，慈濟洗腎中心在檳城成立，是慈濟醫療在海外的第一個據點。因應越來越多貧困洗腎病人的需求，2002年在吉打州日得拉和威斯利省北海相繼成立慈濟洗腎中心，為更多貧困腎臟衰竭病患提供服務。受惠者不限種族、宗教，只要經慈濟志工家訪評估、核准，即可獲得免費洗腎服務。2005年8月，慈濟洗腎中心獲頒國際標準組織品質文憑（ISO 9001：2000）。

2001年6月，馬來西亞分會第一間人文學校正式在檳城韓江中學成立，同年慈濟馬六甲分會創辦「大愛兒童教育中心」。隨後大愛幼兒園相繼於檳城、吉隆坡、柔佛、吉打、森美蘭成立。2020年吉隆坡慈濟國際學校正式啟用。

慈濟在馬來西亞分別從北馬的檳城，及南馬的馬六甲推展開來，從慈善濟貧起家，關懷孤老無依者，深入偏遠地區提供義診醫療關懷，而後推動人文教育。如今，馬來西亞分會、馬六甲分會、雪隆分會、吉打分會、佛教慈濟洗腎中心、義診中心、慈濟幼兒園、靜思書軒等志業體的成立，見證了四大志業和八大法印的落實。慈濟四大志業

從無到有、從小到大、由點而面，以本地及社區志工的概念，不分宗教、種族的大愛精神，建構了一個聞聲救苦的人間菩薩網，嘉惠全馬數以萬計需要幫助的孤苦及貧病患者。

## 貳、社區志工發展沿革與成效

1983年，臺商劉銘達（濟雨）在臺北創立上橋製衣工業有限公司。1988年，他與太太簡淑霞（慈露）將事業轉移到馬來西亞，在馬六甲州投資設廠。1990年10月，簡淑霞在上橋成立「善之家」，向員工募集愛心及善款，並將善款用來濟助老弱貧苦。1991年12月簡淑霞返臺，在美容院翻閱到《慈濟道侶》月刊。文中所述市井小民為籌建慈濟醫院而喜捨的精神，讓她深受感動。隔年1月3日，簡淑霞前往慈濟臺北分會繳交善款成為會員，並捐贈兩張病床給慈濟醫院。1992年10月，劉銘達夫婦帶領上橋製衣廠員工，以慈濟之名在馬六甲展開慈善工作。訪貧範圍涵蓋北上85公里的森美蘭州芙蓉及南下45公里的柔佛州麻坡。草創期，志工4人1組，每逢星期天，就循著

5條路線進行家訪，為馬六甲的志工分組模式建立雛型。

　　志工組織成形後，劉銘達及簡淑霞於1994年3月18日首辦共修會。同年11月，接續舉辦「慈濟精神研討會」。不僅充實志工的精神理念，也凝聚團隊共識，期許志工們在慈善工作上能悲智雙運。

　　1995年3月，馬六甲成立聯絡處，組織擴大。劉銘達夫婦因為業務關係，經常往來馬六甲與吉隆坡。同年，在上人託付下，劉銘達承擔吉隆坡聯絡處負責人。當時，隆甲兩地依功能屬性，分為訪視組、社工組、環保組、教師聯誼會、快樂兒童精進班、醫院志工、現場發放志工、總務組、財務組及文宣組，共10組。同年，臺灣慈濟志工團隊開始成立「培訓組」，建立委員見習、培訓及推薦受證的制度。隔年7月，馬六甲跟進，以一日精進研習的集訓方式開辦委員培訓課程，讓志工們在外行走入人群之際，也內修深入經藏。

　　1996年，吉隆坡志工人數增加，但苦無場地進行會議與活動。劉銘達發心將位於莎阿南剛裝修好的8樓公寓捐出做為共修會所。10月20日啟用典禮當天，更邀請德高望重

的ᵘ伯ᵈ圓長老主持灑淨和上供儀式。上人亦從臺灣傳真捎來祝福，勉勵眾人同心、同志、同行慈濟菩薩道。

1996年，在上人慈准及祝福下，劉銘達發心在自己工廠旁的空地舉行簡單的動土典禮，準備建設靜思堂。1997年5月全馬第一個靜思堂──馬六甲靜思堂正式啟用，「聯絡處」也升格為「支會」。吉隆坡聯絡處在上人祝福下升格為支會。2001年，劉銘達與簡淑霞決定結束上橋製衣廠事業，成為全職志工。同時，將面積3.8英畝（約4,500坪）的廠區捐出，作為慈濟馬六甲分會志業園區。

馬六甲分會與吉隆坡支會緊跟臺灣本會的腳步，同時於2001年落實社區志工理念。志工委員們於各自社區裡進行社區訪視、舉辦社區茶會、推動社區環保。除了深入自己的社區去接近鄉親，也就近膚慰及濟助所屬社區裡的弱勢家庭。此外，志工們更積極與社區裡的商店行號合作張貼「靜思語」海報，創建「好話一條街」的氛圍。慈善、醫療、教育及環保志業在社區推動的綜合模式，逐漸成形，成為慈濟四大志業八大腳印之一的志工社區化。

2003年，臺灣本會再次整編志工組織架構，以「慈悲

等觀」的靜思法脈真諦，建立「人人協力」的宗門運作方式。慈濟委員為「組」、慈誠為「隊」，各以「合心、和氣、互愛、協力」為名（統稱「四合一」）實施功能分組，以增加組隊共同籌劃、彼此合作的機會。慈悲等觀，讓人人有事做、事事有人做。架構無高低之分，期盼人人發揮良能。

2005年，吉隆坡支會升格為分會。隆甲兩分會緊跟臺灣本會腳步，為「四合一」的新制以迅速、機動及善巧的圓融理念調整架構。當時，吉隆坡志工只有五百多人，根據社區分組基準，成立1個合心、1個和氣、4個互愛、27個協力。每年組織成長與擴編，皆依此原則、按人數劃分組別。

2007年，一百多位雪隆幹部訪臺參加「深耕社區、扎根慈善」的全球四合一營隊。返馬後，立刻積極推動志業，志工人數逐漸明顯增加。2008年，上人提出讓「浴佛報佛音」等同「聖誕節報佳音」的概念。雪隆團隊看到非洲、加拿大志工走出戶外浴佛的莊嚴場景後深有感觸。團隊經過共識，不再以號召數百人浴佛自滿，發願勇敢進入

社區廣邀會眾大德，以「萬人浴佛聚福緣」為宏願，大家全力以赴，終於格局影響結局。自此，2010年至2020年，每年浴佛都能突破萬人之多。

　　社區志工的功能，也在助學金發放計畫中展現成效。原本，助學金申請表格多由教聯會老師發給學校，迴響較小。當社區志工走訪學校深入宣導後，讓清寒學生申請量，從300人激增10倍。隨後，志工更完成這三千多清寒戶的家訪。

　　2010年，吉隆坡分會正名為雪隆分會。當執行長簡淑霞前往社區各環保站參訪，並到由市政府回收中心提供場地的郊外嶺環保站（Taman Desa Recycling Centre）關懷。簡淑霞看到志工們資源分類、種花種果，以及老菩薩和樂融融的景象，非常感動。

　　老菩薩的歡喜，讓簡淑霞頓覺環保站是適合樂齡長者集聚的最佳環境。如果每個社區成立一個環保站，亦可作為社區共修處。當年11月底，簡淑霞回臺向上人發願，喊出「一協一站」的目標。意即，推動每個協力組設立一個環保站，仍以「四合一」為架構。2010年，雪隆地區原

僅有17個環保站，短短兩年間遽增到98個。開枝散葉是來自社區志工的力量展現，蓋因社區環保站在自己住家附近，能方便前往才能保持持續不斷，這是社區志工的妙用之處，也印證了上人組織管理的睿智與宏觀。

2013年6月，全馬團隊於精舍彙報，提及20年來召募近60萬會員。但上人勉勵大家繼續「人間菩薩招生」，冀望來年突破百萬會員大關。上人所說，必有因緣。目標雖然艱鉅，但雪隆志工在社區裡藉著影片、慈濟刊物、靜思語妙用卡與竹筒撲滿接引會眾。此外，更積極舉辦社區聯誼、社區茶會及挨家挨戶按門鈴募人心。「百萬好菩薩，Go！Go！Go！」成了志工出發勸募前的激勵口號。

吉隆坡甲洞增江（Jinjang）菜市場裡，年過七旬的吳秀梅（法號慮清，已故）到處找尋「好心人」。她的恆心與毅力感動豬販，決定改行不殺生。經過一段長期的經營後，市場裡98%的攤販，都成為她的會員，印證「精誠所至，金石為開」的人生哲理。

2020年，雪隆分會共有受證志工3,122人，報名見習培訓者則達3,570人。「社區志工」等同實踐「里仁為美」

的願景；不但帶動居民成為志工投入濟弱扶貧，也可帶動社區居民守望相助、敦親睦鄰的人文氣息。社區活動則因地制宜依地緣之不同與居民之不同需求作出對機之規畫。例如，「清淨家園」的社區活動，就可帶動資源回收、惜福愛物，以及環保救地球的觀念。

## 參、社會脈絡及社區志工之關聯

馬來西亞是個宗教與種族意識形態複雜且敏感的國家。然而，慈善與環保的推動則具有跨越不同宗教族群的共通性。2019至2020年初，當地環境部長強力驅逐海洋垃圾的決心，顯示政府對於環境惡化的憂慮與力圖提升的態度。而慈濟社區環保志工的運作理念與資源回收作業流程的井然有序，中間所蘊含的精神、思想與人文足可提供政府作為提升環保意識的參考。慈濟社區志工秉持上人用鼓掌的雙手做環保，落實環保於社區每一個角落，並運用一站一協的方式，進行百萬菩薩招生。雪隆慈濟社區，分為環保、教育及英文3組。

## 一、環保社區志工

環保站除了資源回收，更扮演著社會教育的角色，因此才統稱為「環保教育站」。截至2020年，雪隆區總共有65個社區環保站，及15個較具規模的環保教育站。每個環保教育站，透過創意看板、道具，讓參訪者對於地球環保與資源回收的永續發展，更加深化。

慈濟巴生中路（Taman Meru）環保教育站、增江環保站、帝沙城市園環保站（Desa Park City）、郊外嶺（Taman Desa）環保站及沙登環保站，平均每星期都有來自學校、幼兒園、社區團體甚至是補習中心的師生或公司行號員工前來取經。此外，東馬沙巴以及海外的新加坡、美國等實業家團體也經常組隊前來考察。

2011年10月，志工陳秀蘭等人在巴生外海觀光區——吉膽島設立了環保站。吉膽島的島上垃圾與海漂廢棄物數量龐大，每個月平均可累積一千多公斤的回收物。這些再生資源想要船運到巴生港，還得掌握潮汐時間。如今，吉膽島環保站已經成為特色環保教育站與當地景點之一。

雪隆分會推動環保二十多年，深獲政府及坊間的肯定。莎亞南武吉日落洞（Bukit Jelutong）於2009年10月設立的慈濟環保點不僅獲得社區民眾的認同，也得到莎亞南市議會（Majlis Bandaraya Shah Alam）及武吉日落洞居民協會（Bukit Jelutong Resident Association）的支持。

　　10年互動後，莎亞南市議會決定無償提供土地，提供慈濟設立環保教育站。瓜拉冷岳縣第十九區居民代表委員會顧問札哈努林（Tuan Wan Dzahanurin Hj Ahmad）稱慈濟志工是市議會委任的「環保使者」，並呼籲政府長期性與慈濟合作，一同推廣環保教育。

　　社區環保站作為社區共修道場，可讓社區志工帶動鄰里、舉辦讀書會、薰法香及素食愛灑等活動。許多新發意志工，也因此加入見習培訓的行列。

## 二、社區教育志工

　　除了中國大陸與臺灣之外，馬來西亞可說是唯一擁有小學、中學、大學完整華文教育體系的國家[6]。華人深受儒家思想影響，重視忠、孝、節、義、信、勇、仁、恕等

傳統道德與品格教育。

　　雪隆分會秉持上人理念，為社會提供以品德、生活教育為宗旨的環境。吉隆坡慈濟國際學校在多年籌備下，於2020年1月6日開學，從幼教到中學，共錄取750位學子。

　　早在國際學校啟用之前，志工們已經在社區裡積極推動靜思語教育，這是國際學校成立之前的基礎工程。透過「快樂親子成長班」（簡稱親子班）和「慈濟青少年團」（簡稱慈少班），讓小學至中學的孩子與家長一同學習，從中建立良好的親子關係。截至2020年，雪隆各社區每個月開辦22個親子班，其中包含1個英文班，12個慈少班。

　　由社區家長組成的慈濟大愛媽媽則從2005年走入許多社區校園，與學生分享《靜思語》的故事、待人處事之道、以及環保對於自然永續的重要性。大愛媽媽想像力豐富，常透過戲劇，讓小朋友深入道理、引導向上向善。

　　截至2020年，大愛媽媽已經在13間學校發揮良能。

---

6 https://kknews.cc/world/jkjjyxp.html

而培育大愛媽媽的成長班長期下來也培養出一群富有愛心的家長，每月走入校園為學生說故事。由於帶動的效果顯著，因此原本每週一次的頻率，提高為兩次。2020年，完成培訓的大愛媽媽已達兩百多位。其中，有40%成為社區志工，投入其他慈濟志業在各社區的推動工作。

　　慈濟雪隆分會副執行長兼吉隆坡慈濟國際學校籌委會主席蘇祈逢，因為陪伴女兒參與2006年的親子班而成為慈濟志工。2014年，他在事業黃金期毅然從職場退下，全心投入慈濟會務。蘇祈逢的太太徐慧儀為病毒學博士，任教於博特拉大學。她也在先生鼓勵下，因為參加親子成長班而見證到慈濟人文教育的內涵。兩位菁英先後成為慈濟委員的例子，就是落實志工社區化而接引十方菩薩的最佳例證之一。

## 三、社區英文組志工

　　馬來西亞以馬來文、英文為官方語言。各族之間，常以英文溝通。而華人中，亦有出身英校而不諳華文者。因此，雪隆分會從2000年開始成立英文志工組。人員從最

初的5位，發展到今天的352位。其中，也包括了巫裔和印裔志工，大愛無疆界打破種族與宗教的藩籬。

　　英文組的長期目標是希望受英式教育的志工與信奉回教的友族同胞更能理解傳法不傳教的慈濟。2002至2003年間，馬六甲和巴生分別成立慈濟義診中心。由於醫護人員多半不以華語溝通，因此招募英文流利、甚或熟悉淡米爾文（印裔主流語言）的志工極為重要。在醫療志業方面，英文組志工人數的增長也特別顯著。

　　身處多語言國家，英文組志工是雪隆分會發展會務的重要後援。其中，包括平面與影視出版品的文字翻譯、難民現金補助計劃（CBI-Cash-based Interventions）發放翻譯、設立以英文為媒介的孟沙環保點、英文親子班、關懷收容愛滋病患的煤炭山歡迎社區之家（Welcome Community Home, Batu Arang），以及跨國賑災工作等等，這些可以用不同語言互動的志工其角色更顯重要。

## 肆、社區志工對社會的影響

　　有錢未必成就美事、美事也必須有人方能為之。雪隆

分會堅強的志工群體不僅受到上人的法水滋養，其行動力更是大馬社會難得的力量。除了環保教育，茲以二例說明政府與聯合國機構對於慈濟的信賴：

## 一、新冠肺炎疫情

2020年農曆新年，新冠肺炎疫情爆發，馬國政府於2月4日安排專機前往中國武漢撤僑。返馬後，包含機組員在內，百餘人被安置到特別營區隔離。國家天災管理機構（NADMA）[7] 特別委請慈濟負責隔離期間的翻譯工作、並供應生活用品與乾糧食物。雪隆分會前後支援6梯次志工人力，共569人受惠。

志工平日深耕社區，遭逢急難時刻，人力動員也來自社區。因應嚴峻的新冠疫情，慈濟全力支援醫療防護用具的製作。從提供面罩、口罩、消毒液、素食便當、打掃前雙溪毛糯痲瘋病院隔離病房、贈送睡墊、福慧床等，只要政府醫院或其他醫療機構有需求，慈濟就扮演堅強的後

---

7 國家天災管理機構（NADMA）認同慈濟歷年來的賑災貢獻與能量，於2019年4月25日首度邀請慈濟雪隆分會出席支援賑災組織管理研習課程。

盾。作為第三部門（The third party）非政府組織，慈濟是國家級的重要支援單位。對於社會影響，相當深遠。而雪隆分會疫情期間的社會救助，也成為主流媒體的報導焦點。

## 二、難民服務

大馬約有18萬來自各國的難民[8]，但非法入境者不在此數。聯合國難民署（United Nations High Commissioner for Refugees ，UNHCR）於2007年開始與雪隆分會合作，進行難民服務。難民居住範圍遍及全國，雙方合作除了雪隆之外，也包括檳城、柔佛、吉打、吉蘭丹、馬六甲、森美蘭、彭亨、霹靂等州屬。疫情行動管制（Movement Control Order，MCO）期間，全馬慈濟志工在UNHCR委託下，透過電話進行緊急關懷的工作。

隨著行動管制令（MCO）5度延長到6月9日，弱勢群體的生計與各種社會問題浮現。原本領取日薪的

---

8 參見：https://www.unhcr.org/figures-at-a-glance-in-malaysia.html

外勞及難民因停工停薪而陷入生活困境，情況十分險峻。雪隆分會設立急難熱線，一一提供援助。管制期間，光雪隆分會就接獲近6,000個求助電話。UNHCR人力有限，無法即時為難民送上援助。但十餘年的合作關係，讓UNHCR充分信任慈濟志工的執行力。2016年8月，UNHCR提出新的合作專案——現金補助計劃（Cash-based Interventions，CBI）。

UNHCR的援助計劃需要大量人力家訪、評估需求。慈濟的志工力量，成為最大助力。因為信任，難民署更直接授權慈濟管理補助金事項。截至2020年，雪隆分會已經家訪並讓716戶家庭得到幫助。在行動管制令期間，這項援助依舊進行著。

## 伍、組織架構外的志工良能

社區志工來自上人的管理智慧——「以戒為制度，以愛為管理」。但除了組織編制與運作，志工的民間專業對社會亦能發揮影響力。2020年，雪隆分會人文志業開闢網路跨媒體頻道MY DAAI，整合志工資源，為「邁入主流

社會」的會務長期目標跨出第一步。新冠病毒疫情期間，人心惶惶，為了宣導正知正見以消弭恐慌，人文室積極安排講師透過《道》節目分析新冠病毒的科學觀。

這段演講除了臉書直播，也於3月13日晚在YouTube頻道播出。短短兩週內，累積超過25萬點閱數。謠言紛飛之際，雪隆分會也希望為癲狂慌亂作正念，期許為紛亂社會注入一股穩定的力量。社區志工團隊，如英文組、影視真善美，都主動加入人文室團隊，為美善訊息的傳揚貢獻一己之力。

## 陸、問題與未來展望

上人對於馬來西亞百萬好菩薩的期許，正是鼓勵志工勇敢走出華社、進入主流社會，讓教化眾生的觸角在以回教為主的國度裡廣伸。然而，如何讓以佛教為本質的慈濟人文能被馬印族群接受，以及如何突破隱性的宗教與族群意識形態的藩籬，這些都是會務推廣上的最大挑戰。

淨化人心及度化眾生須有堅定的信根，有了信心才會產生力量。除了傳統的社區人群互動、敦親睦鄰、急難救

助、環保教育之外，執行長簡淑霞也積極提升專業傳播能力。雙語播出的MY DAAI串流頻道與社群媒體，正努力透過優質內容，與馬印友族分享充滿真善美的知識、價值觀與感人故事。

大馬華人約600萬，僅佔總人口的20%左右。論趨勢，未來人數只會越來越少。因此馬國「社區志工」的落實之道，必須以宏觀的思維透過不分宗教、種族的無所求關懷，去廣結眾生緣，此應是永續耕耘及邁入主流社會的關鍵所在。

# 第四節　新加坡社區志工

新加坡慈濟分會

## 壹、在地社區志工發展緣起、背景脈絡

新加坡社區志工發展的緣起大致分兩個階段說明：

### 一、第一階段：起源及成長（1987-2005）

秉著人間佛教的本懷，來自臺灣的跨國慈善團體在90年代傳入新加坡，如慈濟（1993）、法鼓山（1996）和佛光山（2000）。人間佛教提倡佛教徒積極走入人群做利益人群的事，並以「走入人群」當作修行的資糧。1987年，嫁到新加坡的臺灣花蓮人劉桂英，認識居住新加坡的慈濟會，劉桂英在1988年返臺謁見證嚴上人回新加坡後，開始在本地招募會員志工推動慈濟，是新加坡第一顆慈濟種子。

推動初期，多在佛教圈內、寺院道場、法會等場合介紹慈濟，也透過家庭茶會或在外租借場地，邀約臺灣慈濟志工前來助緣、講慈濟。當年的通訊不發達，臺灣花蓮本

會來的慈濟緣起之幻燈片、舊的《慈濟月刊》、《慈濟之旅》之電臺廣播等，就是推廣慈濟志業的素材。當時志工人數不多，志工分成數個義工小組，由小組長帶領組員進行慈善活動，如拜訪老人院、孤兒院、殘障兒童院，及貧病個案的救濟等。並設有會員關懷小組，工作內容注重在會員間，提供助念、探病、聯絡等事項。

1993年慈濟在當地正式註冊為社團，正名為「佛教慈濟功德會新加坡分會」，隔年也獲得慈善團體的資格，捐款收入得以免稅。有了正式社團名分，可以正式舉辦活動及招募會員，自此，新加坡慈濟人更積極跟隨上人的呼籲推動慈濟志業，和臺灣緊密溝通，在本地推展各項濟貧教富的活動。

1999年初，臺灣本會張紅玲（現為靜思精舍德勷法師）在上人慈示下，到新加坡協助推動會務。分會持續長期濟助及急難救助的慈善工作，2000年1月，開起印尼巴淡島義診的契機；新加坡因醫療設備先進，常有鄰國轉來的個案，分會也提供醫療和生活上的補助。

隨著志工人數逐漸增加，參考臺灣慈濟志工行政架構

模式，分會逐步建立制度，以負責人為主，依據需求先後成立各類功能組，例如活動組、訪視組、急難組、文宣組、培訓組、機動組⋯⋯等等，所招募的新進志工依照其意願及專長編入功能組，由組長聯繫帶動，接引進來的志工由其主體勸募員（俗稱母雞）時時給予關懷並邀約參加活動。

## 二、第二階段：四合一志工組織架構推動

2004年臺灣本會開始運作「四合一」志工組織架構，時任新加坡慈濟執行長劉銘達（濟雨）評估新加坡分會的志工架構逐漸穩定，數年下來也培育出一批「人適其職、人盡其才」及精神理念充足的幹部。加上新加坡地小人稠，若進行四合一社區志工運作，改變過去依靠人緣關係的動員，改以地緣關係為主的動員方式，不但讓志工們參與活動有地利之便，觸角也更加廣伸，也因此能發掘更多人才。

分會從2004年9月起，在每個月的志工培訓及共修會中，逐步宣導「四合一」的觀念，意即合心、和氣、互愛、協力的志工體制。當時新加坡受證委員約60人，志

工人數約800人，乃先成立1個和氣區、5個互愛組。5個互愛根據新加坡的行政區域來做劃分，分為中區、東南、東北、西南及西北共5個互愛區，各互愛區有其負責帶動的數個基層協力組，因此初期是5個互愛組，共39個協力組。每一互愛及協力組各設有正副組長。

新加坡的四合一架構運作一段時間後，淨化人心及度化眾生的觸角逐漸深入社區，發心要回饋社會的志工人數與日俱增，幹部也因藉事練心而承擔力倍增。眼見時機成熟，2010年2月，分會與時俱進再次調整四合一架構，成立合心組，並擴編為3個和氣、7個互愛及數十個協力組，至此四合一架構更臻完善。

2011年得力於四合一社區志工體制的有效發揮，分會的體質及體制更為健全完善，因此會務明顯快速成長。2013年劉瑞士接任新加坡分會執行長，分會透過水懺演繹的帶動接引一批發心大德，於是2014年，分會再次擴編及強化四合一制度，增加1個和氣，總共4個和氣區依照新加坡政府更新的行政區域分為中區、東區、南區及北區，自此四合一架構更趨穩定，社區志工遍佈獅城各角落。

## 貳、社區志工與新加坡社會脈絡之關聯

### 一、新加坡的「甘榜精神」

　　新加坡於1965年建國時，僅有188萬的人口，大部分人居住在鄉村（馬來語稱Kampung，甘榜）、佔屋或平民窟裡。新加坡開始一連串的現代化過程，建立起輕工業、發展大型國宅及重金投資在公共教育上，尤其在「居者有其屋」的公共組屋（Public Housing）政策完善。在1993年新加坡慈濟成立之時，人口已達331萬人。其中，8成左右的人口居住在公共組屋裡。

　　多元族群及宗教的新加坡非常重視種族及宗教和諧，為了避免單一族群集聚某個鄰里的現象，政府規定一棟組屋或鄰里的族群人數不能超過特定比例。例如佔全國人數多數的華裔，不能在某一棟組屋和鄰里擁有超過87%和84%的比例[1]。

　　高度都市化的生活方式容易形成人際關係的冷漠及注重物質生活的思維，政府在拚經濟多年後，也開始回歸重

---

1 詳見：http://eresources.nlb.gov.sg/history/events/d8fea656-d86e-4658-9509-974225951607

視過去鄰里守望相助的精神，從2013年大力提倡及鼓勵「甘榜精神」（Kampung Spirit），凝聚社群精神，恢復傳統的社區溫情。甘榜精神所強調的還包括在同一個社區裡，要注重鄰里間的人際關係，提倡人人敦親睦鄰、守望相助，進而促成祥和的社會。

## 二、四合一架構與行政區域之關聯

　　新加坡慈濟草創期，跟隨臺灣的模式，是以慈濟志工個別介紹慈濟。1997年開始，上人改變型態，推展「社區化」志工編組方式，重新整編慈濟委員和慈誠。當時新加坡的志工架構並無立即跟進改變，但是部分功能組，例如訪視組、環保組等，已經採取「社區化」方式來運作，在自己的社區投入資源回收、關懷老人、照料貧戶。其敦親睦鄰，里仁為美的理念，跟新加坡政府爾後所提倡的「甘榜精神」不謀而合。

　　新加坡人多數居住在公共組屋，所有的公共組屋都歸國家發展部底下的法定機構建屋發展局（Housing and Development Board, HDB）建造和管理。1個公共組屋可

表一：新加坡基層組織和慈濟四合一架構之間的比喻

| 行政劃分 | | 基層組織 | | 慈濟四合一制度 |
|---|---|---|---|---|
| 國 | Nation | 人民協會 | People Association | 合心 |
| 行政區 | Administrative division | 社區發展理事會 | Community Development Council, CDC | 和氣 |
| 選區 | Constituency | 公民諮詢委員會 | Citizens' Consultative Committee, CCC | 互愛 |
| 鄰里 | Neighbourhood | 鄰委員會 | Neighborhood Committee, NC | 協力 |

納400人，約10個組屋可組成1個區（Precinct），幾個區形成1個鄰里（Neighborhood），約9個鄰里形成1個市鎮（HDB town）[2]。

新加坡是個城邦，國之下沒有「州」或「省」的級別，分五大行政區（administrative division），行政區底下則有選區（Constituency），選區底下則有鄰里（Neighborhood）。彷如「一國一合心」，其組織架構與慈濟四合一架構有異

2 參見：https://www.hdb.gov.sg/cs/infoweb/dwellings/distinctive-hdb-towns

曲同工之妙，當新加坡慈濟在2005年開始推動四合一社
區志工架構時，就是因地制宜參考其行政區域做規劃。

　　新加坡高密度的住宅區方便社區志工和會員互動、聯
誼及接引，讓志工們能就近照顧自家附近的慈濟照顧戶，
也能達到守望相助的功能。例如舉辦大型活動，可以結合
多組協力組合辦，達到小組關懷，多組活動，落實社區志
工的功能。

## 參、社區志工對在地社會的影響

### 一、以環保善門在社區菩薩招生

　　在彈丸小國新加坡，四大種族、十大宗教共存。汲
取建國初期因宗教摩擦而引發社會動亂的經驗，新加坡
逐漸摸索和發展出一套政教分離的政策，通過建立國家
認同和榮譽感，使國民認同國家目標高於個人的種族和
宗教分歧 [3]。1990年國會通過《維持宗教和諧法令》，其
後成立「宗教和諧總統理事會」、「宗教互信圈」等，通

---

3 詳見：https://www.zaobao.com.sg/zopinions/editorial/
　story20181110-906364

過政府主導的民間團體，進行有效溝通與管理，維護宗教和諧和社會穩定。

　　2005年年末新加坡慈濟將靜思堂從島國中部的牛車水（Kreta Ayer），遷址到東北部的巴西立（Pasir Ris），正逢四合一架構落實推動初期，四大志業八大腳印逐漸落實在各個社區，而無需經過志工培訓、沒有宗教色彩的環保活動，成為人間菩薩招生的最佳法門。慈濟人在挨家挨戶愛灑中，善巧地通過環保及訪視個案來宣導介紹慈濟，言行中避免引起傳教的嫌疑，此舉獲得坊間民眾及社區基層組織的高度認同。

　　新加坡寸土寸金，在社區成立永久性的環保站不易，而向居委會商借組屋底層的公共空間，作為每月一次的資源回收與分類的場地，成為就近接引民眾的最佳選擇。在重視整潔衛生，被譽為「花園城市」的新加坡，舉辦社區環保活動，也更容易得到居委會的認同和支持，甚至願意提供倉儲空間、宣傳資源和水電等。

　　確立環保作為落實社區的敲門磚後，為在全島廣闢環保點，慈濟在2009年至2010年期間，十數次在不同社區

舉辦身心靈講座，談素食、說環保，號召有志一同的居民加入，順勢成立新環保點，將感動化為行動，把「來不及」轉為「來得及」。

20年來慈濟與新加坡社區基層組織的廣結善緣，從覓址到經營，40個慈濟社區環保點的順利開設形成一套相當成熟與全面的作業網。環保點一般位於市場或地鐵站附近的人潮必經之地；慈濟與社區居委會建立長期合作關係；每一個環保點的規畫井然有序、介紹慈濟志業和環保理念的看板區、資源分類區、示範教育區等；志工崗位更細分為點長、分類區小組長、生活組、接待組等。此外，現場也展示慈濟在該社區推動訪視濟貧的慈善看板，讓居民們了解慈濟志工除在社區推動環保教育之外也落實社區個案濟助的感人事蹟。

這一切的努力與用心，都是善巧接引。環保點成為慈濟和社區最緊密的連結，通過社區環保認識慈濟的民眾不在少數，為此慈濟曾舉辦以環保志工為主的社區聯誼和共修，與現有志工培訓制度接軌。資源回收所得充作濟貧用途，也使得很多民眾除了加入慈濟會員以外，也願意共襄

盛舉攜家帶眷一起來投入。

2013年慈濟定下「一個協力一個環保點」的目標，由
該協力組志工負責環保點運作，截至2020年全島環保點
增至40個，在環保社區化的過程中，更逐漸從「環保分
類」提升為「環保教育」，是不少學府和企業組團取經之
處。每年，慈濟都受邀參與從社區至全國等級的大型環
保活動如「清潔與綠化週」、「綠化週家庭日」、「植樹
節」，在會場設立環保教育展區。

慈濟知行合一的環保教育模式，深受社區領袖認同和
引薦。2011年西北社區發展理事會主動與慈濟攜手合作，
籌備設立環保點，呼籲並陪伴基層組織成員一起投入經
營。位於兀蘭的慈濟環保教育站成立後，西北社理會數度
組團，帶領社區義工和居民前來學習，市長張俰賓於參訪
中表示，期許西北區能從當時的17個環保點（約500名環
保義工）繼續拓展開來。

2018年，慈濟應邀在國家環境局的內部策略會議
（NEA Board Strategy Advance），向與會單位分享慈濟的環
保理念和實踐模式如何能達成永續新加坡，藉此也連結上

新加坡環境及水源部合作展開環保教育項目，如「新加坡氣候行動」，發揮更大的善影響力。而這一切，其實都源於慈濟志工十多年來一步一腳印的社區耕耘。

## 二、從社區經營到開拓志業體

慈濟與社區基層組織合作密切，除了各項環保活動，歷年來聯辦的服務包括社區健康檢查、長者流感疫苗注射、捐血等等，會場中也設置溫馨的菩薩招生區，架起海報看板，邀民眾品茶說慈濟。通過這些合作，慈濟作為佛教團體，但濟助對象不分種族宗教的大愛精神，廣為社區領袖和民眾所知，也牽引出志業體拓展格局的一大主因。

牛車水舊會所於2007年歸還業主後，義診中心暫告歇業，其後在紅山社區覓得新場地，獲得衛生部、丹戎巴葛集選區國會議員陳振泉及拉丁馬士公民諮委會主席林煥章等的支持，在2008年11月遷移啟用。後來任職市長的陳振泉回憶義診中心啟用初期，就經常聽聞年長居民讚歎慈濟的醫療服務，因此感恩慈濟社區志工的付出，並形容義診中心如一顆種子萌芽，經數年的社區耕耘，終於開枝

展葉庇蔭衆人。

2007年，因慈濟與裕華民眾俱樂部數次聯辦社區健檢，志工展現的慈濟人文，獲得西南社區國會議員，也是國家發展部政務部長的肯定，並請該區公民咨詢委員會與慈濟商討在該社區成立義診中心及書軒的可能性。考量在地社區老齡化，在同步配合政府政策及成就社區道場的共識下，裕華公民咨詢委員會同意將裕廊東大牌328組屋底層出租予慈濟。在衛生部協調及力薦之下，慈濟以「社區義診中心」規格申請，順利獲得建屋局的批准。

2010年8月21日「佛教慈濟健檢中心（福慧中心）」（簡稱「健檢中心」）正式啓用，隨後數年，由此延伸增設「社區居家醫護服務」、「社區居家臨終關懷服務」，並陸續在臨近社區開闢「社區日間康復中心」、接管「湖畔全科醫療診所」和兩家「樂齡長青舘」，形成一個環環相扣的慈濟社區醫療服務網，為西南部民衆帶來以人爲本的優質醫療服務。

靜思堂建於島國東北部的宗教用地，是4層樓高的獨棟建築，面積有限，不成園區，因此勢必得向外「化整爲

零」才得以拓展蓬勃發展的會務。然而在新加坡，不僅土地取得不易，其運用也往往受到政府對於各區發展的長遠方針所規範。因此大多數志業體都建設在組屋底層，上方是十多樓的民宅，附近有菜市場、學校或地鐵站，真正做到「融入社區」。

至2012年，新任執行長劉瑞士將成立幼教中心視為志業發展的其中一項重要計畫。於是在2014年4月成立「慈濟大愛幼教中心」。上人常對海外慈濟人慈示：「頭頂別人的天，腳踏別人的地，要取諸當地、用諸當地。」大愛種子從臺灣花蓮飄洋過海，落地獅城，26年的耕耘和學習，逐漸融入本土脈動，聆聽社區所需，宗門志業多變，法脈精神不改。

2019年啓用的「慈濟人文青年中心」，坐落在義順社區，配合當地政府青銀共創之社區發展方向，順勢成立青年中心，籌建過程獲得基層組織的大力支持。長年來與慈濟有互動的內政部兼律政部長尚穆根，在主持開幕典禮中讚歎：「一走進來這地方，你不可能發現不到這地方的美。除了外觀，更美的是這裡的人。看著慈濟志工，你會

感覺得到他們散發著內在美，這內在美包含慈悲為懷與愛心。」他認為唯有具足大愛與人文，才是無論任何宗教信仰與人類共同要追求的，這也正是新加坡，甚至全世界需要培養的理念。

截至2019年，包括靜思堂在內的慈濟志業體共有14個，遍佈在全島各個社區。靜思堂為永遠的精神堡壘，而各個志業體就像是散佈四方的「社區道場」，凝聚起各區志工，就近薰法香、就近值班，就近舉辦讀書會、茶會、會議等社區活動，就近接引民眾認識慈濟。

位於卡迪社區的「佛教慈濟中醫義診中心」，中區志工每日排班承擔關懷和生活福田工作，溫馨親切的醫療關懷，讓病人感念在心，願意加入慈濟會員，每月累計數十人。人間菩薩招生與志業體拓展，相輔相成。「人間佛教」和「行經」的精神內涵，就在社區鄰里之間，看得到，摸得著。

## 肆、新加坡社區志工跨域延展愛的能量

### 一、新加坡區域志工在斯里蘭卡

2004年12月26日南亞大海嘯造成斯里蘭卡重大災難，時任慈濟新加坡分會執行長劉銘達當時在美國，立即趕回加入首批臺灣醫療賑災團行列。急難救助期間，劉銘達前後4梯次派遣新加坡醫護人員、志工前往賑災，為期3年多的災後重建期間，也帶領新加坡及馬來西亞兩地的行政、文字及錄影圖像職工、訪視志工，以區域志工人力資源統籌調度的方式，輪流外派到斯里蘭卡。

2008年5月，隨著漢邦托塔國立慈濟中學、職訓所及醫療所等移交當地政府管理，災後重建告一段落，在上人慈示下，劉銘達持續帶領新加坡志工深入當地，協助訪視濟貧工作。慈濟保留漢班托塔慈濟大愛村社區中心作為辦公室，2011年也在首都可倫坡成立辦公室，新加坡志工定期來往兩地，一路陪伴當地本土志工，將慈濟志業的推動落地生根於當地。

推展會務需要更多在地志工，新加坡志工在斯里蘭卡多次舉辦茶會，接引民眾認識慈濟，亦規劃當地的志工

培訓，派遣培訓團隊定期飛往當地授課分享。首次培訓在2012年舉行，在新加坡志工指導下，司儀用僧伽羅文（Sinhalese）教大家練習禮佛及問訊的儀軌，四大八法課程由新加坡志工以英文分享，再透過當地志工翻譯成僧伽羅文，求法不因語言、文字而阻礙。

因應當地眾多貧病的需要，新加坡人醫會及志工自2009年8月起，前往斯里蘭卡舉辦大型義診，截至2019年止，共舉辦10次義診，嘉惠超過2萬4,000位病患，除了給予醫療服務解除病苦，善舉也感動當地人，逐步接引當地醫護及志工投入。2014年，斯里蘭卡志工阿羅沙擔任負責人，帶領當地志工深耕福田，新加坡志工依然漂洋過海跨國支持，兩地攜手共進，期許慈濟種子遍撒，菩提樹成林。

## 二、新加坡區域志工在柬埔寨

慈濟和柬埔寨因緣早始於1994年水災，後來因為戰亂因素中斷。2010年，柬埔寨華僑蘇英龍、蘇曉虹伉儷在新加坡實業家釋順和邀約下，參加在臺灣花蓮舉行的慈

濟全球實業家生活營，深受感動。返國後，邀請新加坡志工到柬國帶動，開始慈善訪貧工作。時任新加坡慈濟執行長劉銘達曾參與1995年柬埔寨水災發放，喜見慈濟與柬埔寨再續前緣。在上人的慈示下，劉銘達和釋順和首次率領新加坡團隊，於2011年7月9至11日在金邊水淨華區（Chroy Changvar Commune）賑災訪貧，並在12月4日舉辦大型生活物資發放，新馬志工團隊前往協助發放前置作業，傳承慈濟「感恩、尊重、愛」的溫馨人文。

為了帶動柬埔寨會務發展，從2011至2014年，劉銘達帶領新加坡志工4度在柬國舉辦幸福人生講座，協助菩薩招生，也邀請柬國新發意志工前來新加坡參加志工培訓課程，培養正確的精神理念。柬埔寨臺商謝明勳於2014年7月接任柬埔寨聯絡點負責人，2016年初，謝明勳在隨師中，向上人提起柬埔寨需要人才培訓，上人慈示新加坡可以跨國支援。同年新加坡培訓組規劃全年課程，安排不同領域的志工到柬埔寨授課，加強理念並提升道氣，兩國志工交流頻繁，猶如家人互相關懷。

配合臺灣政府新南向計劃，從2015年10月30日起至

2020年底，柬埔寨慈濟人共舉辦104次大米發放，將臺灣農委會提供的大米，送到柬埔寨清寒鄉親手中。當時柬埔寨志工人數不多，也缺少大型發放經驗，新加坡志工組團前去支援，除了給與柬埔寨無比的信心與力量，人醫會成員也隨行舉辦小型義診，共同為柬埔寨貧民付出。

2017年3月，柬埔寨在本地舉辦首次對外的大型義診，新加坡人醫會及志工跨國支援，從前置作業、看診到善後，全力協助義診順暢，至2019年底共參與4次義診，嘉惠超過1萬2,000名居民，義診過後，本土志工也隨著增加。柬埔寨歷經戰亂與恐怖統治蹂躪，慈濟志業推動不易。然而慈濟世界不分彼此，多年來，新加坡團隊進出柬國，透過會務與精神關懷，鼓舞在地慈濟人繼續勇於邁進。

## 伍、問題與未來展望

### 一、由點、線到面

新加坡土地昂貴，慈濟靜思堂面積不大，經常不敷使用，政府對於本地公益慈善團體也設立完整的需求評估和法令規範體系，要取得一個大空間作為慈濟道場甚為不

易。隨著時勢因緣，從2004年成立第一個志業體 —— 佛教慈濟義診中心開始，直到2019年年底，共計有14個志業體，涵括醫療、環保、教育及人文領域，加上全島各個和氣區的環保點，慈濟據點遍佈全島。

既然大的道場不易取得，坐落在社區的中小型社區道場則為更貼近民眾的可行之道。以散佈全島的志業體為點，結合社區志工投入，發揮道場功能來接引該區民眾。如此由點、線到面串連，是在新加坡特殊環境中的微妙用法。落實志業於基層的社區志工概念則為擴大志業格局、膚慰孤老貧病、營造溫馨祥和社會的磐石。

## 二、組織優化、雙語模式

慈濟成立之初是志工性質團體，各項活動以志工熱忱及發心帶動完成。隨著會務成長，歷任執行長從張紅玲（靜思精舍釋德勷師父）、劉銘達（濟雨）到劉瑞士（濟悟），都逐步改善組織架構，建構完整的志工及專業的職工體系，尋求輔導顧問協助，進行組織優化，培育人才。

順應現代社會趨勢，慈濟採用高科技協助行政資料管理，也重視互聯網社交媒體的發展，以跟上年輕世代的腳步。在1990年代，新加坡僅有不到2成的家庭使用英語，2019年時，有高達7成的華裔家庭把英語變成家庭主要用語。

　　過去慈濟刊物或是活動內容多以中文為媒介，年輕一代的華文基礎不佳，在招募會員淨化人心的過程中，多有困難。幸好社區志工很多具有雙語能力，近年來，在文宣、訊息及對外活動逐步採雙語模式，讓習慣使用英語的本地人沒有隔閡容易接引。

## 三、永續經營——傳承

　　為了讓慈濟綿延永續，完整制度及經驗傳承是必要的，2003年新加坡慈濟成立培訓組，依志工的功能及需求，規劃不同的培訓課程與共修方式，加強人才培育，凝聚向心力，不忘初發心及使命。

　　根據2019年統計，新加坡慈濟志工年齡介於40歲至60歲佔有50%，20-39歲和60歲以上分別是21%及29%。新加

坡生活水準高，經濟壓力大，這些壓力並不等同於當代的物質條件比過去差，而是來自對未來的不確定性與不安。

新加坡年輕人願意做慈善，但是不願意被束縛，因此要用寬大的包容心及活潑的方式，給與發揮的平臺，再逐步引導深入慈濟精神。如何將人才留住，並接引更多年輕族群投入是挑戰，也是未來努力的重點。

參考文獻：

Chia, Jack Meng Tat. 2009. *Buddhism in Singapore: A State of the Field Review*. Asian Culture 33: 81-93.

Kuah, Khun Eng. 1988. *Protestant Buddhism in Singapore: Religious Modernization from a Longer Perspective*. Ph.D. diss., Monash University.

Wee, Vivienne. [1976] 1997. Buddhism in Singapore. In *Understanding Singapore Society*, ed. Ong Jin Hui, Tong Chee Kiong and Tan Ern Ser, 130-162. Singapore: Times Academic Press.

CHIA MENG TAT JACK & CHEE MING FENG ROBIN. 2008. *Rebranding the Buddhist Faith: Reformist Buddhism and Piety in Contemporary Singapore*. *Explorations* 8: 1-9.

# 第五節　印尼社區志工

佛教慈濟慈善事業基金會執行長辦公室　**王運敬主任**

印尼慈濟社區志工發展，在慈濟全球發展的歷史中，具有非常特殊的歷史與現代意義！以下從3個層面分析印尼慈濟志工的總體發展：印尼志工發展的階段、印尼志工發展的特色以及面對未來的可能性思考。

## 壹、印尼社區志工發展三階段

### 一、1990 年代開始的萌芽階段

1990年代臺灣經濟起飛，到印尼投資的臺商大幅增加，許多人更帶著家眷長居下來，更引入臺灣文化、生活風格，以及慈濟的理念與慈善精神。

從一群臺商夫人聯繫感情的聚會開始，因緣際會下成為慈濟在印尼落地生根的濫觴；從北雅加達區椰風新村的一間住宅起步，大家開始試著做慈善，一顆顆善的種子隨之播下。

慈濟印尼（Indonesia）緣起，最早是由一群樸實的

臺灣家庭主婦，從觸手可及的社區開始一步步紮實推動慈善工作。一路走來歷經排華暴動的不安，跨越雅加達（Jakarta）黑色心臟之稱的江溪河水患整治考驗，承擔起南亞海嘯亞齊復建重擔；期間接引出多位實業家投入，也帶動許多災民回饋付出，體現慈濟世界「濟貧教富、教富濟貧」的最佳實例。

1993年2月，慈濟會員梁瓊隨夫移民印尼，同時把慈濟訊息帶到當地，常與當地臺商們分享介紹，接引多人加入慈濟會員。同年10月，印尼當地慈濟會員推派梁瓊為慈濟聯絡人，並展開第一次以慈善工作為主的孤兒院關懷活動；翌月首次召開幹部組織架構會議，印尼慈濟志工組織初現雛型。

1994年7月，印尼慈濟志工首次返臺拜見證嚴上人，獲叮嚀「頭頂人家的天，腳踏人家的地，應取之當地、用之當地」後，返國便積極落實慈善工作，除了既有的老人院、孤兒院定期關懷，貧病個案訪視及災害急難救助外，更廣泛與多樣化的擴展濟助服務，包括獎助學金頒發、醫療個案補助、肺結核治療計劃等。同年，聯絡人一職改由

臺商劉素美師姊接棒承擔。

## 二、1996 至 2003 年　快速推展階段

　　1996年11月，慈濟基金會在印尼完成法定登記，1997年9月28日成立聯絡處。隔年5月卻遭遇排華暴動，劉素美、賈文玉、黃榮年來臺請示如何應對，上人以「唯有愛，才能消弭仇恨，撫平傷痕」釋惑，於是慈濟志工設法與政府建立溝通管道，並展開多次發放、義診活動。1998年12月至1999年1月慈濟展開3次大型發放，捐助大米、食用油等民生物資，予雅加達陸海空三軍、警察單位及貧民；3月，再與當地波羅蜜基金會、金光集團等單位合作，在當格朗縣舉行大型義診活動，嘉惠諸多在地民眾。

　　從1998年排華暴動過後，金光集團黃奕聰老先生和黃榮年先生以集團企業的力量，支持慈濟在印尼的慈善志業發展之後，慈濟以實際行動回饋當地，漸獲民眾肯定並加入志工行列，隨著志工組織成長，印尼聯絡處也在1999年9月升格為分會，志業發展仍以慈善為重點，直到2002年發生雅加達紅溪河水患，才徹底改寫了印尼慈

濟歷史，奠定了印尼慈濟醫療、教育、人文志業的發跡與開展。

2002年1月，印尼雅加達發生嚴重水患，數千人無家可歸，災民浸泡污水中，期間達一個月之久，其中以位處西北部的卡布村最為嚴重。慈濟人在上人指示下進行救災「五管齊下」方針，即垃圾清理、抽除污水、消毒噴藥、義診活動及興建大愛屋。這場大水災，促成慈濟一系列大規模長期輔助的因素及背景，包括清理紅溪河的正本清源計劃和慈濟大愛村的建設，徹底改善居民生活，是慈濟國際慈善救濟罕見的歷史紀錄。

2003年為關懷印尼貧民，慈濟印尼分會展開「愛灑人間大米發放」人道援助計畫，由臺灣農委會提供5萬噸大米，自2003年至2005年間在印尼，經由慈濟人直接發放至各貧困地區居民手上，嘉惠達250萬戶；而後，為援助南亞海嘯受災的印尼人民，臺灣及印尼再度合作，臺灣農委會再提供3萬噸大米，自2005年至2007年間在各地進行發放，嘉惠超過100萬戶貧民。

2004年12月，南亞海嘯重創印尼亞齊，慈濟印尼分

會總動員展開援助，發放物資、提供義診、捐助帳篷及淨水器等，並興建3座大愛村計2,566戶，以及幾個村內共9所學校、1所醫療中心。

因為98年排華暴動的大型發放行動、2002年紅溪河水患後的大型援助行動、2003年大米發放計畫、2004年南亞海嘯大規模援助行動等，感動許多印尼華僑實業家的支持和投入，開展出實業家投入慈濟志業的團隊典範帶動力！印尼慈濟從原本以臺商夫人為志工發展主軸的初期階段，逐漸發展成為當地華人企業家發心投入的階段。

## 三、2003 至 2016 年　四大志業同步開展

因紅溪河整治計畫中援建慈濟大愛村，其中金卡蓮（Cengkareng）大愛一村、紅溪河（Muara Karang）二村相繼於2003年落成，讓1,700戶家庭無後顧之憂，村內生活機能完善，並設置慈濟義診中心，不只照顧村民健康，鄰近居民也會前來看病。醫療人文、品質、設備不斷提升，義診中心遂在2006年改制為「印尼慈濟大愛專科醫院」，正因有這所醫院的營運經驗，印尼分會2013年起在雅加達

志業園區籌建一所綜合大型醫院，以擴大醫療服務。

為了改善村裡孩童的教育問題，在大愛一村不只興建中小學，更成立高職部，整併成為「印尼慈濟大愛學校」，自創校以來落實品德教育，不少孩子完成學業，進入社會具獨當一面的能力。深知教育是社會的希望，印尼分會在雅加達志業園區創建一所全新的「印尼慈濟學校」，以國際教學標準為基礎，期望培育出孝順、具高尚品德，以及懂得為社會人群付出的好青年。

人文志業方面，2007年印尼雅加達、棉蘭大愛臺開播，以為人民提供正面、優良教育和啟發愛心的節目為宗旨，製播美善人文節目；並自翌年起，陸續獲得印尼電視界和電影界的承認，獲頒肯定獎項。繼早期慈濟刊物出版，到立體媒體傳播、印尼官網建置，乃至2016年配合政府展開電視臺數位化工作等，慈濟人文志業在印尼逐步深度化，影響社會層面擴大，加強淨化人心力道。

印尼慈濟從金卡蓮大愛村累積籌設醫療機構和運營學校的經驗後，加上印尼大愛臺的開播，印尼慈濟從單純以慈善訪視、急難救助、發放大米生活物資、舉辦義診、發

放孩童助學金等慈善工作，迅速轉型邁向慈善、醫療、教育、人文四大志業同步並行的發展階段。印尼是慈濟繼臺灣之後，第一個海外分支機構將四大志業齊步發展的國家。

## 四、印尼社區本土志工全面發展

素有「萬島之國」之稱的印尼，位處環太平洋地震帶上，且擁有多座火山，因此地震、海嘯、火山爆發等大小災難頻傳。慈濟印尼分會因為秉持著「重點、直接、感恩、尊重、務實、即時」的慈善救援原則，幫助當地弱勢家庭以及貧困民眾，印尼慈濟人致力於族群融合互助、降低貧富差距矛盾等，愛心形象深獲當地民眾的認同，加上大愛臺的無線播放，每天傳送上人慈悲精神與慈濟慈善理念，除了在雅加達之外，其他各省各島，紛紛有許多充滿愛心的本土志工，開始投入慈濟活動。至今慈濟在全印尼逾30個據點、近1萬名志工，災難發生時社區就近動員關懷，幫助受難民眾；平時則鼓勵志工、民眾參加社區活動，包括濟貧訪視、機構關懷、環保回收等。

慈濟「慈善、醫療、教育、人文」四大志業，從少數女眾志工穿著繡花鞋，步步踏實走出一條慈濟路來，如今四大志業在印尼穩定均衡發展，志工人數也逐年增長，不分宗教與種族。對此，上人總是讚歎印尼慈濟人把握因緣撒播善種、用心耕耘，從整治紅溪河開始，幾位實業家志工勇於承擔志業重任，改變了紅溪河畔違章住戶的人生，也帶動起印華之間的良善互動，四大志業更是從此在印尼奠立基礎。更令人感動的是，成千上萬當地本土志工的投入慈濟活動，無形中促進族群融合、宗教和諧與愛心互助，為印尼社會發展，奠定一股重要的心靈穩定力量。

　　回顧印尼慈濟的發展，上人以感恩的心情，表達出對印尼慈濟的一份虔誠祝福：

　　播下善種，只要用心耕耘，就能歡喜收穫。感恩印尼慈濟人不怕辛苦，將粒粒善「因」從臺灣帶過去，不分宗教、種族、國界，不斷播撒愛的種子；時間和合因緣，成就一切，如今已在印尼社會成就了這分深「緣」。

　　只要有心、有福、有願、有力，步步踏實向前精進，在寸寸土地灑下寸寸愛，即能成就莊嚴、清淨的人間道場；人人

心靈平坦、彼此合和無礙，就能扭轉歷史，創造無限可能。

## 貳、印尼社區志工發展的特色

### 一、全面慈善 化解貧富差異與衝突仇恨

印尼所面對的社會問題非常複雜。從貧富差距、貧困農村發展問題、孩童教育問題、醫療問題以及經常發生的重大天災，例如地震、大雨、土石流、海嘯等等。面對如此重大、多元又深層的各方面社會問題，慈濟人在印尼當地展開了非常完整又豐富的慈善援助模式。除了希望能夠解決社會問題之外，更重要的是期待能夠透過全面慈善，化解因為貧富差距所產生的衝突與仇恨。慈濟社區志工服務面向是相當全面性的，此全面慈善援助模式，包含：

（一）訪視個案關懷

全印尼舉凡有慈濟人的地方，都會推動貧困弱勢個案家庭的訪視與濟助，並且透過親身關懷與志工帶動，讓當地民眾產生彼此互助的慈悲之心、見苦知福進而促進族群與社區的融合。

（二）醫療義診關懷

印尼慈濟人結合慈濟醫療團隊以及在地的醫療資源和人醫會等，為貧困族群提供免費的醫療義診與重大疾病救治，搶救生命並關懷照顧弱勢家庭與族群的健康。

（三）教育助學補助

為貧困家庭的孩童提供教育補助與獎助學金計畫，讓貧困孩童可以安心就學，從教育層面創造脫貧脫困的根本翻轉契機。

（四）重大急難救助

當印尼發生重大的天災或人禍時，例如地震、海嘯等，印尼慈濟人都會在第一時間啟動急難救助行動，包含短中長期的賑災計畫，援建長久性住屋、清真寺以及學校等等。對於原本已經處於弱勢與貧困的民眾而言，天災與人禍的降臨無疑是雪上加霜，而慈濟人的關懷行動立即產生非常重要的安心與社會穩定作用。

（五）協助大米發放計畫

針對印尼的貧困問題，印尼慈濟人二十多年來在當地進行大米發放計劃，透過此項計劃對於因為貧困與飢餓所

產生的衝突與矛盾，產生很大的減緩作用。

（六）整村扶困計畫

除例常性的個案關懷以及大米發放之外，印尼慈濟人還特別針對當地的貧困家庭居住問題，擬定長期性以及整體性的整村安居扶困計劃。印尼慈濟與當地政府共同合作針對貧困農村之特困家庭，經過訪視造冊之後，慈濟人為特困家庭進行房屋重建，當地政府則協助戶外的交通和公共設施之改善，同時慈濟也帶動當區的居民彼此互相關懷與照顧。透過系統性的整村重建與扶困，無形當中化解貧富差距所造成的矛盾，並提升鄉村居住的生活品質。

因此印尼的全面慈善策略推動，對於當地貧富差距所帶來的矛盾與衝突，產生非常大的社會穩定與促進祥和的功能。


## 二、實業家作為推動主軸　接引在地志工

印尼有許多富人都很希望能為當地社會付出愛心。慈濟「教富濟貧」的做法，對於很多的印尼實業家投入慈善工作產生很大的鼓勵作用。慈濟不僅感恩實業家的大力捐

輸，更力邀他們親身參與各項賑災、義診、建屋、贈米等慈善活動，以直接的方式去親身感受雪中送炭的人間溫情。這種臨場感受，對於每一位志工形成極大的鼓舞，讓他們在生命中獲得更大的成長。而這種成長也使得他們更加樂於分享，不計疲累，長期投入慈濟志工濟貧救苦的行列，更體現生命意義與生命價值。

金光集團從黃老伯伯和黃榮年先生開始，除了大力護持各項志業推展所需之外，更直接在企業內部成立「四合一」志工組織，也依集團分佈在全印尼的企業版圖，在各地分部將「社區志工」的運作概念，融入在印尼慈濟的志工組織中，從平時的慈善濟貧、急難救助乃至於推動慈善專案等，是印尼慈濟重要的能量支持。這可以說是企業內部成立慈濟志工組織最佳的典範例證。而郭再源、林逢生、李麗英、曾國奎等實業家，善用企業能量，積極與當地政府及相關單位進行愛心連結，共同投入慈濟四大志業，印尼實業家投入慈濟的生命故事，更為全球慈濟人學習的榜樣。上人導引著大家，在人與人的真情互動中，體現了「施比受更有福」的真諦。教富濟貧，往往可以化解

貧富懸殊所造成的階級對立，慈濟即以大愛化解階級仇恨，正是源自佛法眾生平等的精神。

從實業家的真實體悟及化為行動，讓慈濟在印尼的志業發展，散發出一股蓄勢待發的愛心能量，成為印尼慈濟志業發展的關鍵。印尼慈濟從慈善起頭、醫療接續、教育發展、人文傳播，逐步落實慈濟四大八法於印尼社會中。

### 三、整合在地資源　推展社會共善

要解決社會問題，單靠民間組織難以為繼，一定需要政府單位和社會各界一起攜手同心努力，方有可能。因此印尼慈濟人積極用心與相關單位共同合作，以補政府之不足為原則，推展社會共善的結構力量。

從1998年排華暴動中，印尼慈濟所開展的大型發放計畫，首先針對軍警進行發放。因為在當時的環境中，軍警和其家眷也受到影響，許多軍警家庭也深陷貧困之中。因此慈濟在發放給貧民之前，先針對守護安全的軍警家庭進行發放。

其後在2002年的紅溪河整治和援建大愛屋的「五管

齊下」行動中，亦與雅加達省府合作，由省府進行河川整治工程並提供土地，慈濟無償為受災民眾興建永久大愛屋。

梅嘉娃蒂（Megawati Sukarnoputri，印尼第五任總統）表示，慈濟基金會在短短一年間建成生活機能完整的大愛村，足以為慈善團體典範。並感謝慈濟的援助模式，激發政府與市民良好的合作關係。認為慈濟帶動了百姓間的敦親睦鄰及守望相助並教育村民生活環境及鼓勵人人投入資源回收的工作。

2003年的5萬噸大米發放計畫，若非中央和地方政府、軍警的支持與合作，否則難以維持良好發放秩序，順利完成上百萬戶的發放行動。警察司令長則說，看到居民高高興興將大米搬回家的神情，彷彿可以想見每一戶人家在享用這些大米前的虔誠祈禱。

華裔慈濟人的貢獻，不但獲得印尼民間的友誼，且獲得印尼官方高層與地方政府的高度重視，這對印華社會與馬來人族群的和解，實具足指標性的意義。2014年，印尼慈濟更與印尼三軍總司令簽訂合作備忘錄，攜手落實賑

災、人道救援、環保以及教育合作。此舉創下印尼軍警系統首度正式與民間慈善機構簽約的首例！2020年新冠狀病毒疫情全球擴散，對於各國的貧困家庭更是雪上加霜，印尼慈濟在疫情管控的情況下，仍需進行扶困計畫，感恩當地軍警海陸空全面支援，與慈濟合作進行直接、重點、尊重兼顧防疫的扶貧行動。

慈濟與印尼政府和軍警合作共善的模式，既能堅守慈濟的慈善濟助原則，又能與政府社會福利政策產生互補作用，促進社會穩定與祥和，實為可供參考學習的合作模式典範。

## 四、用大愛接引不同宗教的社區志工

印尼二億六千多萬人口，大部分是伊斯蘭教徒，也是全球最多穆斯林人數的國家。但是還有其他佛教、天主教和基督教等宗教林立，可謂是多元宗教文化並存的國度。近代以來，印尼內部因為政治、種族等各方面因素，導致經常出現種族衝突、排華暴動、宗教對立、恐怖攻擊等社會人心不穩定事件。而今不到30年的時間，慈濟人在印

尼當地已經普獲政府和社會的認同與肯定。其中最關鍵的因素即：慈濟人秉持「尊重宗教、大愛無界」的精神，不劃地自限，並尊重每一位志工的宗教信仰，展開雙臂，結合善心能量，以大愛情懷啟發接引各界愛心人士投入志工的行列，擁抱苦難蒼生。

以尊重宗教的概念接引社區志工，就不會產生讓他人誤以為慈濟希望他們改變宗教信仰，否則就會產生當地民眾認同的危機感、排斥感，進而造成對立與矛盾。「尊重宗教」這一點非常的關鍵而重要，因為尊重宗教的精神，讓慈濟志工的發展成為印尼社會族群的融合劑。不同宗教信仰的民眾更在慈濟助人的場域中，找到落實其各自真實教義的可能性。基於尊重宗教的原則，讓印尼當地不同宗教和族群在參與慈濟的過程中，產生奇妙的「良善循環」。

印尼慈濟人以華人佛教團體，懷著跨越種族宗教與階級的大愛，勇往直前、鍥而不捨地付出，不僅沒有改變志工的宗教信仰，反而在大愛村為居民援建清真寺，讓他們擁有幸福的宗教生活。這種來自佛法的寬廣心量，化解宗教隔閡和種族差異。

### 五、以使命、願景作為驅動力量

志工團隊中，有相當比例是當地印尼本土志工，連華文都不認識，加上主要信奉伊斯蘭教，對於佛法的意涵非常陌生，如何讓如此多種族、多文化、多宗教的成千上萬志工們都能合心、和氣、互愛、協力的攜手共善共行？除依賴語言翻譯外，印尼慈濟以拔苦予樂的「使命」為引導方向，鼓勵人人發揮愛心，縮小自己，大愛天下；更以「三大願景：淨化人心、祥和社會、天下無災難」為每一位志工的終身目標和生命價值！

數萬志工各有不同宗教信仰、學歷背景、思想行為、性格習慣等等，但是大家都能合心攜手，昂首闊步於慈濟善道之上，都是依賴「使命、願景」為精神驅動力量。也唯有以「使命、願景」為核心主軸，每一位志工也才能富有豐厚的愛心能量，執行各項慈善任務與專案計畫。

## 參、印尼慈濟未來的可能性思考

過去將近30年，印尼志業穩步前行，近年來更是蓬勃發展，但面對快速變化的印尼社會，仍必須思考如下發

展的可能性：

　　一、邁向永續發展的目標：現階段有力量龐大的實業家團隊用心護持，未來如何能讓慈善、醫療、教育、人文等志業能永續推展。

　　二、志業持續精進與連結系統的建立：慈濟在當地發揮的愛心影響力與日俱增，如何與社會脈動保持開放連結、精益求精，建立多元管道的精進連結系統。

　　三、慈濟精神深耕社區：印尼當地在種族、語言、宗教、風俗、生活習慣等，都有許多差異性，如何能將靜思法脈、慈濟宗門的精神理念，一代傳一代的穩固與深耕，在人才的培養與志工精神養成等方面，都是需要加大力道產生「扎根」的系統運作，印尼的四大志業和志工發展，才能永續為印尼社會的發展，持續發揮穩定與安心的力量。

# 第六節　美國社區志工

美國慈濟總會

## 壹、美國社區志工法脈緣起

### 一、美國加州慈濟：第一個海外據點

　　1984年11月，加州州政府通過慈濟「佛教慈濟基金會」的申請。因緣起於美國分會第一任執行長黃思賢捐出位在阿罕布拉市的一棟建築做為慈濟美國分會的根據地。1989年12月9日慈濟基金會美國分會遷入南加州阿罕布拉市（Alhambra），正式宣布成立「佛教慈濟基金會」，慈濟自此在海外有了第一個分會。上人特贈「靜思堂」匾額，祝福海外第一所靜思堂啟用。

　　加州慈濟分會秉持上人海外慈濟人必須「自力更生、就地取材」的叮嚀，以南加州華人社區為起點，將慈濟種子撒播到全美各地。1989至1995年在全美10個州設立據點；2001年「慈濟美國總會志業管理中心」正式成立；至2020年，慈濟在全美各地成立分支連點，包括德州、紐約、北加州、芝加哥、新澤西、夏威夷、華府、達拉斯共

9個合心區，亦是慈濟基金會在美國的9個樞紐，平時在各自崗位上努力，一旦有需要，立刻「合而為一」。

## 二、社區志工始於家庭茶會

論及志工組織，美國分會從最精簡的分工開始運作，分別為：活動、文宣、財務、總務四大功能。最初以「家庭茶會」的形式進入社區人心，「有誰願意讓我們到他家，我們就去，一起聚餐、講慈濟。當時，大家對慈濟的認識很少，只能哪裡需要，就往哪裡去飛。」由當時少數的幾位慈濟委員，以南加州為起點，舉辦一場場的「家庭茶會」，傳播慈濟理念，接引社區志工。每場茶會都會以「三機作業」——幻燈機、錄音機和傳真機介紹慈濟，以幻燈機播放幻燈片，分享花蓮本會的故事；以錄音機錄下茶會的演講，在會員之間流通；傳真機用來聯絡傳遞訊息。

每一場茶會，就是一個因緣，將慈濟理念引入社區，培養當地的負責人，建立慈濟據點，舉辦活動，接引社區志工做為慈濟生根美國的種子。至2020年5月，慈濟基金會已在全美國50州中的25州，建立66個慈濟據點，培育

志工種子，讓慈濟理念在美國種樹成林。

## 貳、「點、線、面」的社區志工架構

　　美國是西半球第二大國，國土面積僅次於加拿大，幅員廣闊，從西岸加州到東岸紐約，近4,550公里之遙；各分會的會務運作，因城市地理位置、文化民情等差異，因地制宜發展出各自獨特的慈善運作模式。美國社區志工的發展深受近20年來急難救助行動的影響。大型災難的急難救助，促使社區志工的成長由「點」的運作，進入區域之間「線」的人力與資源的整合支援；各合心區內由「點」的運作，進入「線」的支援，進而編織起全美全「面」性的社區志工網絡，以最快的速度回應區域性和全國性的需求。

### 一、「點」的動員：九一一事件　首次志工總動員

　　2001年9月11日，4架民航客機，在美國本土發動一連串自殺式攻擊，導致紐約市雙子星世貿大樓倒塌，臨近建築損毀，恐襲事件造成近3,000人死亡。慈濟新澤西分會與紐約分會第一時間動員，前進災區。

（一）志工前進第一線與美國人民同苦

新澤西州緊鄰紐約曼哈頓，與哈德遜河僅一河之隔，九一一恐怖攻擊事件發生後，新澤西分會在第一時間成立「緊急服務站」，社區志工以24小時排班輪值。當時由執行長林玉娥（慮瑢）坐鎮會所，將最新訊息傳達臺灣慈濟本會與美國總會；慈濟志工憑著醫院義工證，順利進入世貿驚爆現場附近。林慧如獲得紐約市政府發給的「救難通行證」，讓慈濟後續的賑災行動得以順利進行。以柔和的聲音承擔華語翻譯並於紐約市94號碼頭設立「家庭服務中心」（NYC Family Assistant Center），讓慈濟志工持續提供翻譯服務，在現場提供膚慰、翻譯、發放急難救助慰問金給所有受災戶、殉職的警察、消防隊員、和罹難者家屬。

（二）大災難啟大悲心：社區志工凝聚

在發放急難救助金的過程中，謹記上人救災要直接、即時的叮嚀，在發放現場，志工只需確認受災者身分，省去其它組織要求填很多表格的步驟。一位罹難者的母親在新澤西慈濟服務站，領到1,000美元的緊急慰問金，在同

年11月，美國政府在國會山莊舉辦的聽證會上，這位女士說：「佛教慈濟基金會」，她完全不認識慈濟，但慈濟以最快的速度給予她和她的家人幫助，讓她很震撼。慈濟也因此第一次在美國國會山莊留下紀錄。

九一一事件發生，美國總會開始統籌串連全美各分會會務，當時仍主要仰賴新澤西分會和紐約分會兩地社區志工，運用各自在地資源，根據需求提供不同的服務。大災難啟大悲心，由於九一一事件賑災規模寬廣、時間長達3個月，許多社區大德也因為渴望在自己的社區最危難的時刻，盡一己之力，起而效尤加入慈濟社區志工的行列。九一一事件急難救助，是美國慈濟首次大規模動員社區志工投入救災工作，更是美國社區志工動員的里程碑。

## 二、颶風引動社區志工「線」的連結

2005年，路易斯安那州的紐奧良遭遇百年風災卡崔娜颶風侵襲，慈濟基金會啟動了德州分會鄰近各地區的社區志工，整合力量進行賑災；至2012年桑迪颶風，和2017年哈維颶風，全美志工輪番前往美東和德州支援，賑災過

程的組織動員更趨成熟，各地志工在賑災現場彼此互相配合學習，並將經驗帶回各地區，讓社區志工更了解正確救災理念的重要。

（一）卡崔娜颶風：開啟志工「線」的連結

2005年8月25日一場被稱為「美國大海嘯災情」的5級颶風卡崔娜颶風在路易斯安那州登陸。災後不到一星期，慈濟美國總會於德州分會成立「賑災協調中心」，蒐集災情資訊、聯繫相關單位、建構賑災管道，立即以300萬美金進行緊急發放。全美約1,500位慈濟志工進行街頭募款，於230個超市或商家定點，為災區募心募愛。風災後，慈濟志工進入休士頓、達拉斯和波蒙特等收容中心，瞭解災民需求。為了救災要即時，在災區銀行運作停擺，災民無法兌換現金支票和發放現金又有安全顧慮的情況下，慈濟向沃爾瑪公司（Wal-Mart Stores, Inc.）旗下的連鎖超商採購「物資兌換卡」，成為慈濟賑災史上的創舉。

為了讓「物資兌換卡」更符合現實狀況需要，慈濟與銀行合作發行「慈濟現值卡」，可憑卡向該銀行往來的任何商店購買生活物資。此後，「現值卡」在慈濟全球各國

的各種急難救助中，成為替代現金發放及增加發放方式選擇的歷史沿革。

（二）桑迪颶風：首次跨州、跨國動員救災

2012年10月底桑迪颶風重創美東地區人口稠密的華盛頓特區、新澤西州、巴爾的摩、費城、紐約等地。美國總會與美東紐約、新澤西、華府等3個合心區，啟動緊急救難應變機制，在桑迪颶風登陸前隨即針對可能造成的災難進行連線會議。重災區紐約和新澤西兩州的災區分佈寬廣，志工在缺油、斷電的情況下，進行勘災和賑災行動。

災難將原來分佈在美國各地的志工人力資源整合與調配。在急難救助期間，紐約、新澤西、美國總會，透過電腦連線，每天與臺灣本會上人進行視訊連線，及規劃勘災行程。除了大美東地區的社區志工全面動員，協助勘災和賑災之外，由於災區範圍廣闊，賑災規模龐大，全美各分會來自加州、芝加哥等地，甚至加拿大志工，紛紛前往美東支援賑災工作，以區域支援的人力調配分擔美東慈濟人的重擔。

賑災過程中，面對最大的挑戰是如何確認災民名單及

造冊，以及如何通知災民回到社區裡來領取現值卡與物資。大水來襲，整個地區全部受災，慈濟志工依街道決定發放範圍，再委請各災區當地的教堂、社區機構去了解各受災戶的災情和需要進行過濾。桑迪颶風的賑災讓社區志工更進一步與社區組織、民眾結合，同時也接引不同年齡層的志工加入社區志工的行列。

（三）颶風哈維：建立在地志工接引模式

2017年8月25日登陸德州的哈維颶風造成至少107人死亡、1,250億美元的損失，與卡崔娜並列為美國史上損失最高的天然災難。由美國總會執行長從南加州趕往德州休士頓，一同擬定賑災計畫除動員當地志工之外，由全美各分會執行長帶領，以一週為一梯次召募各分會志工自願性地從各地趕往德州休士頓，參與賑災工作。不同地區的志工再度集結，在災難發生時進行點、線乃至面的連結，發揮在人力統整及專業分工編組上。

除了物資和經濟援助的需求，風災肆虐後，成千上萬的房子浸泡水中，水退之後，每個家庭急需人手協助清理泡水後的家園。因此，賑災團隊中，由慈青和慈青

學長及一群年輕人，憑藉「救災不能少我一人」的信念，將年輕志工的力量有效整合，投入家園清掃的專案，而這群年輕和在地志工的帶動也逐漸蔚為慈濟急難賑災不可忽視的力量。

哈維風災後的「中長期復原重建計畫」自2018年展開，鎖定重災區為援助重點城市，與當地組織合作，並接引在地志工成為慈濟種子，讓慈濟得以在當地持續生根。從急難救助到中長期重建的持續運作，建立起慈濟在地志工的接引模式，也讓慈濟從點而線的發展，逐漸進入區域性的全面性成長。

### 三、「面」的社區志工網

（一）坎普山火：區域社區志工網絡

這場名為坎普（Camp）的山火造成天堂鎮1萬8,793幢建築被完全焚毀，超過5萬居民撤離。慈濟應急送毛毯物資至各大收容所，北加州灣社區志工並協助災民申請補助及發放現值卡。

此時，美國慈濟志工進入全面連結模式。即使不在前

線支援，全美20個州、兩百多個據點的慈濟人，連續兩個週末在街頭募心募款，更有許多企業與民眾加入11月27日的「慈善星期二」對捐善款行動，讓愛心捐款加倍，幫助更多人。慈濟給予1萬戶受災戶實質的急難救助金，全美自2018年11月29日啟動「一人一戶，援助萬戶坎普山火受災家庭」活動，匯聚更多力量，幫助受災家庭度過難關。

秉持著「慈濟一直都在」，在急難救助、發放陪伴與膚慰服務的過程中，更把握因緣，接引在地志工投入。2019年底，坎普山火後一週年，北加州分會也在溪口設立服務中心據點，並以中長期援助專案和以工代賑等方式，聘請在地志工以及坎普山火災民，擔任個案輔導員，協助受理災民的各項申請補助。溪口慈濟辦公室的成立，讓北加州分會在慈善會務上的運作上更為靈活與即時，以在地人對社區的了解，直接幫助災民。北加州分會轉為後線支援，隨時補位的角色。當有大型發放或義診時，北加州分會隨即動員各支聯點前往助緣。

因坎普山火賑災後，由點而線、而全面的社區志工與

在地志工的動員模式，已然成型。大型災難後，慈濟順勢在當地成立聯絡點，讓社區志工透過聯絡點將聞聲救苦的觸角廣伸，這也是上人藉災難因緣度化有緣人的理想。

（二）新冠肺炎：全美社區志工網運作趨成熟

2020年初，中國武漢爆發新型冠狀肺炎疫情，並快速在世界各國蔓延，美國在1月22日有第一個確診病例，並在3月5日確診病例破百後，確診病例直線上升，至4月27日為止，全美確診病例將近百萬人，死亡人數更是逼近5萬5,000人，是全世界確診病例與死亡人數最多的國家[1]。不同於過往，九一一恐怖攻擊或是各種天災，都是區域性的災難，但這次新冠肺炎疫情全球大爆發，全美國50州都有確診病患，全美各州都是災區。有別於以往，志工不能夠跨區、跨州、跨國支援相關賑災發放工作，各分會在上人呼籲下，必須保持虔誠戒慎，不恐慌但也不能輕忽，不集眾但又需援助受疫情影響生活陷入困境的家庭，此時的賑災工作更需悲智雙運。

---

1 資料來源：美國疾病控制預防中心（Centers for Diseases Control and Prevention, USA）。

慈濟美國總會作為全美志業推動的管理中心，在3月14日正式成立「防疫賑災協調中心」，從位在南加州的美國總會首先啟動區域性的防疫機制，以及各項社區慈善援助工作規劃與落實。與醫療基金會分工合作，美國總會承擔負責所有醫療物資的採購作業、以及協調各分會防疫物資分配，並與臺灣花蓮本會協調繁雜的國際採購、運送等。

　　美國總會定期與各分會召開防疫與救災會議，各分會依照當地疫情，與實際需求提出物資的需求，規劃落實各分會的防疫救災計畫。然而，各州政府紛紛宣布「居家避疫」措施以減緩疫情，規定所有非民生必須產業都必須暫時停業，以減緩疫情擴散，全美有超過95%的人都被要求「居家避疫」（Shelter in Place）。因此，各分會在人力短缺的情況下，進行所有醫療防護措施的清關、運送、打包、聯繫醫療院所，以及各種不同的受贈單位。同時各分會必須在保障志工的健康與安全的情況下，進行所有的賑災工作；因此每次分送物資到不同的地點，都必須精簡人力，避免共乘，保持6呎的社交距離等原則。新冠肺炎疫情的

防疫與賑災工作，各分會依據各地社區地理位置和人力資源為依據，各自啟動防疫賑災機制，以及社區志工的動員模式。

　　美國總會和美國慈濟醫療基金會做為領頭羊，在美國疫情日趨嚴峻的情況下，從3月初就開始採取行動，並深入民間組織、地方政府與社團機構等，在最危急的時刻提供即時幫助。以全美最重災區的紐約為例，紐約分會主導，由分會統籌提供物資。分會作為主導重災區紐約市五大區的援助工作，賑災團隊固定召開線上會議，溝通討論分會目前庫存的物資數量，並針對每個受贈單位的需求做討論，確定給予物資的數量，以及隔天的發放行程。同時也將醫療院所和其他社區組織單位做獨立的物資安排：包括法親關懷、老人院、第一線維安警消人員等。防疫期間各分會以最精簡的方式全面動員，2-3人為一組進行物資派送給各醫療院所和各民間組織單位。

　　各分會由點、而線，進而展開全面性的動員，在有限的人力下，仍以最有效率的方式達成使命；各分會之間以高度的默契快速達成共識並採取行動，讓全美各地都能盡

快取得物資，同步展開防疫物資的發放行動。

　　從新冠肺炎疫情防疫與救災行動中，也看見慈濟在過去30年來在社區中累積的能量、以及民間組織社團的認同。這波疫情中老人安養機構是許多社區交叉感染的源頭，而由於慈濟志工持續不間斷，拜訪社區的老人安養機構已有十數年的光景，彼此間建立起深厚的情誼與信任感，當疫情爆發，慈濟得以將布口罩和醫療口罩以最快的速度送達社區中的老人安養院，保護院內的工作人員。全美9個分會，集結物資、調度協調、動員社區志工，以愚公移山的精神，在困境與侷限中，悲智雙運，將慈濟的愛與關懷深入帶到社區的每個角落。至此經過此次疫災的嚴厲考驗，全美社區志工網絡的運作進入組織化與全面化的歷史里程碑。

## 參、挑戰與突破

　　慈濟在美國的發展，源起於第一代臺灣來美的移民，以中文為母語，發展重點主要在華人社區，與美國社區的互動有所侷限。然而，30年過後，慈濟的社區志工95%

以上仍以華人為主；因此慈濟在社區志工方面所面臨的挑戰，即是如何廣泛接引第二代的華人子弟，以及美國的在地志工投入志工行列，進而讓慈濟宗門與法脈在地化、讓慈濟人文成為美國文化的一部分，並與主流社會接軌。

美國在全世界科技發展、社會經濟等的發展上，居領導地位，引領全世界的潮流。因此，為了能夠接引更多在地志工，美國慈濟勇敢面對挑戰，並以符合美國社會發展趨勢的方式來突破困境。

## 一、美國慈濟 2.0

召募網羅年輕的華人第二代慈青和慈青學長等，組成「美國慈濟2.0」，透過第二代在地志工的社群網絡，將慈濟向外推展，並以純英文方式，向美國社區人士介紹慈濟，進而接引更多在地志工。慈濟英文素材來源，包括美國總會「法譬如水」翻譯團隊，將慈濟靜思法脈精準地翻譯成英文，讓法脈得以在美國深耕，並設計英語在地志工培訓的教材，讓法脈與志工精神得以相輔相成；文發室媒體製作團隊十多年來不斷製作純英語發音的影帶，累積記

錄無數慈濟社區志工的足跡，成為長久可以使用接引美國在地志工的素材。

## 二、多種語言網站與社群媒體同步發展

美國是種族的大熔爐，英文、西班牙文語系的人口佔大多數，因此，美國慈濟自2015年開始設置純英文網站，並於2019年推出全新繁體中文網站，2020年推出西語網站和簡體中文網站。4種語言網站，分別能夠將慈濟的訊息觸及美國民眾、拉丁美洲族裔西語系民眾、華人新移民，以及現有社區志工的繁體中文讀者。4種語言的網站內容，再結合社群媒體不斷放送慈濟相關訊息，以啟發接引在地志工加入志工行列。

## 三、「一指積善」手機應用程式

美國地大寬廣，人與人之間互動的方式日漸趨向於以網路線上發展，尤其在新冠肺炎疫情後，手機和網路在人們日常生活中將扮演更吃重的角色。美國慈濟研發中英文版「一指積善」手機應用程式 / Tzu Chi Connect APP，將

慈濟竹筒歲月的精神融入應用程式中,每個人信用卡上的消費都可以化零為整,捐出零錢,積少成多。並透過手機應用程式傳遞慈濟最新訊息,進而接引潛在的在地志工。

# 第七節　中南美洲社區志工

美國慈濟總會

## 壹、中南美洲社區志工發展緣起與沿革

　　中南美洲是指美國以南的美洲地區，地處北緯32°42'
和南緯56°54' 之間的大陸及瀕臨加勒比海、墨西哥灣的
島國，共有34個國家和地區，還有仍處於美、英、法、
荷統治下的十多個屬地。在語言方面，中南美洲國家以
西班牙語為主，另有葡萄牙語（巴西）與法語（海地）。

　　慈濟在中南美洲的緣起大多起於天災發生後，移民當
地的慈濟人藉由當地臺商穿針引線，在第一時間的勘災發
放之後，結合當地熱心人士發掘當地需求，諸如偏鄉探
訪、教育、義診等，慈濟在各國展開不同的援助計畫，也
因此帶出當地社區志工。有些國家沒有慈濟人，但當災害
過後，美國跨國前往救援，接引當地僑胞，後續成就接引
僑胞走入慈濟。

　　1970年代，臺灣興起移民潮，許多臺灣人移民至南
美洲，間接把慈濟帶到這片遠離臺灣半個地球之遠的地

方。1992年，慈濟巴西聯絡處於巴西（Brazil）聖保羅市（Município de São Paulo）成立，由早年舉家移民巴西的慈濟志工葉月觀（慈悟）擔任負責人，逐漸向外拓展，成為慈濟志工在地深耕的開始，慈濟人有感當地居民貧困且缺乏醫藥，透過醫療義診解貧病之苦。

1994年12月，由居住美墨邊界的華人謝坤容引介，慈濟人赴提娃娜進行冬令救濟、義診及貧戶訪視評估。1995年11月，美國慈濟在提娃娜援建瑪瑞塔慈濟小學（Esuela Primaria Tijuana, Tzu Chi），啟動慈濟與墨西哥的因緣。

1997至1999年間，中南美洲和加勒比海多國遭受嚴重水患和土石流，喬治颶風（Hurricane George）、米契颶風（Hurricane Mitch）相繼來襲，1999年哥倫比亞又發生地震，上人指示美國慈濟人前往賑濟。花蓮本會發起全臺「賑濟中美洲，衣靠有情人」，臺灣與美國慈濟人共同前往馳援，賑災過程中，啟發了當地臺商和僑民一同付出，開啟慈濟與宏都拉斯、多明尼加、尼加拉瓜、瓜地馬拉、薩爾瓦多、海地等6個國家的善緣。

2016年4月16日厄瓜多發生芮氏規模7.8的強震，美國和中南美洲的慈濟人前往勘災，推動以工代賑，帶領鄉親重建家園，引起廣泛迴響，臺商與本土志工大力參與。2017年厄瓜多水患，本土社區志工已經先行勘災，至美國慈濟人前往會合，再度推動以工代賑。慈濟人走過的重災區，如：曼塔、維合港、聖塔安那市、卡諾亞鎮等，本土志工紛紛加入慈濟。

截至2020年底，20個國家（含地區）都有慈濟社區志工，包括：墨西哥、海地、多明尼加、荷屬聖馬丁、美屬波多黎各、宏都拉斯、薩爾瓦多、瓜地馬拉、尼加拉瓜、委內瑞拉、厄瓜多、巴拉圭、阿根廷、巴西、智利、玻利維亞、祕魯、哥倫比亞、哥斯大黎加、多明尼克等國家地區。

## 貳、社區志工之組織架構及運作模式

### 一、組織架構與運作模式

中南美洲國家的慈濟人結合社區的力量濟助貧苦，感動許多本土人士加入社區志工。本土社區志工正是慈濟深

入社區救助苦難的最大助力。中南美洲的志工組織大部分皆以聯絡處為主，因志工人數較少，運作上以不同的功能來分組，如：慈善、醫療、教育、人文等。聯絡處設負責人與副負責人，統籌聯絡處會務運作。

為了有效傳承慈濟人文，讓本土志工充分了解靜思法脈及慈濟宗門，2019年起，一方面由花蓮本會宗教處規劃全球西班牙語系志工線上培訓課程，讓中南美洲社區志工可以深入了解慈濟；另一方面，由深諳中文和西班牙文的雙語志工，持續翻譯培訓課程為西語，來鞏固社區志工的道心，進而深耕社區。

中南美洲各國會務成長的因緣不同，所以接引志工的方式也各不相同。多數因為勘災、賑災、義診的關係，每每災情過後，慈濟踏上異國的土地，人生地不熟，主要仰賴的都是當地臺商，或政府單位的協助。賑災發放主要透過當地的僑胞和朋友協助。因為語言的隔閡，翻譯工作主要由僑胞子女作為翻譯和溝通的橋樑。常有當地臺商受到慈濟跨國救助的感動而發心擔任志工，甚至成為受證的慈誠委員，再由這些受證志工接引

當地的親友或員工成為慈濟的志工，而這些志工無論資深或新進都是當地的慈濟種子。

中南美洲慈濟社區志工組織與北美慈濟人有緊密連結，早期中美洲係由北美所組成之中南美洲慈濟會務關懷小組，由慮瑢師姊所組成的團隊，主要協助西班牙語翻譯、志工培訓、跨國勘災、人物力資源整合與開展濟貧教富的慈濟志業。

中南美洲慈濟社區志工組織因人數及資源的關係，有別於亞洲的社區志工組織，但針對急難賑災或平時的濟貧訪視也是做得有聲有色。組織運作架構大致說明如下：

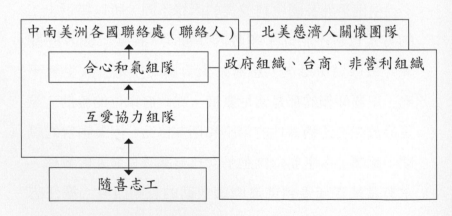

圖1：中南美洲社區志工組織服務架構

中南美洲慈濟社區志工組織雖然尚未擴及全面，但各國互相鄰近，因此各國以因地制宜的善巧權變，組成跨國的區域志工人力資源統籌運用的模式，並積極爭取各國政府部會的認同與支持，一步一腳印，透過救災因緣將慈濟各項志業落實在當地。

## 二、工作項目

　　中南美洲社區志工的工作項目，主要以訪視濟貧為主，包括：發放物質給孤老無依的照顧戶；因應在地需求，援建興辦學校、辦理義診活動；藉災難因緣進行急難勘災及急難救助等，在不同國家依國情不同調整作法。此外，除了定期與不定期的訪視與勘災外，更主動至學校發放文具、海地定期醫院供餐、多明尼加垃圾山社區志工煮熱食照顧獨居長者、陪同美國人醫會（在地政府提供軍醫義診活動；臺灣醫生義診）至中南美洲義診、協助在地貧苦者就醫、帶動隨喜志工發大米等。經過長期的帶動與經驗累積，已有許多聯絡處的社區志工已經逐步成長，並具有自主勘災的能力。

中南美洲訪視濟貧及賑災發放的工作，大多是由北美關懷團隊帶動中南美社區志工一起，幾乎都是師姊，上人形容這群娘子軍正是中南美社區志工的菩薩轉運站。

## 參、社區志工及社會脈絡之關聯

　　以下就各國慈濟因緣及社區志工的投入進行說明：

### 一、大愛屋撫慰受災民眾

　　2001年1至2月，薩爾瓦多連續發生3次強震，造成一千多人往生，三十多萬戶房屋毀損，110萬人家計受到影響，許多家庭餐風露宿，人人聞震色變。慈濟決定在重災區自由省（La Libertad）薩卡哥友市（Sacacoyo）與鄉米可（Chanmigo）兩地興建1,175戶大愛屋，分別名為「慈濟一村」及「慈濟二村」，並於大愛一村中蓋了慈濟學校。這是慈濟首次在亞洲以外地區興建的大愛村。曾與薩國總統一起拜訪過上人的外交部長說，大愛屋讓她深切感受到上人引導弟子回饋國際社會及在世界各地災難中的用心付出。

慈濟在薩爾瓦多、宏都拉斯都蓋有大愛村。厄瓜多地震之後，很多教堂損毀，有感於教堂是當地居民的精神寄託，慈濟主動協助興建教堂，讓災民的心靈有所安住。慈濟透過社區志工結合在地人力，因應在地居民的需求興建大愛村、慈濟學校及教堂，撫慰災民的安定生活、受教及心靈信仰的需求。

## 二、用教育創造有希望的未來

社區志工透過訪視及勘災，發現貧病、毒品及犯罪所產生的惡性循環與影響，秉持上人感恩尊重生命愛的理念，希望為這群沒有明天的孩子脫貧脫困，興建小學、甚至協助天主教會興建學校，在中南美洲目前協助援建學校的國家，包括：多明尼加、墨西哥、瓜地馬拉及海地等。上人慈示：「慈濟不只要為未來的希望建設教育場所，也要讓學校成為災難來時的生命庇護所，所以為他們建設穩固的鋼構建築。」

以多明尼加為例，1999年慈濟人到拉羅馬那垃圾山發放與義診時，發現孩童擠在一間由木板拼湊、沒有窗

戶的簡陋房舍，分上、下午上課。上人希望為這群沒有明天的垃圾山孩童們脫困、脫貧，決定在當地援建小學。由多明尼加政府所提供的空地作為建校之用，2000年「拉羅馬那慈濟小學」正式啟用，這所設備完善的慈濟公立小學名聲遠播，讓政府遷走垃圾山，重新規劃為住宅社區。一個全新的社區，就在原來的垃圾山蓬勃發展起來。美國人醫會也在此舉行義診，並逐步將義診服務擴展到不同地區。

慈濟社區志工持續關懷，讓拉羅馬那市徹底改變風貌，目前慈濟小學已經開展從幼兒園、小學、中學，乃至增設成人班的全人學校，用教育改變命運。一名七十多歲的夜間成人基礎識字班畢業生說：「感謝慈濟，讓我有機會識字，看得懂聖經。」上人讚歎他們，本身即使窮困，在2017年美國哈維颶風及2018年臺灣花蓮大地震受災時，響應付出愛心，「這都是你要淨化他，給他有機會，一顆善的種子布種心田裡，來生來世也有幾分善根，他的這一個銅板就如一滴水入大海永不乾枯掉，他也同樣有因緣可以跟廣大的人結這分的善緣。」

以海地為例，受強震影響，慈濟志工在海地太子港的幸福校園計畫。第一階段由志工負責教孩子簡單的數學讀寫及個人衛生、環保、品格教育，並每天提供兩餐熱食溫飽，在臨時學校結束後，社區志工轉而資助無法為孩子負擔學費的家庭，海地「幸福校園計畫」開始成形。為提升學習品質，同時加入課後輔導計畫，協助只懂土話的克里歐語（Haitian Creole）的學生學習法文（學校上課用法文）。透過家訪，志工發現多數孩子家裡實在太窮，沒食物吃，因此於2012年提供課後熱食計畫。「幸福校園計畫」擴展到貧民窟太陽城亞拉罕卓社區之外的修曼尼斯小學（Ecole Mixte Des Humanistes）。修曼尼斯小學的校長感恩慈濟獎學金對於學校與社區帶來相當深遠的影響，感恩聯合國掃毒計畫及慈濟學費補助，改變孩子的人生。

## 三、辦理義診改變貧苦及病苦

　　2011年海地慈濟志工娜黛吉牙醫師（Dr. Nadège Sinvil）和李思力（Lesly Pierre）赴臺參加全球慈濟人醫會年會，看見人醫會成員如何以愛守護社區的健康，決心回

到海地之後積極推動醫療志業。2012年初，海地爆發嚴重霍亂疫情，突顯醫療資源與人力的匱乏；當地聯絡處開始舉辦醫療志工培訓，約50位志工及醫護人員與會，並於海地中央醫院舉辦茶會，介紹慈濟人醫會的精神與宗旨。

基於區域志工的概念，美國慈濟人醫會定期或非定期地前往中南美洲各國舉辦義診，如多明尼加的拉羅馬那慈濟學校，學生們從不敢張開口笑，幾年之後，各個學生都能露牙歡笑，因為從滿口蛀牙，透過一年兩次的塗氟，讓蛀牙減少了；一年兩次的吃蛔蟲藥，讓很多肚子腫大的孩子，能夠不再受肚子有蛔蟲之苦。

巴拉圭亞松森的慈濟人，不定期在聯絡處舉辦義診，讓缺乏醫療資源者有機會看診並得到醫治。

巴西慈濟會所，設有醫療診所，每個星期六開放給貧戶看診，免費看病、拿藥，造福諸多的貧民有看病的機會，也讓醫生們有造福的機會，正如上人所說的：「濟貧教富、教富濟貧。」人醫會的善心善行也感動更多本土醫療人員主動參與義診為鄉親服務。

## 四、愛灑海地中央醫院

緣起於美國總會志工與海地志工於2012年拜會太子港中央醫院（General Hospital），應醫院院長皮爾（Dr. Jacques Pierre-Pierre）、副院長拉羅什（Guy Laroche）請求，每週一、三、五供齋給中央醫院病患。中央醫院供齋專案自2013年開始至今，服務對象以肺結核病及加護病房患者及家屬為主，醫事人員為輔；提供患者營養餐食，安定患者及家屬之心。讓海地政府、民間及各國與國際慈善機構（NGO）都能透過中央醫院供餐專案而了解慈濟。除供齋之外，社區志工亦幫病患剪髮、洗頭、洗澡、修指甲、復健及提供精神膚慰等，用心照顧院內的病童及病人。

## 五、與政府合作援外發放大米

2013年開始，慈濟與中華民國糧食人道援外計畫合作，將來自臺灣的愛心大米發放給當地的貧困家庭，大米發放計畫迄今一直延續著。發放對象主要以太陽城及拉撒琳區的特困居民為主，另含海地國家足球場附近居民，海

地女童軍協會索林諾（Solino）區、海地童子軍社區附近居民、孤兒院、學校、機構團體、中央醫院供齋及熱食發放等。在發放的過程，社區志工更利用機會進行個案關懷暨法親關懷。大米的協助對於當地來說，如同及時雨，太陽城如濟神父表示大米的協助，不僅對供應每天約2萬名學生用餐有很大的助益，更積極於2018年起，透過中央廚房供餐給300位殘障獨居老人，其中有一位老人臨終前表示，那是他一生中最快樂的幾個月，因為他終於可以吃飽。

## 六、透過愛灑、祈禱　募心更募愛

　　以厄瓜多為例，2016年地震賑災，社區志工利用以工代賑方式協助災後長期援助工作，為了膚慰受傷的民眾，社區志工同時舉辦愛灑活動，帶領鄉親共同祈禱，分享上人慈悲濟世的精神與慈濟竹筒歲月，鼓勵他們以涓滴愛心累積成為一股自助、助人的大力量，「永不放棄！為自己的城市打拚，也為自己的生活努力。」藉以提振信心、撫平受創的心靈。

秉持上人「以慈導悲、以悲啟智」的精神理念，社區志工拿著竹筒撲滿走入人群募心募愛，總是聽到此起彼落的叮咚聲；這一份愛的力量，更帶出許多厄瓜多的社區志工。許多前一年參加以工代賑的志工自動加入協助清理遭受水患鄉親的家，發揮社區志工互助的精神，厄瓜多社區志工逐漸由點到線，再由線向面擴展。瓜地馬拉的貧富相差懸殊，當地慈濟人接受政府請求，定期前往訪視，照顧貧困的孤老或弱勢的家庭，給予食物、補助學習獎學金，提升其生活品質。

## 肆、問題與未來展望

　　二十多年來，慈濟人的大愛付出，讓中南美各國跟慈濟有因緣的國家，遍地湧出菩薩，秉著上人「取之當地，用之當地」，「頭頂別人的天，腳踏別人的地，就要回饋當地」，努力耕耘慈善、醫療、教育、人文，有人因當年受到慈濟的濟助而度過了難關。有人因得到上學的機會而翻轉了命運。也有人因大醫王的義診，解決沒錢就醫的困境。更有許多人因了解「手心向上」之苦，而勇於加入大

愛行列成為一位「手心向下」的志工。多少愛的故事，多少的感動在慈濟人分分秒秒的陪伴下，川流在二十多年情牽中南美的時光隧道裡，天地無情唯有愛相隨！只有愛才能讓未來充滿希望！

截至2020年，中南美洲共有9個國家設有聯絡處，包括：巴西、阿根廷、巴拉圭、多明尼加、海地、瓜地馬拉、智利、墨西哥及荷屬聖馬汀；僅有7個設有聯絡人的國家，包括：玻利維亞、委內瑞拉、宏都拉斯、薩爾瓦多、厄瓜多、美屬波多黎各及尼加拉瓜。中南美洲的慈濟志工互勉要法入心、法入行，將慈濟慈悲喜捨的大愛注入中南美洲，即便在地多數是天主教徒或基督徒，然而慈悲無遠近、大愛無國界。

2017年厄瓜多天主教曼納比省總主教羅倫佐在教堂重建啟用的致詞時說：「東方的佛教法師，發現在西方的天主教修女需要幫助，這情況觸動法師的心，法師深切的關懷，觸動修女們的心，法師與修女，在地球兩端心心相印。」教堂重建工程由具工程背景的厄瓜多志工波理斯擔任建築總監，建築期間，融合慈濟人文精神，如工地人

文、素食、環保等，教堂落成更接引多人成為社區志工，一起關懷貧苦。

中南美離臺灣距離遙遠，但不曾因此而跟本會的脈動有所差距。目前透過培訓組的努力，定期透過網路線上共修，舉辦跨國區域的聯合精進課程，同步使用西語翻譯，讓中南美各國更容易理解慈濟的精神理念。

最近由於新冠狀肺炎，全球各國疫情嚴峻，上人呼籲除齋戒茹素外，更期待大家虔誠祈禱，祈求災疫遠離，中南美洲開始聯合各國，十多個國家的慈濟人每天晚上線上祈禱，祈求早日消弭災疫；利用雲端把大家的心連繫起來，透過每天的祈禱，讓志工們心安，也透過每晚祈禱後的心得分享，讓大家了解中南美慈濟人的心，與上人、本會都是心心相連的。

花蓮靜思堂。（攝影／林昭雄）

菲律賓靜思堂。（攝影／陳國雄）

# 第三章
# 社區道場之建築美學

北京清華大學 建築學碩士　**林文成建築師**

「諸佛皆出人間，終不在天上成佛也。」佛法，本來生活化；菩薩，本來人間化；慈濟人的道場，自然在社區、在人群中、在人與人之間。從自己的心身，從個人就是社區的一員開展，舉凡在樓上樓下、左鄰右舍、鄰里城市、社會國家，乃至全球，這一廣大的社區，只要有人、只要有眾生，乃至有萬物的地方，都是慈濟人修行的道場。

慈濟人，社區即道場。因著志工的發心，慈濟人與社區互動的面向，有自己家的客廳或公司的會議室，用來辦茶會、讀書會、共修、聯誼，有自己家或公司的室內、空地、走廊等，用來做環保等等。因著因緣的流動與和合，與社區互動的面向，當然更有慈濟基金會在各地成立的分會、支會、聯絡處、聯絡點等據點空間。

尤其基金會在各地成立的據點空間，慈濟人的「社區

道場」，意在落實社區、取之社會、用之社會。此據點，平時作為「人間菩薩招生」、訓練「人間菩薩」、聯誼、敦親睦鄰之用；緊急災害時則作為各地救援網絡的災害指揮中心。具有多重功能。

「社區道場」的空間，不論基金會購得、或信眾提供，一般多為既有建築。尤其慈濟創立初期或當地成立新聯絡點時，利用既有建築略加修改克難而用，且一用就1、20年，此一現象實屬常態。

「社區道場」因緣若成熟而新建建築，則稱為「靜思堂」。「靜思堂」主要空間內容包含講經堂、靜思書軒、教室、辦公室與大小會議室、餐廳與廚房、資源回收站等。外玄關為合字屋頂，外觀為洗石子外牆，此一建築意象毫無例外。

本篇「社區道場之建築美學」，即以靜思堂為主要談論對象。談論的建築美學，不僅是靜思堂建築的外觀及內部裝修之美，還包括內部使用功能的美感呈現；而既然是道場，自然也談論靜思堂的內涵，那傳達的人文之美及佛教的莊嚴，在「眼見為憑」之外；除談論建築的果──靜

思堂矗立在娑婆、在全球，及建築的報——靜思堂回報給人的感受，更包括建築的因緣之美，在靜思堂興建的規劃、設計、施工過程中；更包括建築的起心之美，那慈悲、那大愛。

各地社區道場，例舉臺中東勢靜思堂的興建，從1990年當地的第一顆種子開始；直到1999年在臺灣中部發生「921大地震」，很多師兄、師姊：「自己是被地震震出來的」息息相關；「菩薩所緣，緣苦眾生」，也因緣於上人的慈悲；當地師兄、師姊發心，尋尋覓覓土地，規劃、設計、興建，美妙因緣的和合，才得以成就一座靜思堂。各個社區道場建築的「果報」之美、「起心」之美，也非常值得一一深入了解，內含很多不可思議的「因緣」，及豐厚而珍貴的人性之美。

本篇，社區道場靜思堂的建築美學探討，以靜思堂共通之內容為主，包括：一、紀念堂——第一座靜思堂，二、簡述靜思堂的全球分布與興建次第，三、各地靜思堂共同而特有的建築語彙之美，四、靜思堂的人間大愛與宗教慈悲。

## 壹、紀念堂——第一座靜思堂

「花蓮慈濟靜思堂」是慈濟的第一座靜思堂。位於花蓮市中央路，一般稱為「花蓮靜思堂」。「花蓮靜思堂」於1986年動土興建。這一年，也是花蓮慈濟醫院啟用的那一年。「花蓮慈濟靜思堂」原擬名為「慈濟紀念堂」，意義是為了留下並紀念，慈濟發展史上的感恩事蹟而興建的。上人憶及：為了蓋醫院，歷經辛酸苦辣的日子。動機，不是為了建醫院而建醫院，是為佛教、為眾生而建。主要目的在扭轉社會大眾對佛教的誤解，進而肯定佛教，需要佛教。醫院，所治療、所救的生命，是肉體的身、命；至於「紀念堂」，代表無窮盡的生命，延續的是生命、是慧命。紀念堂要超越時空，歷久彌新，讓千秋之後，仍有我們現在的精神存在，這是守護慧命的道場。這是「一處集中美的回憶、愛的教育的地方」。

「靜思堂要表現出『靜』、『思』的寧靜，還要『淨如琉璃』，莊嚴樸實不豪華，才能讓人接觸了就感受其內容，深入人心，平易近人」。

「靜思堂要發揮它感恩、集會、展示、研究等等多重

的功能，並呈現當代的建築風格。醫院建成，來此的各國醫學人才，必定要進入靜思堂隨緣參觀我們佛教的精神、文化。希望在有形、無形中讓他們對佛教有一分認識。」憑眼睛和感覺，就能體受佛教的精神，並能將慈濟教化社會人心的事功流傳萬世，達到「無聲說法」。

## 一、靜思堂的基本內涵——啟發慧命的殿堂

誠如《法華經》：「若人散亂心，入於塔廟中，一稱南無佛，皆共成佛道。」

「靜思堂是慈濟精神的堡壘，是一幢『觸覺說法』的建築。」

「所謂『觸覺說法』，是當國際人士前來參觀慈濟時，用眼睛接觸到靜思堂，他的心靈就能得到一分法喜充滿，而不需要語言解說。不管哪個國家的人來參訪，不用解釋，用眼睛看就能知道我們的精神。上人期待靜思堂建築的每一個部分，都能對人做『觸覺說法』、『無聲說法』，不僅要作為慈濟指標，還要讓人目光所至，就收攝法理，這其實就是一部能『說話』的經典」。

「慈濟的建築，要在硬體中融合軟體、融合慈濟人文，無論座落何處都能讓人一見就知道那是慈濟，有如尋找慈濟的指標。」期待會眾能自道場的外觀與內蘊，使心思受觸動而感動，更進一步吸收精神理念。

　　「靜思堂是搶救慧命的殿堂。要能容納許多人，則建築必須深廣；但其空間要大而不空蕩，風格也非氣派豪奢，是要有『真空妙有』的內涵，讓人一進到這個空間，就在寧靜中沈思，將建築物與自己微妙的生命良知契合。此生不要空白來去，要沈思自問人生幾何，為何來生？生為何事？人生的過程幾何？這種種的『人生幾何學』，就是要啟發慧命，得知人生真正的價值。」

## 二、慈濟人的家，也是菩薩訓練場

　　「靜思堂是慈濟人的家、菩薩共修道場，不做生意也不引人觀光，純粹是慈濟人共聚、靜修的菩薩叢林」。除方便當地慈濟人活動凝聚感情，也要敦親睦鄰接引更多菩薩，要做社會推廣教育，為社會培養人才，同時要廣納會眾共聚、共修。若非聚眾活動時，即要規劃展示，吸引人

來參觀瞭解，故而會所是能實際使用與推動理念的空間。

　　靜思堂是人間菩薩招生的地方，是菩薩共修的道場，也是「菩薩訓練場」，具有多重功能，舉凡慈濟的「四大志業、八大法印」都在此得以落實或進行。對慈濟人而言，不僅是「慈濟人的家」，也是社區的教育道場。

　　「這是菩薩集合的地方，何處需要我們幫助，慈濟人就前往援助；在慈濟，天天都在訓練菩薩，精進修行，精神凝聚。」慈濟人在全臺灣建立起綿密的菩薩網絡，一地受災全臺連線，甚至國際連線，都可動員投入，接力救助。

　　有形建築，發揮無形影響。取於社會，用於社會。靜思堂，希望能發揮安定社會、造福社會的力量。

## 貳、靜思堂的全球分布與興建次第

### 一、慈濟建築的分類

　　慈濟的建築物，依建築物的主要用途及慈濟的四大志業，大致可分為「慈善類」、「醫療類」、「教育類」、「人文類」、「社區道場類」等。進一步言之，亦即可分為

「慈善賑災類」、「醫療志業體類」、「教育志業體類」、「人文志業體類」、「社區道場志工類」，共五大類。

在名稱上，加上「賑災」、「志業體」、「志工」，有助進一步瞭解建築物的本質。「賑災建築」是因為救災而衍生的建築，是賑災中的一環，是為災民而興建，建築物的使用者是受助者。「志業體建築」是慈濟運作的動脈，志業體同仁是運作實體，建築物的主要使用者是職工。

至於「志工類建築」，是慈濟運作的微血管，無微不至、無所不在地在社區裡，尤其環保回收點。裡面的使用者當然有職工，但主要為志工。特性是位在社區，是「菩薩訓練場」的主角。靜思堂建築屬於這一類。

將「醫療志業體類」、「教育志業體類」、「人文志業體類」合併成為「志業體類」，使五大類簡化成「賑災類」、「志業體類」、「志工類」三大類，是另一種分類思考，並無不可。

## 二、「社區道場志工類」建築與靜思堂

除志業體外，也是推展四大志業但側重供志工使用的

「社區道場」，則大致依人口數、依各地委員慈誠人數、依因緣成熟與否，而成立規模大小不同的社區道場分布於全省。「社區道場」意在落實社區、取之社會、用之社會。據點平時作為「人間菩薩招生」、訓練「人間菩薩」、聯誼、敦親睦鄰之用，緊急災害時則作為各地救援網絡的災害指揮中心。具有多重功能。

社區道場的空間，不論是由基金會購得、或由信眾提供，一般多為既有建築。尤其慈濟創立初期或慈濟人在當地成立新聯絡點時，利用既有建築略加修改「克難」而用，且一用就1、20年，此一現象實屬常態。

「社區道場志工類」的據點，因緣若成熟而新建的建築物則稱為「靜思堂」。

## 三、靜思堂的全省分布與興建次第

東部，1990年5月全省委員聯誼在此舉行，首次啟用花蓮靜思堂。是所有靜思堂建築的第一座。之後還有2010年啟用的玉里靜思堂、臺東靜思堂等。

南部，1991年4月，位於屏東縣長治鄉的屏東靜思堂

（分會）啟用。是南部的第一座靜思堂。之後還有2006年9月啟用的高雄靜思堂、臺南靜思堂、西螺靜思堂、嘉義靜思堂、大寮靜思堂、小港靜思堂、東港靜思堂、潮州靜思堂等。

　　北部，1991年10月，位於臺北市忠孝東路的臺北靜思堂（分會）啟用。是北部的第一座靜思堂。之後還有2006年12月啟用的桃園靜思堂、2012年6月啟用的中正萬華靜思堂、2014年1月啟用的新竹靜思堂、基隆靜思堂、雙和靜思堂、三重靜思堂、蘆洲靜思堂、板橋靜思堂、新店靜思堂等。

　　中部，1992年10月，位在臺中市民權路的臺中靜思堂（分會舊會所）啟用。是中部的第一座靜思堂。之後還有2003年1月啟用的彰化靜思堂、2006年12月啟用的豐原靜思堂、2008年1月啟用的清水靜思堂、2010年11月啟用的東勢靜思堂、2013年1月啟用的臺中靜思堂（新分會）、2014年7月啟用的竹山靜思堂等。

　　慈濟靜思堂建築，於臺灣本島的啓用及分布，略為1990年代。依序先有東部，次於南部、北部，再中部；但

時間上差別不大。之後並依此四大區發展，開枝散葉。

## 四、靜思堂的全球分布與興建次第

　　海外，2000年6月位於溫哥華的加拿大靜思堂啟用。2003年8月，馬來西亞靜思堂啟用。2005年10月，巴西立社區的新加坡靜思堂啟用。2008年03月，計順市的菲律賓靜思堂啟用。2012年10月，位於雅加達的印尼靜思堂啟用，四大志業融入其中，是目前靜思堂建築中全球規模最大的。

## 參、各地靜思堂共同而特有的建築之美

### 一、整體的建築語彙之美

　　（一）展現特有的人文風格與現代科技

　　「靜思堂的整體設計，期盼展現特有的人文」；「慈濟建築特色便是將文化落實在硬體上」；「之前，我比較期待古典風格。我覺得中華文化建築風格，從唐代傳到日本，在日本很有道氣地成長；反觀這千百年來，我們反而慢慢地淡忘了古雅的建築。我實在是很不捨中華建築的文

化沒落，又見到現今大地受損傷，天災頻傳，就覺得有使命延續建築的古典美，同時配合現代科技去完成。」

引用過去的古典風格，也不揚棄現代科技，有些設計也希望仰賴電腦科技。例如在內部展示區域，上人曾經想過感應式影音介紹，只要人一走過去，就能聽到語音播放，或是打出文字影像，這在20年前聽來近似天方夜譚，但科技突飛猛進，如今已可達成。「以接觸感應，是觸覺說法；只是點擊按鍵，就能知道內容，是無聲說法。以觸覺、視覺，接觸就有覺悟之感。」

「對於建築，師父的要求有一定的困難度，但是只要像許常吉建築師將建築當成自己的孩子，抱著如此的心情，就能做得到。總是希望以看得到、感觸得到的精神傳承，增長人人慧命，啟發智慧良知。」

（二）溫暖、安定的室內天地牆

靜思堂室內氛圍的營造，主要以木材之紋路及白色水泥漆為面。依據不同空間的需求，使用之面材包括深、淺不同之楓木、山毛櫸、柚木等。同時，居於環保及儉樸考慮，牆面有實木、美耐板、貼皮等；天花板材料則有輕鋼

架、實木、美耐板、貼皮等；地坪材料則為實木或木紋塑膠PVC（Polyvinyl Chloride，聚氯乙烯）。隔間的施工方式依據施工位置，有乾式、半乾式、濕式施工。整體室內材質的使用及色彩的計畫，令進入其中的人，自然安心、穩定、溫馨、溫暖。

（三）契理、契機的實用空間

靜思堂的空間內容，是因應社區實際需求及慈濟舉辦各項活動的需要而產生，且空間本身及空間之間有其相應的法理。其主要內容包括：講經堂、國際會議廳（多為階梯）、感恩堂、教室（供社教、日照等用）、環保教育站、展示空間、靜思文物流通（多稱為書軒或小築）、齋堂（餐廳）、大寮（廚房）、淨房（廁所）、辦公室、會議室、機房等。

（四）回向己心的回字型空間架構

靜思堂的空間架構，幾乎無例外的，都是回字型。回字型的內、外是內修、外行，是解、行，是自覺、覺他，是靜、動的空間；之間通常還有回廊或兼天井，作為動線、通風、及人文走廊展示空間，呈現內修外行後菩薩行

的成果，供彼此學習。

## 二、平面機能之美

### （一）最主要的精神空間：講經堂

講經堂為靜思堂的空間中之最主要，包含舞臺、音控室、準備室（較小規模靜思堂無此空間）、觀眾席，供社區大活動舉辦。最好是無柱。地點宜設於1樓，方便疏散及年長者進出，至多設於2樓或地下1樓。

觀眾席部分，分有階梯的立體做法及無階梯的平面做法兩種。較小規模的靜思堂為無座席、平面式，主要因應繞佛儀軌進行，及方便空間多功能使用；較大規模的靜思堂則有蓮花椅，蓮花椅平時固定，需要時可拆卸。

講堂不設佛龕，正前方中間之舞臺空間即為「宇宙大覺者」之位置，為整棟建築中最主要之最重要的精神空間。

### （二）抖落一身塵埃的內、外門廳

設置外門廳，並考慮簡易座椅、鞋櫃、鞋袋櫃、地墊之設置，以因應慈濟特有之進門即脫鞋的文化。設置內門廳，提供來者可以一進門就有禮佛之空間，「抖落一身塵

埃」緩和情緒之氛圍塑造；活動時並為文物推廣攤位之設置及人員疏散；同時設志工服務臺服務鄉親及訪客。

（三）期待多多聞法而縮小餐廳廚房

對於靜思堂內的餐廳、廚房，上人說：我現在四處呼籲，將道場的餐廳、廚房縮小，要用智慧型的餐廳、智慧型的廚房。現在，大家普遍都已經有足夠的營養，來到這裡就是要成長慧命，所以在餐食上要克勤克儉，吃得飽就可以，儘量不要讓香積菩薩勞累辛苦，讓他們也有共修的機會，一起來心得分享，所以原本規劃為餐廳的，也可以運用來上課、共修、活動。

（四）增長慧命的靜思書軒空間

靜思書軒、靜思小築為文物流通處，主要供大眾請法及靜思文物之推廣。

（五）向菩薩學習人文回廊

人文走廊，呈現人品典範、菩薩行的成果。做為社區活動或四大志業之展示、或身心寬暢之場所、或彈性使用。

（六）順時應勢的多功能教室

終身學習，活到老學到老。老有所終，照顧長者。多

功能教室，可供社會教育推廣或老人日常照護等之用。平時兼做會議室或小型活動室。

（七）彎腰救地球的環保教育站

不可缺少的環保教育站，於建築物內的一角，或於基地內設置，通常為較簡易類建築。是慈濟「落實社區」政策很重要的空間。空間彈性大，可室內、室外、半戶外。需方便環保車進出。「舉手之勞愛地球」，彎下腰撿垃圾，垃圾就可能變黃金。為地球盡一分心力。

（八）人文細節的淨房

除設置法規必須之無障礙廁所。淨房設置位置及數量，配合講堂之樓層位置為主要之設置位置，並因應道場中女眾多於男眾，及東班男眾西班女眾座位，而分配男女淨房，或彈性使用。大便器，考慮衛生宜有蹲式，考慮長者使用宜有坐式，並皆貼心設置扶手。出入口，設計成迷道或設置屏風，考慮人文及出入服儀。

（九）友善的階梯級高與級深

室內所有空間避免高差。樓梯級高宜13-16公分、級深宜27-30公分。建築外周普設陽臺走廊，除綠建築遮

陽，亦考慮維護，同時方便也安全志工擦玻璃。考慮管理，小規模靜思堂不設置寮房（宿舍）。

## 三、立面造型之美

（一）宛如僧袍的混灰洗石子外牆

外牆全面灰色、洗石子。品質的要求，純水泥：海岸天然的宜蘭石為1：2.4。石頭配比，石種蛇蚊石（灰黑色）：大白石=1：6；臺度為1：1。石頭粒徑1分2。專業人員施工。不添加色粉、石粉等副料以免影響品質。不用加工滾圓的原因在於慈濟強調「境教」、強調「觸覺說法」。歲月滾圓的石頭，當使用者用手去觸摸時，有自然的圓融。粒徑大小及配比出來的顏色，則是低調、融入環境的灰色背景色。

一棟建築，就像一個人。靜思堂的建築外觀，如同出家人的灰色僧袍。洗石子的分割線是條布的縫合線。建築的背景灰是僧袍的壞灰。衣服的顏色提醒出家人減少貪欲，建築的外觀提醒慈濟人儉樸生活。背景灰、壞灰。一棟棟的靜思堂，轟立在繁華五光十色的水泥叢林裡；就像

每位出世的修行者，矗立娑婆，入世救人；就像災區裡，災民見到的「藍天白雲」，只要走近、只要走進靜思堂，用心過後的「境教」，自然安定人心。

（二）人、合的玄關屋頂

除洗石子灰色外觀，主建築及入口的懸山式、人字（合字）屋頂，也是靜思堂建築重要的「識別語彙」。

屋頂多設計為乾式施工方式，多層鋼板兼顧隔熱、隔音、防水、及防火，隱藏式天溝。屋脊有三寶之象徵；較小規模之靜思堂則簡化了其象徵的造型，但三寶之意涵沒有因此而減少。各處收頭以簡潔為主。滴水線的處理，減少外牆遺留水漬的可能。

入口玄關區的建築語彙，包括四柱、鐘形窗、懸山式屋頂、及高程適當抬高等等，回應了「心靈故鄉」大殿的氛圍。

（三）外推、全開、降低臺度的窗戶

全開外推窗，比起坊間一般的推拉窗，增加了室內自然通風的面積。低窗臺，利於盤坐者的聞風。配合內裝的木紋烤漆鋁門窗，也逐漸成為靜思堂建築的「識別語彙」。

（四）外觀設計不以宗教自我侷限

「靜思堂外觀，莫讓宗教限制住，期許更多創新的想法。也不一定要沿用花蓮靜思堂既有的建築外觀」。上人表示，難得在人間，總要採用好的、更有創意的見解，不見得自己永遠都是對的。

## 四、細部地坪之美

（一）安全與止滑的抿石子工法

介於室內與室外之間的半室外地坪，材料使用與牆面同為灰色滾圓的石子，但工法是用抿的。地坪用海綿抿石子的原因在於石子不易脫落，適於多磨擦的平面；用水霧洗石子則石子輪廓較深，適於視覺、觸覺的立面。考慮安全及止滑，粒徑較牆面上使用的大，如半室外地坪、陽臺地坪粒徑3分，車道地坪粒徑5分。

（二）讓大地呼吸的連鎖磚

連鎖磚的使用，其實也是慈濟建築、靜思堂建築的「識別語彙」之一。

從九二一大地震後，我們援建大愛屋、希望工程時，

上人就堅持要「讓土地呼吸」。上人慈示：「土地會呼吸」，大家以為這是形而上的哲學，其實這是平實的「物理」——地球萬物都有一定的道理存在。記得有天清晨在靜思精舍靜坐時，感到大地在呼吸，聲音很明朗，頓時覺得地球是活的。

地表有毛孔、也會呼吸，就如皮膚；人的皮膚一旦受傷、毛孔受阻，汗水無法排出，體內熱氣就會悶住、生病。目前都市中的大地毛孔，都被水泥與柏油掩蓋封閉，熱氣散不去，當然會愈來愈熱。因此提倡鋪連鎖磚，讓土地能呼吸，地氣能透出地面，人也好走路；下雨時，雨水能直接滲透至土地深層，回歸大地、集中回收，以此呵護、恢復大地健康，讓水源不斷。

「用心就是專業」。連鎖磚工程，在工地屬於工程尾聲。為了讓慈濟志工對新建的靜思堂有感情、有參與感而「當作自己的家」，靜思堂的工地，除完工使用前最後的清潔工作由志工細細打掃以外，連鎖磚的鋪設也多動員當地全體慈濟志工們進行。這是「連鎖的愛」，也是為了「讓大地呼吸」。

使用能透水、能透氣的連鎖磚「讓大地呼吸」。一件簡單的工程，把「不忍地球受毀傷」的大愛，及「膚慰地球」的慈悲，用「連鎖的愛」施工方式，自然、踏實、真實的實現。同時也是綠建築、環境保護的真正落實。

（三）克己復禮：節電、少水、少空調

上人言及：我們要克制自己。現在一直提倡減碳，在生活中節約用電，就可以減少二氧化碳排放，所以儘量自然採光、通風，不須多開電燈，也不必使用空調，這是慈濟建築的要素。

我不愛吹冷氣，吹冷氣會覺得很不舒服，何況是在密閉空間裡，冷氣對人體不自然；若能夠克服熱感，稍微流汗，也是健康之道。克己，只要可以接受的範圍，就不要貪圖享受。

（四）就地取材 不再使用石材

海內外的靜思堂，建材不一定要用進口，只要當地有良好的材料，人人對之有信心，即可採用，既安全又節省成本。我們不再使用石材，因為大理石、花崗石的開採，會破壞山河大地。

## 五、設計過程之美──修行的心與設計的情

《妙法蓮華經》的〈化城喻品〉中，佛陀為度眾生而造化城，讓眾生得以暫時停憩、再次出發。「靜思堂」像一座化城，在社區中矗立，讓每位眾生在此得以停歇、得以學做菩薩，之後，再入人群度眾。不斷、不斷地來、去。

靜思堂「菩薩訓練場」，也像兜率天的菩薩住處，是成佛前的必經之地。成就一棟建築，本來業主、施工、設計三者合和，缺一不可。過程中，很感恩每個人都奉獻了最好的建議，雖然不一定在每個個案裡呈現。就像之前設計的苗栗靜思堂，雖然後來並未依而興建，但很多的理念在主堂設計、在其它靜思堂設計同樣融入了。重要的是過程、是投入。

當某些因緣的出現，設計的變化一而再、再而三。峰迴路轉、柳暗花明的情境經常出現。正好藉此訓練設計者應對無常、變化的態度，藉此練習沈靜的用心於因緣。

設計講究的是展現自我、放大自我，呈現設計者的理念；修行必需要的是縮小自己、乃至沒有我。於此，設計

者的心與修行者的心似乎存在著矛盾與衝突。煩惱即菩提，矛盾即融合，這是靜思堂設計者必要經過的試煉。

抱著與眾生結好緣的心念，設計靜思堂，是難得而珍貴的學習。真實法，像刻心版一樣，真真實實地在內心留下痕跡、在生命中留下基因、也在現場留下了一座座清淨的道場。


## 六、施工過程之美

「建築材料的品質很重要，然而最重要的還是監工，監督工程真正按圖施工，不能有偷工減料的情形；施工不能容許絲毫疏忽，否則材料再好，假如在工程上疏忽，也會造成不堪設想的後果。」

包括靜思堂，慈濟建築的設計有建築師、有基金會營建室的設計組，設計主要及大方向的最後定案者多為上人；工程的發包作業，大部分由營建室的規劃組負責；監工作業亦多由營建室工務組在各區的工務所，執行嚴格而細心的監造，以確保承包商的施工品質、進度掌握、及執行業主的意志。基金會營建室目前另有品質稽核小組為三

級品管，另有機電設備組、室內裝修組、景觀組等，配合整個營建作為的完成。另外，具建築、土木專業背景的志工們也組成「建築委員」，協助工程的品質管制，是為四級品管。

## 七、工地人文之美

### （一）合、和、互、協

工地文化應重視人與人之間的親愛和善所自然形成的無聲說法，這種人際的友好也是環境教育的一環，這分友好有賴人為的營造。期待大家顧好互動的禮節，展現人文精神，如此合心、和氣、互愛、協力群策群力所成就的建築及園區，才能真正做到既合乎安全性，並達到完美標準，而可在未來及時發揮良能。

### （二）感恩、尊重、愛

慈濟道場，就是慈濟人的家，人人都有責任投入與關心，然而在關心之中，也要有信心、放寬心，相信建築專業，只要大方向有共識，在技術方面就要以信心付託、尊重建築師與營建處；在動工之後也要以感恩心，照顧到每

一位辛苦流汗營建的勞工菩薩。「請大家心寬念純，對於工程，要相信、感恩與尊重；對於工地，我們要付出一分愛，讓人覺得這是一個大愛道場，人人的心量寬而有愛。」

上人期待能讓投入慈濟工程的勞動者也能接觸慈濟人文，所以志工們須用心接引。「臺灣的志業工程，慈濟人都會在天冷時供應熱食、熱茶讓工地菩薩禦寒，在天熱時供應冷飲、點心，同時使工地如同道場，約束工程人員不能喝酒，也是為了工程安全設想。代表我們一分感恩，感恩他們的勞力成就莊嚴的建築，同時建立感情，讓勞工菩薩們為建築更加盡心力，此即慈濟工地人文的方向。」

（三）三不、環保、素食

慈濟建築的工地，除基礎部分，少有模板工種，此舉有利工地的整潔維護及安全管理。工程品質、工程進度、勞工安全是每個工地所共同關心。慈濟建築工地關心的還有三不、環保、素食，這是慈濟異於建商、工廠、公共工程、私人等各式工程特有的工地人文，也是靜思堂建築的另一項「識別語彙」。

（1）「三不」指不抽菸、不喝酒、不嚼檳榔，關心工

人的健康及安全，也是佛教徒應守的「五戒」之「酒戒」。
（2）環保資源回收，是慈濟的一向如此，為了救地球、為
了保護工地環境，也是慈悲的內涵，慈悲的物件至有情、
無情眾生、至地球、至您周圍的工作環境。（3）素食是
為了淨化、為了健康，這健康包括工人的、地球的、道場
的，也是佛教徒應守的「五戒」之「殺戒」。清淨的道場，
從開始、過程、到建築完成都要清淨。也是教化。

## 八、使用原則之美

（一）落實社區

「所謂『落實社區』是指社區有活動，就由社區的隊
組合心耕福田，其他時間，就應該回到我們大家的家。」

（二）克己克難 一空間多用途

靜思堂的空間使用原則，居於克勤、克儉之精神，總
是朝一空間多用途的克難、克己方式使用。就像大殿初期
的使用，除節日時舉行法會；平常白天做功課、當辦公
室，晚上則當寮房，空間彈性使用。如教室、展示空間等
空間之影像及聲音，於大活動時可連線，滿足大活動時空

間量的需求高峰。如利用網路，各社區可每日連線本會之「晨鐘起薰法香」、「志工早會」、或節日時與本會同步拜經等。

（三）充分利用 不讓「大家」空虛

「記得有一位老菩薩很節儉，買了一把傘都放在箱子裡捨不得用，20年後才打開，傘面跟傘架都脫離了，全新的東西收放起來，沒有使用就變成這樣。」房子沒人住，沒人氣，沒活力，散發霉味，失去生命，器物損壞率會很高。

空間大，空調費電。天氣不熱、陽光不會直射時，也可儘量運用開放空間活動。

「慈濟人做環保回收，就是為了惜福。節流比開源重要，儘量不浪費，除了對於靜思堂的水電謹慎使用，在空間方面也要充分利用。」「教室很多，只有2、3間在上茶花道課程，空調卻是一整排都開啟。既然如此，旁邊的空間也可以用來開會，只要大家都自我約束好，能夠維持安靜，就不相互干擾，這也是一種修養與品質的管理。」儘量安排好日程，充分使用各個會議室或教室空間。最好是

每天都排得滿滿，發揮每個角落的良能。

「靜思堂是我們的『大家』，不要讓我們的家空虛，應該讓它興旺；這麼大的空間，一定要天天有活動。希望大家將靜思堂當作是自己的房子，每天每個窗戶都有人來開啟，桌椅都有人擦拭，地板都有人清掃，每天都來使用，讓空間常保脈動，才會健康。」

（四）相互支援　勿錯失淨化人心的因緣

各地慈濟道場空間大小不一，上人教導「大空間要大利用，小空間則落實社區」，各區相互配合、活用空間，務必讓每一個道場都能作為度眾生、接引人間菩薩的道場，莫使閒置。

當有需要時，各區相互支援，各地慈濟道場都是慈濟人的家，若某個聯絡處、靜思堂的活動已滿，可安排到較遠的慈濟道場進行活動，不要錯失教育、淨化人心的因緣。

（五）展示、導覽人間佛法

例如高雄靜思堂是慈濟志業在臺灣的北、中、南、東四大重點之一。不只臺灣，全球慈濟人都會來參觀，上人期許：很多海外慈濟人聽說高雄有靜思堂，若回到臺灣，

就會帶著朋友、親戚來看看，這等於是人間菩薩招生的好機會。若不能把握，實在很可惜。所以，這裡天天要有人活動，有人導覽。展示的每一幅海報內容也都很值得讓人細細探討其中的故事，因此也要有人文真善美志工常常更新展示內容。親子班或慈青慈少活動也可以前往瀏覽，說說故事。導覽者必須詳知展示的每一幅海報主題，才能予參觀者清楚的解說與感動。希望每位慈濟人都能擔當導覽者，平時找時間向了解的師兄師姊詢問展示內容，充實自己。這就是合心傳承，不斷說法，因為一張張的圖片都是人間佛法！

（六）推廣社教　展示身教

若是慈大的社會推廣教育在靜思堂啟用，慈濟人就要以身作則，合心、和氣、互愛、協力的人品典範就要在此時展現。我們可以在旁邊沒有使用到的教室開會，或是進行其他靜態的慈濟活動，藉此讓參與社推課程的民眾感受到慈濟人的品質，既安靜且進出有序，這也是教育！如此既能節省空調，也樹立起活看板，展示慈濟人的身教。

（七）善用空間　讓靜思堂成為修行道場

「希望大家能將靜思堂的功能變成良能，空間要互補互用，用得淋漓盡致，這樣才是真正回報建造、成就靜思堂的每一位菩薩；真正讓靜思堂成為度人的道場，每一位建設者就有功德，因為他們成就道心，開闢一大福田，所以真的要好好地運用。」

「這麼大的空間，也要大家運用智慧充分利用，才能讓寬廣的空間成為『智慧空間』。」所謂智慧空間就是儘量發揮空間的功能效率，重點在使用者如何應變。「懂得應變很重要，更重要的是合心。能合心，就能天天將各處空間善加運用。空間沒有利用，蓋得再怎麼好也沒有價值。」

取於當地、用於當地。我們不是為了精舍而蓋道場，這是社區道場，也是居士修行的道場。靜思堂既是一個道場，就要有道氣，也要古樸；要古樸，就要有克難的精神，希望大家要有居士修行的認知，不要常處於五趣雜居裡。要超越五趣，行菩薩道。

而要完成這樣的一個修行道場，大家意見要相合。師

父一定會為大家設想最好、最莊嚴的道場，讓大家將來不會後悔。事事項項都是師父決定的，以後也可留作紀念。

## 肆、靜思堂的人間大愛

### 一、靜思堂的相映組織——布善種子

　　慈濟建築，有為苦難眾生「即時除苦」的慈善賑災類建築；有為「除身苦」的醫療志業體類；有為「除心苦」的教育志業體類；有為「除靈苦」的人文志業體類等多種類別的建築；而靜思堂則是為「布善種」的社區道場類建築。所有這些建築，遍布全球五十餘個國家地區。這些建築，拔苦或布善種的「無緣大慈、同體大悲」，沒有任何種族、信仰、國籍的分別，而是「大愛無國界」。「菩薩所緣，緣苦眾生」，只要眾生有需要，慈濟人就會努力「聞聲救苦」並且「走在最前，做到最後」。

### 二、靜思堂的人間大愛

#### （一）人間佛教

　　講經堂正前方的主牆是宇宙大覺者，宇宙大覺者的前

方是舞臺、是人生舞臺，做為整個空間的焦點，是回字內圍的「內心」。「內心的舞臺」是講經堂乃至整棟建築的精神空間。舞臺不是表演用的，是人生真實的呈現，除了法師講經，更多是用來演繹、分享志工由凡夫的人法界往佛法界的菩薩行。抬高的舞臺上固然也有供桌供奉「宇宙大覺者」；但空間的個性不若教堂祭臺空間的神性，而是更人性、更生活化、更人間化的一個人生舞臺。這是「人間佛教」的本質。

（二）清淨道場

靜思堂建築的顏色，室外灰色、白色系，室內灰色、白色、木紋色系，單純的色系，單純了整個建築，寧靜了整個空間，沈澱了每顆身此的心，清淨了凡夫的靈，呈現了期待這是一個清淨的道場。許一個人間淨土的未來。「無聲說法」自然而然的氛圍，不只靜思堂，其實慈濟所興建的其他建築也都是如此。「道氣」是也。

（三）儉樸過生活

灰色洗石子外牆是沙門、是緇衣，分割線是條布的縫合線。僧袍的顏色提醒出家人減少貪欲，建築的外觀提醒

慈濟人儉樸生活，不論出家人或慈濟人同樣都要走入人群行菩薩道。一棟棟的慈濟建築，矗立在繁華五光十色的水泥叢林裡。就像災區裡的「藍天白雲」。就像每位出世的修行者，矗立娑婆，入世救人。

「藍天白雲」是「志工精神」的象徵，「人和屋頂、灰瓦灰牆」是「慈濟建築」的符號。

（四）六和敬

每座靜思堂的外觀，屋頂基本上都是中國懸山式的人字屋頂及灰瓦，尤其主建物和外玄關入口處。「人」字的意義在於以人為本，修行要修的是自己這個人，主修的是十法界眾生裡的人法界。「人」字的屋頂也是「合」形的屋頂，意義在於「合和」、「人和」、「六和敬」，是佛陀對僧團的日常要求，也是上人對慈濟人的期盼，不論出家或在家的弟子，只要在這屋簷下，每個人種種的心、行、彼此的互動，都希望能以和、以合為貴。也因此上人對弟子不要求、甚至慈悲地禁止弟子供養，唯盼弟子「以和供養」。俗云「家和萬事興」，「和氣生財」生智慧財是也。

（五）誠、正、信、實。慈、悲、喜、捨

每座靜思堂外玄關入口，或正面位置的4支柱子，或8支柱子，意涵「誠、正、信、實」、「慈、悲、喜、捨」，是慈濟人平時生活、做慈濟，「內修」、「外行」的根本及圭臬。

（六）自覺、覺他。內修、外行

《妙法蓮華經》〈序品第一〉「為諸菩薩說大乘經，名無量義，教菩薩法，佛所護念」。「菩薩訓練場」靜思堂的平面幾乎都是回字型，回字的中間是「內修」的空間、是「解」的空間，凡事要回向自己的內心、「自覺」，是靜態空間，是室內主要的空間──講（經）堂；回字的周邊，較內修空間接近凡塵，是「外行」的空間、是「行」的空間，除回向己內心、自覺，還要「覺他」，是動態空間，是社教教室、會議室、辦公室等。

社區道場類的靜思堂深入人群，是「菩薩訓練場」，在家修行的慈濟人在此接受各項訓練「解、行並重」，學習做菩薩，舉行浴佛、歲末祝福、志工培訓、讀書會，做環保，災害時的防災指揮中心，進行四大志業各類活動

等。如此，有靜思堂提供「自覺、覺他」的內、周邊空間，並行入社區，供凡夫的慈濟人練習，才有機會「覺行圓滿」，成就設立菩薩道場的終極目的──成佛、至十法界之極。

花蓮靜思精舍也具有同樣的空間結構。精舍回字的「內修」空間是主堂，是法師每天講經說法的地方，是慈濟人尤其是常住師父們「充電」的地方；「放電」的「外行」空間是東班的會議室、知客室，西班法師接待外賓的會客室，背側的人文講堂，前方的中庭，以及外回外面的菜園、自力更生工廠、大寮、齋堂……，以及精舍以外的廣大娑婆；當然，回歸到內回主要的內部空間是主堂、是講經堂，而主堂的重要空間是舞臺、是主牆、是「宇宙大覺者」、是最主要的精神空間；最主要的精神空間是自己內心的佛。

（七）勤行道

講經堂的空間不管大小，最好是平面式的，對慈濟人而言還有一個重要之處。因為共修時需要全體共修者一步接一步腳步跟緊一起繞佛、繞法，是內向性「勤行道」的

道場空間；而不要外向性、階梯式一般的演講表演廳。只有「靜思法脈勤行道」精進向上、向內求慧，才得以「慈濟宗門人間路」向外造福圓滿。

（八）勤──精──進

靜思堂玄關正面牆面的佛鐘造型窗，則是警策自己精進，也是提醒眾生《普賢菩薩警眾偈》「是日已過，命亦隨減，如少水魚，斯有何樂？！」

警策的提醒，從花蓮靜思精舍大殿啟用的1969年，至今。

（九）走正門 行中道

「佛法生活化」，修行必須落實生活才是真修行。靜思堂的廁所入口設計成迷道，是為了服儀整齊後再出來的禮貌。廚房空間的儘量縮小，是飲食簡單不需美食、慧命比生命重要的宗教思考。男眾廁所在東班且數量少、女眾廁所在西班且數量多，則是現實考慮宗教信仰者的女眾多於男眾，以及配合佛教行儀的座位默契設計。

大門設計正中且常開，是鼓勵大家走正門、行中道，不旁門左道，要行「八正道」。書軒空間的設置，自然是

為了請法、為了上求佛道的方便。講堂的座椅設計是特別為了禮佛。種種，正彰顯了挑柴運水無不是禪，舉手投足無不是修行。

## 三、靜思堂的法華內涵

### （一）慈悲平和

每位設計靜思堂的建築師，對慈濟的宗教精神或有不同的體會，而加大了屋簷、放緩了屋面的坡度。就像嘉義靜思堂的屋面。人字大屋頂，也是庇護，意向「大地之母」佛像的慈悲、廣大、柔順、平和。

### （二）訓練菩薩　內修外行

「苦、集、滅、道」，人世間的苦越集越多，宗教家不忍。宗教的慈悲就是要想出辦法來滅苦、除苦。因為苦實在太多，救也救不完。一個人也做不來，所以要找很多的人來，要訓練很多很多的人都成為菩薩。要想辦法啟發每個人心中的大愛。

靜思堂是「菩薩訓練場」，主要的良能就是訓練菩薩、培訓志工、慈濟人共修。所有的空間其實都是為了

「訓練」與「學習」，既有實務也有理論，理論在內、實務在外。回字形的平面機能滿足了佛教的「內修外行」，回字形的平面也象徵了「內修」是每個人向自己的內心求，「外行」是走入人群向需要的人付出愛。

內修是修行。內修的場所就是講堂，就是舞臺。透過講堂，瞭解佛法，學習2,500年前的典範。透過舞臺，彼此分享，學習當下值得學習的對象或以之警惕的。說得更白一點，其實是學習講經堂正前方的宇宙大覺者及他所帶領的僧團，學習舞臺上分享者或演繹者的「心情故事」，在「外行」菩薩道之後。

「內修」的空間，用來「靜思法脈」，需要安靜、清淨，所以講堂、舞臺自然在回字的內圍。心行合一的繞佛，是與會共修者一同進行，也需要在此寧靜的空間進行，所以講堂的座席自然不宜階梯。整個空間需要溫馨、溫暖、陽光，所以色彩始終唯二的白色系及木紋系，也回應了這一功能。

外修是行善。外修真正的場所自然是在社區、在人群、在苦難之處。「經者，道也；道者，路也。」道場，

是為了要「知道」、是「訓練的場所」，自然要有練習、溝通、呈現的空間。所以回字的周邊是教室、辦公室、會議室、知客室（志工櫃檯）、展示、環保站等，做為訓練所必須的空間。

包含「四大八印」、年度例行，在慈濟世界裡每個活動的設計，其實都如此地進行者。透過每一棟這樣的建築所提供的良能，不斷不斷地培訓志工、訓練菩薩，讓「菩薩人間化」得以實現，讓「人間佛教」得以具體。

（三）出淤泥而不染

靜思堂裡的家具一樣透露了他的法華內涵。大型講經堂裡才有的木製蓮花椅，是慈濟特有的，這是印順導師的點子。坐的人必須端坐才會舒適，使用時也必須用心才不會發出聲音影響整個講經堂的道氣。蓮花椅非常實際，功能上除了端坐也可以禮拜，就像教堂裡的長條座椅也兼祈禱用，只不過蓮花椅是為了禮拜佛陀而設計。

蓮花椅是一人一座，擺設時有卡榫可合和成排或單獨一座，可合眾、可獨處也。活動式的椅背，上有慈濟會徽的蓮花圖案，正好可以「依靠」。坐位下可放置鞋袋，側

邊可放置筆記本，正合慈濟進門脫鞋的人文、及勤做筆記的精進求法。椅面可掀式、略凹的圓形面上有蓮花的圖案，除了止滑，也如坐於蓮花之上，是對坐者的祝福，祝福身雖處五濁惡世而心能出淤泥而不染。

（四）教花

蓮花是世界上最早的被子植物，早在1億5,000萬年前即已在地球上蓬勃發展。《妙法蓮華經》〈從地湧出品第十五〉：「善學菩薩道，不染世間法，如蓮華在水，從地而湧出」。蓮花，代表漂浮在欲望污水上的身體、言語、心靈的純潔。

佛教以蓮花代表佛、代表教主。「蓮花，出於淤泥而不染」用來形容「如來，已不為世間八法所染汙」。《妙法蓮華經》以蓮花為名，而《妙法蓮華經》正是佛教所有經文中的「經中之王」。蓮花為群蜂所採，譬如法界真如為眾聖所用。

慈濟基金會的會徽就是蓮花的圖樣。圖樣的「八瓣花瓣」代表慈濟人時時依八正道而行。八正道者：正見、正思惟、正語、正業、正命、正精進、正念、正定等8種盡

離邪非的正法。蓮花的「花果並生」，意指在慈濟團體中時時下種、開花，日日花開見果。

慈濟建築包括靜思堂，亦有以蓮花為精神意象，試圖傳達他的宗教思想及法華內涵。如1990年啟用的花蓮靜思堂，周圍的柱基座、廣場前橋欄的扶手、室外地坪的鋪面、室內感恩堂的地磚、裡面講經堂的椅背椅面等，皆以蓮花為題。有以基金會蓮花會徽為建築基本平面而加以發展空間的，如2005年1月啟用的關渡人文志業中心大樓、如2006年12月啟用的豐原靜思堂、如2009年5月啟用的慈濟大學教育傳播大樓、如規劃但未施工的苗栗靜思堂及慈濟大學苗栗分校。

（五）力行菩薩道

有了「慈悲為懷」而無「濟世救人」，那顯然可惜了這分愛心，這分愛也不夠大、不夠踏實。所以必須力行，要行菩薩道。

成就這分愛的行動，只靠一個人不夠，必須一生無量，和諧合作才有可能達成。時間可以成就一切，包括惡的、善的。2012年6月啟用的萬華靜思堂，改建以前就是

賭場。這都需要時間。

「能長久不衰、不斷付出的，就是大愛。」五十餘年的歲月足跡，慈濟興建的每一棟建築，不論哪種類型、不論於地球哪個角落，正是在這樣愛的行動中蓋了起來，而每座靜思堂，也不例外。

（六）菩薩行果

在「內修、外行」的空間之間通常還有回廊或兼天井，作為動線、通風、及人文走廊展示空間，呈現人品典範、呈現「內修」後「菩薩行」的成果，供彼此學習。所以，講（經）堂外東班及西班的走廊通常都稱為慈悲回廊、智慧回廊，像花蓮靜思堂。而串聯起這兩個空間成為回字或U字的室內門廳就叫福慧廳，像臺中靜思堂。

花蓮靜思精舍的回字空間，串聯起東班及西班回廊的是一個內中庭。這個內中庭也穿越了剛剛好的44年時間，而接連了大殿（1969年啟用）及主堂（2012年啟用）兩個空間。清淨而寧靜的內中庭，抬頭仰望，清晨、夜漸漸反黑為白時，夜睹明星，明心、莊嚴、殊勝──尤其，端坐聆聽上人在主堂內開講「靜思法髓妙蓮華」時。

## 伍、靜思堂的宗教慈悲

### 一、佛寶、法寶、僧寶

　　規模較小的建築，其屋脊簡化了意象。然而，慈濟建築的屋脊，在最「崇高」的位置還是特有了「佛寶」、「法寶」、「僧寶」的三寶象徵。類似了十字架的地位。

### 二、宗教的內向性

　　回字型的空間結構，在小型靜思堂特別明顯，像東勢靜思堂、嘉義靜思堂、竹山靜思堂、小港靜思堂、西螺靜思堂、大寮靜思堂、東港靜思堂等等，是回字簡化了的U字型；大型靜思堂像花蓮靜思堂、臺中靜思堂、清水靜思堂、高雄靜思堂等，是立體豐富化了的回字型；花蓮靜思精舍的主堂，則是平面有機擴展了的回字型。樓層數增加，增加了教室、會議、辦公、展示或寮房等類似空間，但空間的本質並未改變，空間特性也沒有因此而弱化。平面擴展的回字一樣。內圍仍然是講經堂，內圍的內心仍然是宇宙大覺者、是舞臺。佛教的宗教精神不是外向性的，而是內向性的，「佛在靈山莫遠求，靈山只在汝心頭，人

人有個靈山塔，好向靈山塔下修」、「自性是佛」、「佛在心中」。

### 三、修行要務實　智信而不迷信

　　上人表示，修行不是要修神通。修行要務實，認清自己是「人」，是凡夫入佛門來修行。……「有智信，沒有迷信，就不必去求神問佛、消災改運。佛陀亦無法轉眾生的業，唯能教示眾生業力是如何造成，以及因緣果報的道理，指出一條道路引導我們修行。」

　　「師父引入門，修行在弟子。」佛陀是導師、說道者。佛陀只是開闢這條道路、指引我們去走，路還是要靠自己走。……「佛陀的教法是正信的法理，要智信而不迷信；過去若聽信邪言邪語而入迷，現在要趕快懺悔、改過。多用心。心用於善，自然能消解前衍。」……

### 四、正信的宗教

　　「宗教的教義應該都是善的、好的，雖然名稱不盡相同。除了佛教，有天主教、基督教、伊斯蘭教、道教等

等。只要是因為正信而立宗、立教，宗旨都是一樣的，那就是愛。愛有稱為『仁愛』、『博愛』、『慈愛』、或『大愛』，同樣都是指無私、廣博、無量的愛。」

佛教由出家僧眾傳承佛陀法脈，僧眾學習佛陀捨除小愛、從事大愛，所以離開俗世小家庭，進入如來的天下大家庭；天主教的修女、神父，同樣是捨小愛而行博愛；基督教也教人開闊心胸、博愛人群；伊斯蘭教也提倡仁愛，希望人類能和平幸福。所有的宗教都是用心、用愛在為人類而付出，雖然在形態上各有不同，卻皆為真誠無私的大愛。

「正信的宗教，只要信得很徹底，而且真正地依教奉行，宗旨就不會偏差。」有的佛教徒為了突顯自己的崇高，會打大妄語，說自己修得神通，吸引一些迷信的人來供養的不良行為。法師認為，若人打著宗教的名義，卻行為不端，其實不應該將之歸於宗教之過。「真誠的宗教是沒有過失的，因為這些教主開創宗教都是為了人類的幸福。」

「宗，就是人生的宗旨……；教，就是生活的教育……。慈濟人在生活中要守十戒，守十戒就能行十善，

這都是最根本的宗教教義。」

「世間一定要有宗教，人人生活在世間要有宗旨、目標；而初生懵懂，必定要經過教育。除了學校教育，若是家庭教育、社會教育、大環境的教育都能很正確，人與人之間就不會產生問題。要維持正確的教育，就需要宗教。」

「正確的宗教，皆提倡正道以及真誠有愛，這就是正確的宗教思想。即便是不同的宗教，卻共同有著正確的思想、真誠的愛，能夠合而為一，再配合家庭人倫的教育，整個社會和氣、和睦，人間世界就是淨土。」

## 五、慈濟：百分之百的正宗佛教

慈濟建築，原來從屬於慈濟志業發展的作為。慈濟志業發展的作為，完全是因為宗教情懷。慈濟宗教情懷的源頭，來自佛教，來自為了「教菩薩法」的《妙法蓮華經》。慈濟建築的宗教精神，往深裡去，就是菩薩精神。這一作為、情懷、精神在靜思堂的硬體更是彰顯。

基督教、伊斯蘭教、佛教常被稱為世界三大宗教。慈濟是正宗的佛教，慈濟建築、靜思堂建築所想透明顯露的

宗教思想是百分之百的佛教，這一點應當是毫無疑問的。

　　否則，慈濟建築中最具代表性的靜思堂的建築外觀應該是教堂形式，屋頂或建築的重要位置上要有十字架，室內主要的空間是禮拜堂，而禮拜堂裡最主要的空間是祭臺，服務的對象是天主教徒或基督教徒，建築物應該通稱為「教堂」。否則，靜思堂的建築外觀應該是伊斯蘭式的圓頂或尖頂形式、拱廊的圓拱為尖頂、牆壁若有裝飾應該為阿拉伯式花紋，服務的對象是回教徒，建築物通稱為「清真寺」，還有朝向麥加的特性。

　　從靜思堂裡供奉的塑像或畫像中同樣明白。

## 六、宇宙大覺者、大地之母

　　上人言及：唐暉為靜思堂創作的巨幅佛陀像，若能突破困難完成，可稱為世界性的創舉。因為佛教歷史淵遠流長，歷代畫家竭盡所能成功刻畫出時代性的造型，近代以來的佛像畫家，莫不沿襲唐宋以來的形象，很難表現當代的獨特性。但是，往昔的畫家也是畫他們想像中的佛陀像，為何現在的畫家不能創作「現在的佛陀」？

我們現在處於20世紀末、21世紀初之交替世代，為何不能創造出富有時代性的理想佛像造型？此時是太空時代，科學家早已分析宇宙虛空之間有無數星球，遠自二千多年前的佛世時代，佛陀雖也表示地球上下左右有無數世界存在，但在科學不發達的年代，沒有人會相信也無從想像佛陀的思想。現在，我們已能證實佛陀的智慧，所以應在畫面上展現這分科學實證的宇宙觀。

　　佛陀覺悟宇宙真理，具大智慧，亦有大慈悲心，不忍地球受毀傷，不忍眾生受苦難，所以在宇宙間，疼惜地球、膚慰地球。慈濟人走入人群，貼近佛陀精神，所以致力環保回收，疼惜大地資源，減少環境污染，還能將回收物化為清流，環繞全球，有無量功德。

　　慈濟數十年來的目的也就在淨化人心。心地如大地，淨化人心可由淨化地球來表現。宇宙間充滿無數星球，但佛陀來回娑婆為的是淨化地球，亦即要淨化人心，所以希望能將這分精神具象表達出來。

　　畫家大多希望畫中有「我」，有藝術家個人主觀的藝術表現；但靜思堂之佛陀像是為了大眾而畫，這幅畫的價

值在於能為大眾所接受，這並非教畫家流俗，而是希望大眾面對這幅畫，能發自內心深處生起歡喜心，就如回到心靈的故鄉一樣，非常虔誠與歡喜。

又如桃園靜思堂的佛像設計，上人指出，慈濟道場的佛像與眾不同，除了要表現出佛陀「宇宙大覺者」的形象，也要表現出佛陀守護大地的「大地之母」精神。

衲履足跡 行願半世紀。（攝影／阮義忠）

# 第四章

# 社會理論與慈濟學的行動*

東吳大學社會學系　**石計生教授**

　　慈濟已走過半個世紀，這半個世紀以來，已是具有全球影響力的行動團體。到底要怎樣給予它在學術上的高度理解？這是我要跟大家分享的重要面向。現在談慈濟學，「學」其實在我們的理解裡，是學術的意思。

　　不管是佛教、道教，或是任何的宗教，談「行動」大多數是倒過來看的。與其說為苦難人民盡心力，對他們而言是救其生命；可是對我而言，是救渡自己的慧命。要先救自己的慧命，再去救他人的生命，如果我們再不從自己的心地下功夫，待到年紀老了，慧命仍然只是像新芽一般長出來，就永遠都長不出大樹來，這話言簡意賅，事實上是非常深刻的。歲月不留人，不要因為你無法突破人間的

---

*本文係 2019 年慈濟學研討會上專題演講

人我是非之煩惱而傷慧命。所以，慈濟是非常特殊的行動類型，是有為入世。後面會引用這些觀點來論證，為什麼慈濟學的利他渡劫，會形成一般社會行動類型，或者宗教社會行動裡，極為特殊的類型。

就社會理論帕森斯學說，這些結構跟系統，有些是基於社會關係的，有些則會限制人的社會行動。社會關係如果把它類型化，可以分類成行動跟個人的符號。行動可以是自主獨立的，個人方面如同上人所講的，你靜心，不可能是在跟其他人去靜心，你是自己好好地靜下來靜坐修行。行動也可以是集體、系統的，可以是個人跟組織化的擴張；至於符號則是人跟人互動關係的構成。例如：參與動員，在現場根本不知道何者為領導，或是未認識其他成員，但是大家立即任務編組，進入那個狀況。

二戰在19世紀末，在二戰以前，重要的古典三大社會理論家，包括馬克思、韋伯、涂爾幹。第一位韋伯，他是不可知論，是位特別的德國社會學家。他在書裡講法是，這個社會什麼，其實我們沒辦法完全理解。韋伯舉個例子，如同我們在剝洋蔥一樣，不論洋蔥怎麼剝，是剝不

到底的。所以基本上，你無法理解社會它到底是怎麼回事的。韋伯談及，在行動時候，我們要保持價值中立，不要去涉入任何價值判斷，產生一些價值關聯，然後再產生一些行動的類型。因此韋伯說法是呼應弱水三千，但取一瓢。

韋伯非常著名的一本書，書名是《世界宗教的經濟倫理》。這本書他提出一個重要的動力因的世界觀，關於ideal 這個理念。這個觀念為什麼重要呢？觀念在於大家可以直接區分張角的太平道，與慈濟的慈濟行動之差別。魏晉南北朝之前東漢末年，張角起義，是為了解決人民當時的困難，希望能夠協助人民獲得物質需求的改善跟滿足。但是就慈濟來講，理念精神才是構成這個世界動力因的來源，在慈濟的行動裡，大家在做許多的行動之後，每個週四幹部這些重要的人士，都要跟上人見面，而這個見面，就是領受一個理念的力量進來。韋伯意指支配我們世界的行動，主要是物質。物質就像什麼？如同引導火車前進、鐵軌推動力量，然後往前一直走。而真正決定這個世界的方向，是轉轍器，象徵精神的力量及理念，才是真正讓這個世界能夠產生前進、產生變化的主要因素。

馬克思的辯證唯物論談到物,「物」就是物質。物質當然重要,物質是馬克思的中心思想。儘管物質是重點,但是真正決定火車運行在鐵軌上的方向,是象徵理念的轉轍器。那理念型為何?理念型定義,是一個對一個,或者多個觀點單方面強調,對於許多分歧觀點,或者或多或少呈現隱晦不彰的具體個別現象之綜合理解,形成一個統一的分析。譬如:我們可以看到印順法師,追溯到唐朝,魏晉南北朝以降,然後整個佛教的傳統。這麼長的一段佛教歷史裡,在歷朝歷代裡面,所發生的個別現象也好,或是某些隱而不彰的現象也好,我們把它綜合起來,可能是像慈濟宗這樣有為入世的綜合,就形成一個關於慈濟學的有為入世的行動理念型。基本上意思是跨越時空的,舉例:韋伯提出科層制、官僚制,只要到戶政事務所辦事情即可顯現科層制。戶政機關有很多規矩,你必須要按章行事,如未攜帶印章請回去重拿,這樣的科層制,事實上是理念型所創建的一種長久累積以來的規矩。歷代從封建時代就開始,慢慢累積出我們現在看到的狀態。

　　選擇性親和,英文是elective affinity,是重要的概

念。何謂選擇性親和呢？它本來是一個化學術語，譬如氫原子、氧原子、氮原子跟碳原子，把它放在一起。因為化學界的吸引力，氫跟氧就會形成 $H_2O$，水。affinity 這個字，其實親和可以翻譯成「緣」，佛教術語翻譯為緣分，有一些緣分的力量，一個內在的吸引力，這個吸引力是化學界的，讓我們大家聚在這裡，此稱作選擇性親和，大家有這個緣分坐在這個地方，一起來分享事情。

這是一個社會性的保證，所以是了解選擇性親和這個字，一個非常重要、應用在慈濟這個團體的觀念。

選擇性親和，是要保障互為主體，互為主體英文叫作 inter-subjectivity，這個社會學專有名詞，非常重要，就是大家互相為主體。我們這個時代，為何多數會變成資本主義這樣道消魔長的時代，是因為大家都在談自己的主體，是造成社會大混亂的問題所在。所以選擇性親和是什麼？大家坐在這個地方，是自發自願，未受到強迫。而且在參與的過程裡，大家內在有一個共通性，就是上人講的，利他度己的大悲心。假使沒有以此為基礎，大家在這個地方，觀眾席能夠看起來坐得像個樣子，實在是很困難的事

情。也可以說是有一個氫原子，跟氧原子一般的相互吸引，我們坐在這邊，大家融為一體，變成一個水流。用基督教的話，就是我們在同一道水流裡。

接下來我就談到，更具體的。如果我們是因為彼此是慈濟的人，因為選擇性的親和，大家坐在這個地方互相來交流聽這個演說。假使地震、水災各方面，我們大家一起出去賑災，做一些真正利他的社會行動。我們需問一個根本的問題，在這個過程當中，就社會學來講，一定有抱怨，一定有組織性的問題。如何解決這樣的問題，或是如何放棄你的抱怨，然後大家聚在一塊。

韋伯將人類的社會行動分為四種類型：第一個是合乎工具理性、第二個是價值理性的、第三第四是情緒、或者是傳統的社會行動；而我們是聚集在慈濟這樣大的宇宙傘之中來行動。

第一個，稱為合乎工具理性，而工具理性是成本、效益、計算。我們資本主義、道消魔長最重要的地方是，你給我多少錢，我才要做什麼事，這叫作工具理性的行動。

第二種是價值理性的社會行動，此是跟倫理、美學、

宗教等，無條件地互有價值的純粹、信仰，才採取行動。並且這個行動，是否能夠達到成就不重要，成功或失敗都沒有關係，這才是重點。譬如，慈濟是value rational，價值理性。合乎價值理性的社會行動，令人非常感動。例如，今天早上簡東源先生帶我逛校園，他介紹地上的石子路都是志工自己來鋪的。甚至大多數的東西，都是慈濟志工做的。合乎價值理性的社會行動，並非如同前面的工具理性，是用手段、目的及金錢去計算，而是無條件地以一種純粹的、固有價值的信仰去行動。

第三、第四是情緒、或者是傳統。譬如證嚴法師的一生，他還是俗家弟子的時候，他跑出門，證嚴法師的媽媽把他抓回來，這是媽媽感情的表現。這是傳統，因為媽媽一定要他回來結婚生子，這是中國人一個非常根本的家庭觀念。而證嚴法師毅然出家。

我們這些弟子不論是早期，或是現在，行動上一定也會有工具理性的影子。但是上人用他的智慧，讓這種東西平息，所有靜思語錄裡只強調一種行動，即價值理性行動。因為價值理性的行動，人才會超越世俗的利害關係計

算，超越手段、目的的計算，以及超越金錢的邏輯。所以說上人所給予我們的這個慈濟宗、慈濟學的行動，是發揚人性本善的力量，是一種價值理性的社會行動。

首先，慈濟的人間佛教，不只是信徒，包括出家眾、清修士，還有一般的慈濟人及大眾，共有4種圈圈。慈濟人、一般大眾，大家的關係是選擇性的親和，一個互為主體的緣分。

其次，慈濟學的核心式理念，是韋伯講的ideal理念。理念為何？慈濟行動是合乎價值理性的行為，即證嚴法師所說的，「利他度己」、「行經實踐」的人間佛教精神。「行經」這二個字是關鍵，它是以社會為道場，跟一般的佛教是完全不一樣的。

然後，我們來談帕森斯這個觀念，帕森斯是1960年代，支配美國社會學界，哈佛大學的教授，也是當時美國社會學會的會長。帕森斯提出的理論，稱為結構功能論，何謂結構功能論呢？簡單地說，如果將整個社會想成一個人體，為維持這個社會的繼續存在，就是肝心脾肺腎的功能必須要能發揮。肝心脾肺腎的功能如何發揮呢？整個社

會的系統，身體本身要提供它足夠營養，此稱為結構功能論。如果整個社會是一個整體，那麼人在中間行動，社會行動者所需要的養分是錢，然後你有這些錢之後，需要繳稅，以及回饋社會。

真正回饋是像慈濟這樣做，它是一個結構性的存在。

這裡面就有兩種人，行動者跟環境之間持續互動。

可以將人類社會分成3個系統，文化系統、人格系統跟社會系統。就整個帕森斯所理解的社會作一個結構及系統來講，文化系統是最重要的，為什麼？社會包括經濟、醫療、人的行動、社會經濟行為，在這些行動的本身，事實上它是受制於一個文化系統裡，帕森斯談及一個重要的觀念，叫作價值共識，value consensus。什麼叫價值共識？社會之所以是穩定的、和諧的、不會變動的、不會有劇變的，一個重要的原因，是在社會裡的所有人，有一個價值共識，這個共識是什麼？相信這個社會，只要我們在這個社會裡，能夠付出一點心力，在你的位子上，把自己該扮演的角色扮演好，那麼這個事情你就成功了。假如沒有價值共識，事實上社會會產生變動，毀滅。

第一點，社會一定是有個和諧共存為基礎。

　　第二點，社會裡面，人的行動，要把你的角色系統扮演好，必須維持最低限度的提供文化，或者可以說在整個慈濟的體系裡，必須要維持系統裡的所有人，有個最低限度的保證及秩序。

　　「最低限度」四個字，並非是完全的限制。例如：早上從學校宿舍招待所下來時，有位先生就問我：「昨天晚上有沒有很吵？」我說：「沒有啊，我睡蠻好的。」他說：「學生可能會吵，他們晚上可能會有一些活動。」我說：「有活動是正常的。」未危害到任何的人，必須要讓學生有個行動的可能性，此稱作「最低限度」的秩序。

　　然而，為避免人們無限制地要求行動，如果沒有最低限度的秩序，南閻浮提眾生，舉手動念無不是罪，無不是惡。帕森斯提醒我們，文化系統一定要維持最低秩序，以避免產生無限秩序的要求。這裡可能會產生問題，價值的整合共識之外，還會形成文化魁儡（cultural dope）。

　　這是慈濟、所有社會組織都需小心的。文化魁儡是什麼呢？人的行動受制於結構，或者將此社會秩序拉到一個

極高階段時候，欠缺思想、創新、能動性。例如：我們說過去的北韓，是個集權國家，其實人在裡面，未有行動自由、思想自由。所以，結論是慈濟的社會觀是要求和諧共存、社會穩定的系統。但是如何不陷入文化魁儡的問題，是慈濟及整個社會需思考的問題。

第三點，符號互動論。這是對抗1960年代雄霸美國社會學界的帕森斯，在70年代之後，開始有學者提出新的看法。符號互動論的意思，例如：米德是芝加哥大學的老師，米德認為社會是一個組織化的自我，是一種擴張，是心靈和自我建構社會組織的殘餘範疇。也就是說，自我是通過互動，然後人在行動裡，面對更廣泛的環境承擔及社會態度。

如果跟別人互動、產生詮釋之後，形成有意義的符號。請大家特別注意這個符號，這社會文化系統，人格系統，如同帕森斯說的由上而下。由上而下，如果沒有辦法去詮釋我們對這個社會理解的時候，我們可能要由下而上。

由下而上就是符號互動論，我們要創造有意義的符

號，要去產生意義的社會性來源。所以，有意義的符號要如何產生？其實慈濟做了許多利他度己，各種賑災、志業活動的本身，就是一個跟他人互動，詮釋以後，產生的意義符號。

另外一個符號互動論，是在芝加哥大學的學者布魯默，他進一步談及這有意義的符號，不只是自我之間兩人的關係，還是個社會性的來源。而此社會性來源是我們在跟他人互動過程中，能夠形成反省，一個反饋。透過團體在做一件事情的時候，把這些紛擾、紛爭透過謀和、溝通的過程，去反省，然後創造出有意義的符號，其實就是現在說的團體治療。

第三個符號互動論，跟第二個帕森斯由上而下、由下而上是矛盾的。基本上如果我們是建構韋伯的理念型來看，是可以不違和放在一起的。慈濟人的志工行動，是把幾個看起來矛盾的社會理論，沒有違和地放在一起來看。為什麼呢？因為慈濟學的行動，是基於上人所傳的人間佛法信念而行動。如不是上人的人間佛法信念的話，是不可能的。人的社會行動的動機，始終是工具理性的，都是為

了錢，為了達到某個目的。如何能夠超越工具理性，產生價值理性的行動，必然是來自於佛法。它是千百年來的力量，一個理念型的綜合化身。

　　慈濟學行動一開始，是對上人的人間佛法信念的行動。社會是個系統，人的行動者要按照角色，在這個社會系統裡給予適當行動。慈濟有十戒，解說的師姊說明：前面五戒是佛法的五戒，是千百年來佛教傳下來的理念型的五戒。後面的五戒，是因為要成立學校，老師們及家眷在現實世界裡，利他度己，共同來參與，這也是慈濟學的行動非常特別的地方。文化系統裡適當的行動，是可以提供人最低限制的秩序。在我們所看到的慈濟行動裡，雖然上人是由上而下，可是他是給予最低限度的秩序。所以，慈濟人的行動，是不會陷入行動而受制於結構，欠缺能動性。人們可以在裡面產生互動，然後創造在圍觀行動裡的意義，慈濟的世界裡仍然允許犯錯、允許詮釋跟修正的機會，即使無法完全按照價值理性來行動，但是通過團體、互動的詮釋過程，可以讓它修正。因此，慈濟人在慈濟學的行動裡，等於給予社會學理論新的典範，就個案研究

（case study）來講，是一個新的典範。

　　這個社會是流動的，就某種程度來講的話，慈濟所理解的社會，不能夠只是看系統，它是不可知的。

　　上人所說的利他度己，是通過高強度的利他志工行動，而回頭度化自己。西方後現代社會學家德勒茲的理論重點，高強度intensity這個觀念，我指導過的兩個學生是寫慈濟的論文，學生跟我提到，慈濟到紐約、非洲、東南亞、中國、全世界各地去賑災，全部是自費的，這是高強度的利他志工行動，回頭度化自己。大家都知道慈濟的行動是高強度的，花非常多的人力、物力在世界性的救災上，這如同韋伯講的價值理性。然而，只要是人，沒辦法靜心到第一的時候，你必然是會回到工具理性的，這也是為何，我不相信慈濟完全是價值理性的道理在這裡。那怎麼處理？符號互動論講得很好，我們通過詮釋、修正、討論，團體活動，慢慢地讓自己在陷身於幫助別人當中，修正自己的偏見、愚見，讓自己的心能夠清淨，回到一個宗道。

　　慈濟四大志業，志工為何會奉獻自己參加？是為了創

造有意義的符號。意義的符號，是以金錢或物質為基礎，但並非用金錢來衡量的。其實幫助別人是快樂的，解除他人的飢苦，我們會快樂。可是假使沒有上人這樣理念的力量的話，人是會疲憊。只有精神的力量，能夠讓你從心灰意冷的現實裡超脫出來，那個力量就是慈濟證嚴法師所代表的一種超越時空的佛教傳承。

在幫助他人解除痛苦，賑災的行動過程裡，會讓自己設身處地為他人著想，這是慈濟人的行動。帕森斯提到社會系統需和諧共存、社會穩定的世界觀。例如：前一陣子媒體對慈濟的批評，他人攻擊的根本點是慈濟很保守，甚至於在我臉書一片罵聲裡面，我是唯一贊同慈濟的，然後我的同事、我的朋友全部來攻擊我，你怎麼可以這樣？我只講一句話，我在去芝加哥讀書之前，到精舍拜見我們的上人。那個千年一瞬面對面的照面本身，其實就完全了解這樣一個團體，是基於什麼樣的氣宇、精神，在做什麼樣的事情。所以，那些媒體上面所講的事情，我只有4個字回答，「一概不信」。因為這是一個非常內在的、精神上面的照面。物質性的，有人批評慈濟汙了多少錢，其實不

真實也不重要。一個火車走過鐵軌，要讓這火車往那邊走的關鍵是轉轍器，是精神、理念。是上人本身的佛法，這大悲心的佛法，如何承接與實踐才是最重要的。

這並非在理論上探討，而是面對上人的時候，閉著眼睛，或者是張開眼睛，可以從他講的話語、文字裡去領受一種力量。那個力量會觸動你的身體。這樣的精神力量來源，是確保我們對一個團體，即使成住壞空，它不會毀滅。就像佛法，幾千年來不會毀滅的原因，就是這個力量的傳承。

德勒茲的理論非常新，從1981年到現在，雖然已經近40年，期間討論的很少，現在開始討論的較多。在德勒茲之前，不只是社會學，而是在所有的學術界裡面，沒有人去談虛擬本體這種東西的；或者談的時候，時空這種跳躍的觀念是沒有的。德勒茲他們為什麼會能夠談到這樣的一個時間的跳躍呢？譬如：那個圖是西方的理論家所畫出來，新的物理天文學理出來後，我們知道黑洞的存在，這個奇異點singularity的存在，能夠經過黑洞，經過奇異點，直接從火星回到地球。德勒茲所講的重複差異的永劫

回歸，這個理論之所以會成立，是因為當代的天文物理學，量子力學，這樣東西是在科學上已經被證實，所以我們在這一個當代的天文物理學，或者當代量子力學的角度來看，理解社會學上是怎麼談的。德勒茲所講的重複差異的永劫回歸觀念，是跨越時空的。

德勒茲處理的第一個重大問題，是時間問題。我們活在這個世界上，難道只有這一世嗎？難道只有我們現在看到的現實本體，現實世界這些所有的東西嗎？德勒茲說：「不是的。」因為就時間和空間的觀點來看，永劫回歸（eternal return），這四個字是尼采的觀點。

德勒茲時空觀的重點，是在重複的基礎上，進行差異的選擇，在差異的基礎上，重複生產。這話聽起來有點拗口，其實很簡單，重複的基礎上進行差異的選擇。譬如大家想想看印順法師為什麼選擇證嚴法師，印順法師的老師為何選擇他。最傳奇的是，印順法師已經不收徒弟了，當時上人說一定要見印順法師，一見面印順法師馬上就收證嚴法師為弟子。因此差異的，總是在重複的基礎上，進行差異的選擇。

每個得道的法師，都是乘願再來的，他來之後，會在某個時空之下，去選擇一個。這有點像密宗的講法，我們不用講得那麼神秘，但是在德勒茲的時空觀裡，三日可能的，並且能夠被證明它是可能的。上人所做的事情，也不過是重複這些力量所要求的人間佛法觀念，即無量壽經所講的。只是過去在佛教千百年的歷史裡，它不被視為是主流，是邊緣。我們在一個末法時代，本來在佛法裡邊緣的有為入世，回到人間佛法的觀點，通過印順法師傳遞給上人，他會繼續地傳播下去，即在差異的基礎下，進行重複生產。上人跟印順法師是兩個不一樣的個體，這叫差異。可是，印順法師在1906年生的，那是清朝，現在民國，每一個時代重複的差異，人們會重複生產，不一樣的個體在不同的時代，去執行這樣一個使命，傳法。在差異基礎上，進行重複。

　　馬克思當年在大英博物館裡讀書，他看到的是倫敦童工、女工工作一整天只有3個便士，根本活不下去。

　　資本主義時代是徹底不平等，馬克思批評最多。德勒茲談永劫回歸，總是在差異中，差異在中心，相同在邊緣

持續下去，繞圈圈旋轉。重要的觀念是只有在不平等的時候，才會持續旋轉。舉例：大家回去都會在家裡使用脫水機設備，把衣服丟進脫水機，然後放水，它就開始旋轉，而且是高強度的旋轉，產生什麼後果是，水分子全部散掉，水被視為相同的東西被排掉，是比重的問題。比較重的髒衣服被留下來洗乾淨。可是如果要驗證這個，每次洗完衣服，你觀察那團衣服，它本身所在的位子都不一樣，它講的就是這個，旋轉一次之後消耗的時間，時間有了改變，空間也產生位移，這叫做差異重複的永劫回歸，它同時展現了線性和循環時間的並存運作。

不平等在我們這個時代存在，所以，只要不平等繼續存在，就永遠會乘願再來。

那麼用科學的解釋證嚴法師就是乘願再來，千百年來，佛教傳法，在不同的世代裡，都有乘願再來的法師。法師都以大悲心解救眾生，在同樣的世代解救差異，我們看到慈濟宗就是這個樣子。盧蕙馨教授所講的人間菩薩裡，華航大園空難事件可以呼應複雜理論，例如：證嚴法師講這段話，他說：「觀法無我方面，人的身軀是四大

假，以身軀來講手是我的嗎？腳是我的嗎？他說「我」只是個代名詞而已。世間哪裡存在一個我呢？」這是飛機失事的時候法師講的，所以他才講慧命是要以身體力行為本。

德勒茲談及重要的觀念，稱作無器官身體（Body without Organ）。德勒茲的身體理論，不以人為中心，是包括人、非人、有機物、無機物，在生成流變的時空中跨越，一直產生連結，來面對地球社會。身體是一個集體的元素、事物，包括植物、動物、工具、人、力量，以及所有這些零碎性，都以不斷變化形式來跨越門檻。德勒茲談到，人只是個由分子所構成，人有經度和緯度，如果用經度和緯度來觀察的話，經度就是身體的物質和能量流，它是會跟外在產生連結的，此連結的強度，稱為經度。我昨天在參觀靜思堂最感動的是，我遞名片給師姊，那個師姊回我一句話，我們慈濟志工都沒有名片了，已經無我了，她講說無我了，我非常羞愧。慈濟人做了許多事，不斷地向外在連結，我們每個人都有物質能量流，與他人產生連結，稱為經度。緯度是你的身體被觸發、被觸動，被一個

力量觸動。而不講鬼神的慈濟宗、慈濟學，為什麼在世界上這麼多信仰裡，更大、更多人會聚集在這裡？我想這是每一個人的秘密，在座的每一個人，某種程度上都曾經被上人所代表的佛法所觸動過，不然不會坐在這裡，以我所理解的德勒茲的社會學理論，必定是這樣。

我相信在座的每個人，都有一套自己的修心、修行方式。現在的社會是個地球社會，不是以人為中心的社會，而現在的社會理論，不足以應付我們所生存的社會。上人是乘願再來，他的智慧及遠見幾乎是超越這個時代，包括環保、所有面向的看法。慈濟做了許多向內修行、利他的事情。既然強調慈濟不是一個宗教，儘管它仍是一個佛教，其實產生的力量更強大。唯有一直連結才能強大，所以用各種方式把所有力量結合在一起。

德勒茲講的無器官有兩個面向，一個是強度為零一個是高強度。打坐、修行是強度為零，德勒茲舉的例子稱「蛋」，一顆蛋，看起來不動，事實上蛋的力量無所不包，它可以無限的可能。修行的力量就是強度為零，所以是個共生的狀態。每個慈濟志工，總會在實作中感受利他，終

究會度己。利他就是高強度，大家發生什麼事，馬上動員，就是高強度。譬如：九二一大地震，我剛從美國留學回來。隔不到一個禮拜，就發生大地震，這個時候跑去，不是因為慈濟或是佛法，是因為馬克思主義。那時候相信我們應該去幫助弱勢，大地震後3天，我跟同事包車去中寮，一到地方，慈濟的志工已經在那邊煮麵了，煮東西給大家吃，我看了非常的感動。因為我們到那個地方後，走到中寮過程裡面，旁邊堆積如山的是棺材，像山、兩層樓一樣高，走到裡面是屍臭味，完全無法理解怎麼會發生這樣的事情。慈濟早就在那個地方煮素麵給大家吃了。這個就是高強度的身體，不斷、一直地跟他人產生連結。

無我，無緣大慈、同體大悲。慈濟人行動，為何關心的面向是如此廣闊呢？世界各地有災難，聞聲救苦，劍及履及。因為每個慈濟人都是無我，無器官身體。是不斷地和受苦的人產生連結、領受上人所傳的人間佛法的強度，為零的修行方式。重複的永劫回歸的力量，如同不斷的脫水機，不斷地旋轉，不斷地回到不同位子的當代，給予當代人的保護力量。這個力量，會不會停止呢？絕對不會停

止的。你必須做、繼續做，做到某一個程度的時候，突破那個臨界點，大概就知道是什麼意思了。在天文物理學裡面有一個奇異點（singularity）。什麼叫奇異點？當你的強度強到一定程度的時候，速度、方向會忽然改變，此稱為奇異點。上人談及我們要看盡眾生的生老病苦，那空苦跟無常，我們才會身體力行，才能夠深入人間的疾苦，來不懈救苦。為什麼我們還未能堅持那個強度呢？因為我們對這一段話還不夠理解。足夠理解之後，我們就會不斷的、反反覆覆地、高強度地進入這個社會，去入世，去幫助別人。

事實上以德勒茲的話，我們其實已經不是主體，我們稱作多元體（Multiplicity）。多元體就是共生力量的身體。我們作為一個物質能量流，能夠跟其他人產生很多的強度連結，有為利他，這叫做經度。利他這個部分，事實上是什麼呢？是指所有的有為、入世，我們所有跟別人產生高強度的連結的身體，其實大家看那個箭頭是雙向。我們其實是跟度己、是跟無為是結合在一起的。用道教的話，無為就是以假修真，我隨時準備離開這裡。那用上人

的話，度己就是說，讓自己能夠超越生死，超越這種世間的貪瞋癡，那這個是經度。緯度呢？就是觸發。每一個人的身體必須要被觸動，不然的話，高強度的行動本身是無法持續下去的。那個觸發的力量在慈濟學，就是上人的力量。

從魏晉南北朝之後，佛、道、儒就混在一起了。也就是佛、道、儒，甚至是基督教，上人對天主教博愛精神所感動，被觸發。通過一個永劫回歸的觸發力量的觸動，才有可能產生像慈濟宗這麼稀有的宗門。在我們這個時代裡，它做的比政府還要深入、龐大。做得比西方超越東方的偏見，超越政治上的藍綠，超越兩岸之間的歧見。慈濟宗有為入世，證嚴法師慈悲喜捨這種行徑，嘉惠的不只是臺灣，兩岸，嘉惠中華文化圈，嘉惠整個地球。

以上人截至目前的生命歷程來講有幾件事情。他父親中風遇到印順法師，然後受到天主教博愛濟世工作的啟示，開始創造慈濟功德會的博愛行為。想想這件事情看起來偶然，其實偶然當中有一些必然性，如果我們從永劫回歸的時空觀來看，有它的道理在。基本上我們大概可以這

樣講，如果大家「無我」，我們不是主體的話，大家是多元體，一起聚在這個地方，為了進行有為入世這個佛教慈濟宗。用複雜理論來說，我們所有人都是一個吸引子，我們大家坐在這個地方，都有一個吸引域，因為大家都被上人的法所吸引。但是被上人的法所吸引之前，你是先有一個感受。你必須要身體曾經被觸動、被感受，被它的話語裡面、文字裡面受到觸動，你才能夠產生坐在這個地方。

　　所以吸引子、吸引域，它會產生一個分岔子，也就是說你會產生一些新的看法，這個新的分岔子，會彈跳到另外一個物質系統。複雜理論講一個東西是什麼？複雜理論、複雜體系是指這個世界包括地球、宇宙，例如地球是個開放系統，物質能量流所構成的自給自足、自我再製的系統。物質能量流為基礎的，再製的系統，這叫做複雜的體系。地球就是這樣，整個宇宙就是這個意思。可是在這個複雜理論的體系裡，需要一個觸發，這個觸發在今天的場合就是佛法力量。如果你要產生這個觸發、產生彈跳的話，人的生命軌跡是會改變的，會產生起點，會產生改變。這個改變本身是，你有沒有能夠自我覺悟，這個事情

對你來說，是非常重要的。上人有這個智慧，知道這些事情是很重要的，能夠自我覺悟，他的父親中風後，他就出家，所以他遇到法師，然後開始結緣當師徒。

　　在此，重要的核心觀念是，慈濟學是個學門，是個學術。實際上更重要的是，它是一個行動。我們看到火車通過軌道的軌跡。而軌道是往那個地方去走，關鍵是軌道上的轉轍器。就我而言，會很留意到志工早會的時候，原本上人來主持，如未來是否身體上有什麼。但實際上，年紀會讓我們做這樣的思考。記得上人談到過的，勿忘初心。剛開始的那個初心，等於是把工具理論除掉，而變成是一個價值理論。以個人價值的角度，來看世間的利害關係。上人不只是這一世的，是個累世的傳承。就好像是中國的佛教，漢傳的佛教，從魏晉南北朝一直到現在，它都是個累世的傳承。實際上等於說，一個不必然，就是必然這樣的情形。

早期慈濟委員人少力量小，但仍緊跟著證嚴上人的腳步，是資深委員的典範。
（慈濟花蓮本會提供）

# 第五章
# 慈濟宗門的自學精神研究

佛光大學中文系　**林明昌副教授**

## 壹、前言：自覺自主的自學

　　慈濟宗門發展史就是一部精彩的自學史，證嚴上人所開創的慈濟宗門，正是自學力的無上神妙法門。本文將從「自學」的角度析論，探究其中隱含的自覺自主的自學精神。

　　「自學」著眼在於學習的「自主性」。所謂自學，並不專指「在家」或「無師自通」，而是學習者在學習過程自覺自主的力量。無師自通自行摸索固然需要自學，但是在老師指導下，在豐富的教材前，學習者也要具備自學的能力才能依照自己的學習目標、學習特性及學習條件找出適合自己的學習方式，學習才能順利完成。金勃爾（Kimble，Gregory A.）曾定義「學習」曰：「學習是由於增強練習的結果，而在行為潛能上產生相當持久的改變。」

當中提到四個的重要概念：「持久的改變」、「經由練習的改變」、「行為潛能」、「增強」。[1]

然而「如何促進學習？」，才是「自學」最著意之處。換言之，學習的重要性乃無庸置疑，「如何促進學習？」才是實務上的重要課題。如果學習者可以依照自己各種條件安排適合自己的學習目標和方式，則效果自與統一制式或外在強迫的教育方式大不相同。

因此，學習的核心能力在於自學能力。不具備自學能力的人，即使有豐沛教學資源、名師密集指導、強大學習壓力之下，也往往被動消極，既無學習動機，也不會自行安排學習方法，更未必了解自己的學習目的，通常學習效果也令人不滿意。我們可以將自學的能力稱為「自學力」。基於求知好奇心理的自學，能主動發覺問題，安排學習方法，規畫學習流程，自訂學習目標，並確實完成學習計畫，以解決心中疑惑或學習特定技能。「自學力」決定學習成效，不論在學校上學、在家自修、參加補習班、

---

1 參見張新仁等合著，《學習與教學新趨勢》（台北：心理出版社，2003年），頁3。

讀書會、學吉他、學跳舞、玩股票、變魔術……不管有老師、沒老師，所有的學習效果都取決於「自學力」。

　　自學，依場所可以分為「在家自學」、「在校自學」、「社會自學」、「生活自學」4種，如果依學習資源可以分為「獨自摸索」、「老師指導」、「教材資源」、「同儕合作」4種情況。如果我們將自學的架構加以細論，可以分為自發學習、自主學習、自得自評學習3部分。

　　自發學習，就是基於強烈的學習動機，自動自發的學習。學習動機為學習的根源，如果缺乏學習動機，再如何有效精彩的教學方法都無法發揮作用。自學成功的王雲五曾說：「所謂為學，並非必在學校中為之，最主要的還是在於立志發奮養成求知的興趣。」求知的興趣即是學習的動機。一如享受美食的胃口，如果腹中飽食或毫無胃口，珍饈美味擺在眼前也是惘然。格林伯格（Daniel Greenberg）曾如此說明學習的意義：「學習是個人的事。一個人必須先有學習的動機，然後運用到各種感官、各種肌肉，以及各種腦內思考來學習。在學習的過程中，還要不斷做各種修正。只要他自己真的想學，就會有毅力學到令他滿意的

地步才停下來。」[2] 儘管學習動機來自不同來源，例如吸引力、好奇心、長遠需求、現實壓力、同儕鼓勵或立即利益等等，但是一旦具備學習動機，就會克服各種困難阻礙，找出最合宜的學習方法和策略，完成學習目標。

自主學習是指學習過程自行安排與學習相關的諸多條件，如學習對象、學習步驟、學習工具、學習途徑、學習場域、學習速度、學習環境等等。在足夠的學習動機下，學習者如果擁有自主學習的權力和能力，則可以自行安排或爭取最佳的學習狀態。當然，自主學習的能力，也是學習的一部分，而且是最先決定的部分。要是有足夠的學習動機，又具備自主權力和能力，則可以積極自主安排或調整最適合的學習方式，克服各種困難，滿足學習動機。學習的目的可以分為不同層次，例如「記憶資訊」、「思索探究」、「改變習慣」、「學習技能」等4種[3]，即為極大

---

2 格林伯格（Daniel Greenberg）著，丁凡譯，《自主學習》（台北：遠流，1999 年），頁 237。

3 參見 D. C. Phillips , Jonas F. Soltis 著，劉子鍵譯，《透視學習》（台北：桂冠，1999 年），頁 2。書上提到 4 種不同目的的情境，即此 4 類目的（然而順序並不相同），可以相互參考。

不同的學習。不同的學習目的，也將發展出相異的學習方法和策略。然而，學習方法和策略的尋找和開展，並不是在固有的方法中尋找而已，更可能的過程是學習者自己依照自己的目的、條件、喜好，從各種可能性當中嘗試出最「合宜」的方法。而且，隨時可以在學習過程中自行調整、修正選用的方法。

自得自評學習是指學習者清楚自己學習的預定成果，自訂目標，也可隨時自我評量、自我修正。學習目標與成果，以往常常是教師用來「檢查」學習效果的依據。然而也往往是阻礙學習的原因。在自得自評學習裡，學習目標和預期成果，必須由自學者自行訂定。檢驗學習效果，也必須以自學者自訂的預期成果為主要依據。一旦自學者想達成的學習目標和成果與「教學者」不一致時，自學者通常只管自己的目標。如果自行訂定的目標遭強迫放棄，必須接受教學者的目標，通常學習者也會放棄學習。如果「教學者」自以為可以完全主導「教學過程」（其實是「學習過程」或「自學過程」），則「自學者」很可能表面配合或消極抵抗，因而喪失學習動機，不顧教學者訂定的學

習目標（因為和自學者無關）。然而，在傳統的教育環境裡，很少提醒或給學生機會練習「如何訂定學習目標與成果」。學生經常都在「課本」、「課程大綱」、「教師安排」下強迫接受「學習目標」，絕少有機會參與討論，也就不太容易學習如何訂定學習目標，更難以養成自行訂定的習慣。提醒學生如何訂定學習目標和成果，給予機會不斷練習，培養自學的能力和習慣，是學習的重要課題。

（圖一）

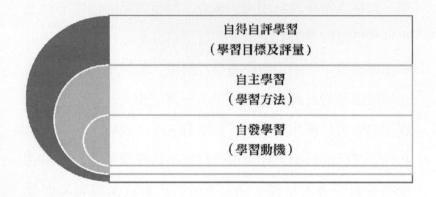

於是我們可以就「自學─學習動機、自主──學習方式、自得自評──學習目標」3者來了解慈濟的自學精神。

## 貳、自發學習：慈濟的大愛精神

慈濟的發展歷程，普遍為世人熟知，然而以「自學」的角度加以析論，則可發現，證嚴上人開創的慈濟宗門，是以大愛精神為動機所發動的自學歷程。證嚴上人的「學習動機」並非單純來自「好奇心」，而是悲憫的大愛精神。

在受戒之前，證嚴上人即以大愛救世的弘誓與智慧奠下自學的動力。據〈認識證嚴上人〉[4] 所述，證嚴上人的茹素因緣，起因為15歲時母親罹患急性胃穿孔，需要動手術。然而在那個年代，手術風險極大，心急的15歲小女孩為母親祝禱、虔念「觀世音菩薩」名號，並且發願：「願從此茹素、減少自己12年的壽命，為母親增壽祈福」[5]。後來母親的病不必開刀，服藥而痊癒，他也因此開始茹素還願。至於探究佛法的初始動機，則是來自父親忽然離世。時間是在1958年7月25日（農曆6月9日），「正值壯年的

---

4 〈認識證嚴上人〉，《慈濟》網站，2009 年 3 月文。2018 年 12 月 23 日 12：20 閱。http.//WWW. tzuchi-org/ tw/index. php?option=com/ content&view=a rticle&id=96%3Aabout-master&catid=58%3Amaster-scribe-related&Itemid=181&lang=zh
5 同前註。

父親突然因病去世,從發病到往生僅僅不到24小時,帶給證嚴上人莫大的衝擊;究竟生從哪裡來,死往何處去?也開啟他探索生命的契機,常到慈雲寺向修道法師探究佛法。」[6] 於是證嚴上人開始探索佛法奧祕的自學歷程。「直到在豐原慈雲寺為養父做佛事拜《梁皇寶懺》時,除深感懺文優美外,也才知曉因緣果報的道理——『業力』,是人生值得深思的課題。」[7] 於是他體悟到業的意義,說:

　　我用寧靜的心,拜誦《梁皇寶懺》七天期間,體會到「萬般帶不去,唯有業隨身」。業,就是一般人所說的靈魂,靈魂來來去去;對佛教而言,就稱為「業識」。業識就是平常的行為造作,好的行為、惡的行為,就像一顆顆的種子,完全落入八識田中,隱藏在裡面,然後跟著人來來去去。

　　業,是過去種的因,現在所得的果;現在這個果,還有多種因在造。以釋迦果為喻,種下一粒釋迦果的種子,每粒種子都可生長纍纍的果實,而一個釋迦果中又有很多

---

6 同前註。

7 《證嚴上人思想體系探究叢書 第一輯》之《上人口述思想歷程》。

的種子。

　我們現在所受的，就像以前種一粒釋迦果的種子，這是因；現在長成許多個釋迦果，粒粒皆是果，而果中粒粒是因。所以雖然我們種過去生的因，受現在的果，但是現在我們可以再造因呀！就看你是要造什麼因，是好因、或是不好的因，而這些種種的因，又成為來生的果……。 [8]

　這種體悟來自生命，來自生活，是自學自悟自證的成果。

　在寄居臺東佛教蓮社期間，馬蘭當地糖廠一位總務課長王先生的太太是佛教徒，證嚴上人去他們家裡做客。在王先生的書架上，他看到一部日文版的《法華經大講座》，「這才發現《法華經》的前面第一部是《無量義經》，《法華經》之後則是第三部《觀普賢菩薩行法經》，這三部稱《法華三部》，這部經十分吸引我」。證嚴上人回憶說：

　我隨手拿起開頭的一本《無量義經》，讀了後，眼睛一亮，心頭為之一震，「靜寂清澄，志玄虛漠；守之不

8 同前註。

動，億百千劫」，這16個字更令我歡喜，心想何時我也能請到一部《無量義經》。[9]

這一段重要的敘述，說證嚴上人在剃度受戒之前，就已經從《法華三部》的《無量義經》中16字發展出自學佛典的動機。

後來證嚴上人幾次欲出家均未成功，然而道心已堅，絕不放棄。此即學習動機推動的力量。

到了1959年，臺灣發生了八七水災，慘重的災情又引發證嚴上人深切的慈悲心。證嚴上人說：

想起八七水災，到現在想起來還會心驚膽寒。當時我在豐原。那天只覺得下很大的雨，一直下不停，天亮之後，新聞報告就說彰化水災嚴重。整條街因這場大雨，濁水溪瀑漲了，水淹沒了市區。那時整條街的房子都融倒了，活埋了很多人。經過整個月的清理，還沒有辦法將被活埋的人完全清出來真正地體會到國土危脆，真的是不只無常，也是那麼的危脆。從此開始，就應該是種下了我要

---

9 同前註。

出家的因，這種感覺到人生無常，所以就一直很勤的跑慈雲寺，再沒有多久我就離開家庭了。

證嚴上人說他要出家的因，是感覺到國土的危脆，人生的無常，驅使他離開家庭。然而證嚴上人並未立即棄俗出家，而且幾度欲剃度出家都不成功，輾轉多處偏尋不著靜修研法的棲身之處，「最後在花蓮縣秀林鄉下的小廟普明寺安住下來，日子清苦，修學佛法的決心，絲毫不減。」[10] 在關懷國土，慈愛眾生的趨使下，證嚴上人不斷朝向修學佛法的途上奮力前行。

證嚴上人在演講、著作中屢屢述及「無緣大慈、同體大悲」，說明這就是佛教的「大愛」。而且「這分大愛也是慈濟人所說的『尊重生命』，發揮本具的愛心，普愛一切生命，進而愛惜物命」[11]，慈濟人就是「投入疼惜生命的工作，疼惜眾生、萬物與大地」。又歸納慈濟事業的兩大主軸為「不忍眾生受苦難」及「不忍大地受毀傷」。慈濟人「不忍眾生受苦難」，出自真誠的愛，陪伴膚慰眾

---

10 同註4。
11 證嚴法師，《真實之路》（台北：天下遠見，2008年），頁64。

生，「不忍大地受毀傷」，以愛人的心膚慰大地。「致力以愛灑淨人間，不僅是慈濟大愛的精神，也是慈濟人心靈的寫照」。[12]

大愛的精神，正是證嚴上人以及慈濟宗門自發學習動機的活水源頭。

## 參、自主學習——無量法門

證嚴上人自主學習的精神與方向均十分明確，即以《無量義經》的「無量法門，悉現在前，得大智慧，通達諸法」為慈濟宗門。

上人多次堅持修行的道路，四處尋找習處所。1962年秋季，25歲的證嚴上人，自行落髮，沒有剃度師父，卻始終堅定走上修行的道路。直到1963年2月，臺北市臨濟寺開壇傳戒，證嚴上人希望受具足戒，但是因為並未正式出家，依規定不能報名。於是證嚴上人想買印順長老彙編的《太虛大師全集》帶回花蓮，到了慧日講堂購買時，適逢印順法師在講堂，證嚴上人請求印順長老收他為徒，讓

---

12 同前註。

他正式出家。印順長老意外應允，並開示說：「你既然出家了，就要時時刻刻為佛教、為眾生啊！」印順法師成為證嚴上人的出家依止師，並為其取法名為「證嚴」，字慧璋。證嚴上人隨後回臨濟寺報名三壇大戒，受比丘尼具足戒。

回到花蓮後，證嚴上人在小木屋研讀《法華經》，並且天天用心抄寫《法華經》，每月一部。這是證嚴上人的自主學習之道。1965 年，上人在秀林鄉普明寺，白天開墾荒地種植花生，晚上為弟子們講《梁皇懺》、《法華經》及《四書》。上人講經十分嚴格，弟子們也不敢懈怠。這是慈濟自主奮發的學佛精神。於是基於大愛的學佛動機，除了研讀佛經之外，證嚴上人亦十分清楚佛經不只是誦讀而已，說：「佛陀來人間，為人生講道理。祂所講的經並不是給我們念的，而是指引我們該走的路。因此經也者，道也；道者，路也。」[13]自主安排規畫的學習方式也就從研讀經典，擴大到弘揚大愛的慈濟事業。證嚴上人說：「慈

---

13 以上參見丘秀芷，《大愛》（台北：天下文化出版，1996 年），頁 60。

濟法門究竟為何？我們的宗旨是走入人群，見苦知福、惜福再造福，拯救苦難的同時，也成就自己的慧命，這就是我們的法脈。」[14] 走入人群是自主學習的方法，見苦知福、惜福、再造福也是，更重要的是在拯救苦難的同時成就自己的慧命，證嚴上人並將此稱為「慈濟的法脈」。[15] 這也是慈濟的修行法門。證嚴上人完整說明慈濟修改的方法：

慈濟人的修行方法是走入人群，親自到苦難處付出、深入人群的心靈世界，透過他人不同的煩惱、苦難，映照出自己的幸福，或者學習他人的優點，吸取許多人生智慧，以修六度萬行，這是真實的福慧雙修。[16]

這段說明的方法十分複雜而完整。細論可以分為以下數點：1、主動走入人群，親自到苦難處。2、付出、深入人群的心靈世界。3、透過他人不同的煩惱、苦難，映照出自己的幸福。4、學習他人的優點。5、吸取許多人生智

---

14 證嚴法師，《真實之路》，頁 56。
15 同前註。
16 同前註。

慧。6、修六度萬行。7、是真實的福慧雙修。短短數語，表現慈濟的修行方法是自主積極，有別於經懺法會、念佛打坐的僧眾養成模式。慈濟人不單要念佛，更要做中學、學中覺，在深入別人的苦難煩惱中學，在吸收別人的優點智慧中學。

慈濟的修行心法，是隨處可學，隨境可練。「靜處養氣，鬧處練神；在熱鬧處鍛練不被外境分心，精神專一，智慧就能在人群事物中磨練出來」。[17] 打開修行場域限制，處處都是道場，證嚴上人說：「修行的道場不一定在寺院，只要靜心，草本盡法門，老少皆為師。」[18] 因此才能做到「無量法門，悉現在前」。

慈濟功德會的發展就是這種人群事物中磨練智慧的實踐。證嚴上人說：「精舍早年冬令救濟，都是我們自己用雙手一一打包發放的物資，這是最好的修學機會」。明確的自主學習意識，也是清楚的自主學習方法。而且「把包的過程中，不僅口裡念佛，心裡念佛，甚至以行動念佛」。因為

---

17 同註 14，頁 57。
18 同前註，頁 59。

在人群事物中學習，要處理每一個關卡，要考慮每一項細節，尤其突如其來的各種狀況，最佳策略就是親臨現場，面對實際狀況。證嚴上人說：「慈濟的第一個10年從慈善工作起步，我和少數慈濟委員穿梭大街小巷，甚至跋山涉水去訪貧，加上每年二次的全省複查。」[19]如此深入現場，自會發覺許多真實的問題。證嚴上人在遍踏各處，濟助貧窮之後發現一項奇怪現象：「愈救貧戶愈多，到底原因何在？

當時臺灣經濟正值起飛之際，只要願意，不愁沒有工作，為什麼有這麼多壯年人需要幫助？」於是以6年時間訪查，將接受救濟的家庭一一過濾，發現這些中年受助的人，多半是意外傷害或職業病，或者小病不醫拖成重病。由於家境本來就不富裕，原本的小康家庭，自然不堪長期病患拖累。加上這些中年病患大部分是家中經濟支柱，一旦病倒，全家生活都成問題，連孩子也無法求學，同時也將引發青少年問題。[20]證嚴上人走遍各地，「經過

---

19 同前註，頁6。
20 同註14，頁7。

收集資料再做分析，得到『因病而貧』的結論，所以決定辦義診」。[21] 在花蓮有義診後，又發現花蓮的醫療欠缺，「有些是因為設備不足，醫師根本不知道是什麼疾病，有的病情嚴重，必須住院，卻礙於資源有限，不一定有辦法醫治」。[22] 進一步了解又發現新的問題。由於臺灣東部的醫療資源嚴重不足，如果為搶救生命將男性病患送到西部醫院，則必須由太太跟隨照顧，留在家裡的孩子就無人照料。於是慈濟為了幫他們安家，就必須照顧孩子。問題愈來愈多。於是證嚴上人決心在東部建醫院，也終於完成此菩薩大願。這段歷程可以分析成為以下發現問題、分析問題及解決問題的模式：

這樣的「發覺問題I──分析問題1──尋找解決方案1──發覺問題2──分析問題2─尋找解決方案2──……」的模式，即是極佳的自主學習模式。

證嚴上人歸納這段過程曰：「佛陀留在人間的教育，讓我們啟發智慧、培養慈悲。如何啟發智慧？縱使說再多

---

21 同前註，頁8。
22 同前註，頁8。

| | |
|---|---|
| 發現問題 | ・冬令救濟，各地訪貧<br>・發現貧窮真相 |
| 思考問題 | ・愈救貧戶愈多<br>・思考造成貧戶原因 |
| 分析問題 | ・貧窮來自中壯年人意外傷害或職業病<br>・或小病不醫治拖成重病 |
| 分析問題 | ・生活成問題<br>・孩子無法就學 |
| 解決方案 | ・東部缺乏醫療資料，必須送到西部治療 |
| 新問題 | ・先生到西部治病，太太必須跟隨照顧<br>・孩子在家無人照料 |
| 解決方案 | ・安家<br>・照顧孩子 |
| 解決方案 | ・成立東部醫院 |
| 新問題 | ・如何在東部興建醫院<br>・思考新問題 |
| 解決方案 | ・分析新問題<br>・思考新問題的解決之道 |
| 新問題 | ・…… |

的方法與道理，只是愈聽愈深，還是『做中學，學中覺』才能體會深刻。」[23] 以「佛陀在人間的教育」為指標，可見深具學習的自覺。至於做中學，學中覺，更是自主學習上接學習佛法。使得自主學習的精神不僅用於學習技能，或學習現實問題的解決，更可提升為學佛修道的法門。

做中學、學中覺的自主學習方式，最大的優點，在於一旦動機強烈，方向明確，則遭遇的困難縱使千奇百怪，也能因事、因時、因人、因地制宜，找出最佳的解決方案。以初期慈濟發展為例，經常遇到無法預測的問題。尤其在早期臺灣教育尚不普及，不少慈濟委員是不識字的老太太，在募款時為了記錄每一筆善款的來處，就會想出適合自己的記錄方式。例如姓楊的小姐就畫一隻羊表示，或畫一棵樹代表捐款的人是門前有樹的人家；或者畫一隻雞在地上啄「米」，代表阿「美」捐的錢，因為臺語的「美」和「米」兩字的發音相同。[24] 這是慈濟第一年（民國55年）遇到的問題。

---

23 同註 14，頁 9。
24 見丘秀芷，《大愛》，頁 58。

慈濟也在「做中學，學中覺」理念下，每10年成就一項志業稱為一輪，陸續開辦了慈善、醫療、教育、人文等四大志業，40年稱為第一個宗門年輪。

自1966年成立慈濟功德會起，第一個10年在臺灣開啟慈善之門，散佈愛的種子。第二個10年的結束時，成就醫療志業，1986年花蓮慈濟醫院成立。第三個10年，推動教育志業，籌建護理學校之後，陸續完成幼稚園、小學、中學、大學、研究所之全程、全面、全人的「完全化教育」。第四個10年則是人文志業，從平面的期刊、有聲的廣播，到創建大愛電視臺。

自2007年起的第二個年輪，證嚴上人有如下的期許：

放眼天下苦難的人仍然很多，慈善要與國際賑災結合，醫療要加強推動骨髓移植的發展，教育則要結合社區志工，落實社區的社會推廣教育，海內外共同推廣人文道德倫理；人文則與環保理念結合，推動做環保、愛地球。[25]

---

25 證嚴法師，《真實之路》，頁 188。

這些期許又是為新階段設立的新目標。但是回顧第一個年輪的發展歷程，可以發現四大志業不是一開始就如此規畫，而是在「無緣大慈、同體大悲」的大愛精神推動下，在苦難的人群中發現問題、面對問題、分析問題、解決問題的過程中，一步一步累積而成。於是我們可以說，慈濟宗門的年輪，是在自主的學習歷程，慢慢形成。未來的年輪，也將在轉動中自行嘗試、修正、完成。

## 肆、自得自評學習：佛法生活化，菩薩人間化

　　自學精神的自得學習，是自行訂定明確的學習目標，而自評即是自我評量，評定是否合乎自訂的目標。目標清晰而且完全符合自己的理念與特性，即使遇到困難也能克服，也可能依照實際處境而加以修訂。

　　慈濟宗門的學習目標，簡單說是學佛行佛。但若細論，則又相當豐富而細緻。證嚴上人說：「我們的法門是佛在心中，法在行中，禪在生活中，道場在人群中；靜思法脈就是克己、克勤、克儉、克難，慈濟宗門在於復禮。」[26] 如此明白的目標，來自對佛法的體悟。證嚴上

人認為佛教是非常超然，充滿智慧，不只愛人，更愛普天下的眾生如子女，把父母愛子女的心拿來愛普天下的眾生。佛陀不只愛人類，凡是有生命的東西他都愛，「所以佛陀是一位超越宇宙人間的智慧者」。[27] 證嚴上人對佛陀教育的超越宇宙、超越時空，是科學的、哲學的、心理學的[28]，感到十分讚歎。於是立下志願，要把佛教人間化，人間菩薩化，要在日常生活中顯示佛教的教育。這是慈濟法門的學習目標，是自訂自明的。

有別於常人冀望福報，求取健康與成功，證嚴上人則不然，曾說：「我永遠都有一個目標，我的目標：不求身體的健康，我只要求精神明睿，智慧充足。因為精神與智慧是我們的慧命，慧命是長久不滅的。」[29] 人的目標，在於精神明睿與智慧充滿，他認為只要有明睿的精神和充足的智慧，就可以把時間、人生運用得非常充分與踏實。

---

26 同前註，頁 191。
27 釋證嚴，《自在的心靈》（台北：慈濟文化，1991 年），頁 192。
28 同前註，頁 193。
29 證嚴法師，《淨因三要》（台北：慈濟文化志業中心，1990 年），頁 157。

這是他對自己內在修為的要求。

　　如果是對於人文志業的方向，證嚴上人曾提出核心精神與實踐的標準是「佛法生活化」與「菩薩人間化」。證嚴上人說「慈濟四大志業中的每一志業都含有人文」[30]，換言之，「佛法生活化」與「菩薩人間化」也是各志業共同的精神。慈濟人文精神的基本理念是「內修誠正信實」、「外行慈悲喜捨」，而且擴大為「四緣合一」：

　　一、以誠正信實為大地：內修誠正信實，去除心田中妄念雜草，種子才得以生存。

　　二、以慈悲喜捨為和風：外行慈悲喜捨，這分道風德香讓人如沐春風，啟發他人善心善念。

　　三、以智慧妙法為淨水：以智慧妙法洗滌人心、滋潤心田，方能回師清淨本性。

　　四、以殷勤精進為陽光：開啟心門，讓陽光溫暖地照拂，善的種子才能萌芽、茁壯。[31]

　　四緣合一心地的菩提種子才能長成大樹。然而人文核

---

30 證嚴法師，《真實之路》，頁 127。
31 同前註，頁 134。

心精神與實踐，還是要從「佛法生活化」與「菩薩人間化」論起。

佛法生活化是因為「佛光不離世間法，倘若人人在世間的所作所為，都能情至理，就是佛法」。[32] 從自身生活而言，「學佛就是要修得時刻將自心、生活與佛法同步調，隨時都可以體味萬事萬物的道理」，到這個境界「行、住、坐、臥無不是修行，法法皆是禪，無論身處何時何地，都是修禪定的契機，只要多用心，信手拈來都是妙法」。[33] 從實踐面而言，「佛法不只是誦念或講述佛經義理，而是讀經明理後能確切實踐，才是真正弘揚佛教慈悲喜捨的精神：諸如慈濟辦慈善、建醫院、興學校，固然是因應社會的需要，其實也是廣開佛教大門」。[34]

「佛法生活化」是慈濟宗門重要的精神，證嚴上人說：「慈濟宗門，就是要『為佛教』，致力將佛法生活化，以出世的精神，『為眾生』行入世之事，才不枉來人間一趟

---

32 同前註，頁 136。
33 同前註，頁 137。
34 同註 33。

的殊勝因緣。」[35] 在實踐上，又細分為四小項，分別為：

「孝道」、「齋戒／護生」、「心素食儀」、「禮儀人文」。這四項自然是隨機隨緣而實施，也會因地制宜地發展。例如由「素食」發展出環保的理念。「禮儀人文」也發展出對不良習氣的摒除，連帶因為菸、檳榔會傷身，飲酒會亂心性，都會自損而損人，也在不可沾染之列。進一步又深化為生活美學，從整理居家環境。與家人相處、待客禮儀等等，或是茶道、花道、書道等，要能展現美的形態和涵養，也要能陶冶心靈。[36]

至於「菩薩人間化」，也是證嚴上人的理想：如果是「人人觀世音，個個彌陀佛」，結合 500 個人就有 1,000 隻手、1,000 隻眼，可以關照社會暗角，扶助苦難眾生，就如同「千手千眼觀世音菩薩」了。真正的菩薩，是能生起無私的愛心，為苦難人付出，幫助他人離苦得樂，就是人間的菩薩。[37]在實踐上又可以細論為「四攝法、戒定慧」、

---

35 同註 30，頁 138。
36 同前註，頁 152。
37 同前註，頁 153。

「守志、守心、守德、守戒」、「見苦知福、入群拔苦」、「知福、惜福、再造福」、「人間菩薩招生」、「推動『克己復禮，民德歸厚』運動」6項。其中「四攝法」即指布施、利行、愛語、同事四者。這些是隨機隨緣而發展，例如「守戒」，為「防非止惡」，預防造作錯誤的行為，發展出「以戒為制度，以愛為管理」的慈濟管理精神。而「見苦知福、入群拔苦」，則是人人知苦，然後共同造福的慈濟法門。「人間菩薩招生」即是推廣真誠的愛，將慈濟當成人間菩薩的道場，接引他人一同做好事，凝聚善的力量。「克己復禮」也發展出環保理念。[38]

證嚴上人談及「菩薩人間化」時說：「當初並不知慈濟的未來如何，只秉持著『菩薩人間化』的理念，一路用愛鋪路走過來。」[39] 這也就是自學精神中的「自得自評學習」，確定大方向及大原則，前進的途中所遇到的問題，依靠自發的學習動機為動力，再以自己的自主學習方式找出解決方案。

---

38 同前註，頁 152-170。
39 同前註，頁 152。

由於證嚴上人十分清楚自己學佛行佛的目標，也明白學習的預訂成果，因此總能百折不回，也能在必要時選擇最適宜的途徑，隨時可以檢驗發展的方向是否偏離預期成果？是否需要修正做法？是否需要調整短期目標？這就是自得自評學習的明確表現。

## 伍、結語

　　慈濟宗門開創了獨特的自學精神，以「不忍眾生受苦難」及「不忍大地受毀傷」的大愛為自發學習的學習動機，以「做中學、學中覺」開展無量法門成為慈濟宗門自主學習的學習方法，再以「佛法生活化，菩薩人間化」為慈濟宗門用愛鋪路走出的自得自評學習的預期學習成果。

　　我們可以將慈濟宗門的自學精神歸納入自學的圓形圖，見其架構：

| 自得自評學習（學習目標及評量）<br>「佛法生活化，菩薩人間化」 |
|:---:|
| 自主學習（學習方法）<br>「做中學、學中覺的無量法門」 |
| 自發學習（學習動機）<br>「不忍眾生受苦難、不忍大地受毀傷」 |

因此我們可以說，慈濟宗門發展史就是一部精彩的自學史，證嚴上人所開展的慈濟宗門，正是自學力的無上神妙法門。

　　面對觸手可及的未來世界，自學的能力更顯重要，「學習如何學習」，已廣泛包含在未來公民的基本素養之內。歐盟的歐洲議會和理事會採用的終身學習關鍵能力建議清單中，亦包含「學習如何學習」（learning to learn）一項。[40]此外，人工智慧（Artificial Intelligence，AI）領域內亦將機器的自學能力（self-taught learning）視為重點。[41]

　　自學力的研究是人類邁向未來最重要的課題之一。慈濟宗門對於自學力的探索與實踐，累積了極為寶貴的智慧和經驗，這也是我們不得不歎服並深入了解慈濟宗門的原因。

---

40 https．//eur-lex．europa．eu/legal -content/EN/TXT/?uri=celex：320 0
　　6H0962，2019 年 3 月 25 日 1 2：30 閱
41 儘管機器的自學和人類之間有些距離，但是雙方之間亦可相互借鑒。

引用書目：（依引用先後順序）

張新仁等合著，《學習與教學新趨勢》，臺北：心理出版社，2003年。

格林伯格（Daniel Greenberg）著，丁凡譯，《自主學習：化主動性為創造力，建構多元社會的瑟谷教育理念》，臺北：遠流，1999年。

菲立浦，索提絲（D. C. Phillips）著，劉子鍵譯《透視學習》，臺北：桂冠，1999年。

證嚴法師，《真實之路》，臺北：天下遠見，2008年。

丘秀芷，《大愛》，臺北：天下文化出版，1996年。

釋證嚴，《自在的心靈》，臺北：慈濟文化，1991年。

證嚴法師，《淨因三要》，臺北：慈濟文化志業中心，1990年。

〈認識證嚴上人〉，《慈濟》網站，2009年3月文。2018年12月23日12：20閱。http：//www. tzuchi-org/tw/index. php?option=C0111content&view=article&id=96%3 Aabout-master&cat id=58%3Amaster-scribe-re I ated& Itemid=181&lang=zh

2011.12.23 中國福建省冬令發放，花蓮靜思精舍德懷師父陪同志工發放物資。
（攝影／王鳳）

# 第六章
# 慈濟宗門從「善門」入「佛門」之析論

慈濟教育志業執行長辦公室　**簡東源主任**

## 摘要

　　善是中國之魂，也是人心之本。儒、釋、道三家皆以善為根本，雖有不同意蘊與方向，但是交互容受，相互影響。本文從傳統「善」之義理為出發，探討傳統觀念裡，「行善」與壽命長短、家運興衰的連動。次就佛教之「善」，說明眾善，即所有的修行，皆是趨向佛陀教義、教理、教法，不僅是個人解脫，更要有利他的菩薩行。在《了凡四訓》檢視了善的行為、動機，強調「善」的影響性，重視善的起心、動念。而永明延壽《萬善同歸集》為善行統合，所有的修行皆趨向實相、證取涅槃。文末引就善之「士、性、心、念、因、緣、根、力、願、行」等區分五個主軸、十個面向，相應於四諦、《無量義經》、

《法華經》、《法華玄義》及《華嚴經》善財童子五十三參，析論慈濟宗門從「善門」入「佛門」，非僅止於「進入」，而是契理契機的「契入」佛門。

關鍵字：慈濟宗門、善門

　　北宋契嵩（1009-1072）會通儒釋，提出：「夫聖人之教，善而已矣。夫聖人之道，正而已矣。其人正，人之，其事善，事之。不必僧，不必儒，不必彼，不必此。彼此者，情也，僧儒者，跡也。」[1]契嵩以「善」字概括、代表儒佛的倫理與實踐，聖人之道唯有純正而已。聖人之教化，就是以善化之，以正導之，至於僧人與儒者只是外貌、外在的差異，無需強分彼此，二者只是為了方便教化而有差別。

　　「善」的觀念在中土是雜揉各家思想，儒家強調「積

---

1 契嵩（1009-1072）生於宋真宗景德 4 年，卒于神宗熙寧 5 年，俗姓李，字仲靈，自號潛子，藤州鐔津（今廣西省藤縣）人，雲門宗法嗣。仁宗賜號「明教大師」。著有《嘉祐集》、《治平集》、《鐔津文集》，文集中《傳法正宗定祖圖》、《傳法正宗記》、傳法正宗論》，釐定禪定印度世系為西天廿八祖；《輔教編》對儒釋互補的闡釋，調合儒佛關係，影響深遠。《鐔津文集》卷 2。(CBETA, T52, no. 2115, p. 657a18-19)。

善」之家必有餘慶，道教倡導「勸善」成仙，佛教特別重視「眾善」奉行。「善」的實踐與奉行不僅共通於三教聖人之道，各家思想強調善，善不僅是各階層的「共通」交會，也得以「會通」融攝。

## 壹、中國傳統之「善」義

### 一、善的意蘊

自古以來，「善」的觀念受各方相互交錯影響，彼此滲透融合，「善」成為一種複合體。從思想上，從儒、釋、道三教到民間信仰，「善」的核心價值始終不變；在藝術文化呈現上，不論廟宇酬神、戲台搬演、民間說書、章回小說、鄉土傳說等等，善的精神理念始終不渝。下文先就文字上解析善的意義，再擇要略述各家之法與精神。

許慎《說文》：「善，吉也。從誩，從羊。此與義、美同意。」善屬會意字，本義是吉祥、與美、與義同，皆屬美好之語。「羊」有祭祀，吉祥。字詞有吉祥、美、義等意思，引伸為形容「美好的、吉祥的」，如盡善盡美。用在動詞上則為「善終善始」。名詞則有代表著義行、義

舉的「積善、善行」。

儒家對善的看法為何？從《論語》提到的「善者」、「善人」可以一窺孔子如何解釋與教導弟子：

「三人行，必有我師焉，擇其善者而從之，其不善者而改之。」〈述而〉

「『善人為邦百年，亦可以勝殘去殺矣』，誠哉是言也。」〈子路〉

「善人教民七年，亦可以即戎矣。」〈子路〉

「善人，吾不得而見之矣，得見有恆者斯可矣。」〈述而〉

子張問善人之道。子曰：「不踐跡，亦不入於室。」〈先進〉[2]

「舉善而教不能」〈為政〉

「嘉善而矜不能」〈子張〉

「見善如不及，見不善如探湯」〈季氏〉

---

2 子張問成為善良人的途徑。孔子說：「如果只想當個善良人，而不按照聖賢們已證實可行的修養心性的要領、方法，下力去學去修，學問、修養是無法達到精深的境界。」讚揚善人，同情弱者。

「如其善而莫之違也」〈子路〉

「子欲善而民善矣」〈顏淵〉

「樂道人之善」〈季氏〉

從孔子與學生的對話及教導中，對於善者、善人、到人之善等，主要都是用來描述外在的行為表現，因此，從外在的行為來判斷善與惡。所謂的「善者」不限於人的優點，也可以是好的行為表現。善與仁之間，由「仁」的概念而指涉「向善、擇善、至善」3個層次，在次第上有著向善、擇善而到達至善的層次。[3]

至於孟子主張「性善」更具體的以「孝悌」、「孝悌忠信」、「仁義忠信」、「仁義禮智」的德性及具體的道德價值行為來判斷。孟子使用具有道德意義的「善」概念，表現3點特色：「一是與具體的善行相聯繫；二是指涉外在的行為表現；三是必須出於內在的真誠。」[4] 孟子提出四個善端，由此四端是揚善抑惡，是布善法除袪惡法。

---

3 傅佩榮：〈儒家「善」概念的定義問題〉，「傳統中國倫理觀的當代省思」國際學術研討會，台灣大學哲學系主辦，2008-05-15。

4 同前註。

惻隱之心，仁之端也；羞惡之心，義之端也；辭讓之心，禮之端也；是非之心，智之端也。人有是四端也，尤其有四體也。〈公孫丑上〉

惻隱之心、羞惡之心、辭讓之心、是非之心，乃是「仁、義、禮、智」的4個準則。孟子以「為善」讓人更具體明白，也讓善行更為一般人通曉易懂，整理

《孟子》有關善的重要論述如下：

苟為善，後世子孫必有王者矣。……強為善而已矣。〈梁惠王下〉

孟子曰：「子路，人告之以有過則喜。禹聞善言則拜。大舜有大焉，善與人同。舍己從人，樂取於人以為善。自耕、稼、陶、漁以至為帝，無非取於人者。取諸人以為善，是與人為善者也。故君子莫大乎與人為善。」。〈公孫丑上〉

王誰與為不善？……王誰與為善？〈滕文公下〉

必使仰足以事父母，俯足以畜妻子，樂歲終身飽，凶年免於死亡，然後驅而之善，故民之從之也輕。〈梁惠王上〉

教人以善謂之忠，為天下得人者謂之仁。〈滕文公上〉

古者易子而教之，父子之間不責善，責善則離，離則不祥莫大焉。〈離婁上〉好善優於天下。〈告子下〉

　　民日遷善而不知為之者。〈盡心上〉

　　雞鳴而起，孳孳為善者，舜之徒也。〈盡心上〉

　　孟子提出，為善後世子孫可以稱王天下。「與人為善」則是和別人一起行善，是最高的德行。「王誰與為不善？」重在外在氛圍與客觀條件對人的影響。「驅之而善」則是明君要讓百姓安居、豐衣食足，引導人民從善。「教人以善謂之忠」說明用好的道理來教導別人可以稱為忠。「父子之間不責善」是指父子之間不可以用善道互相要求、責其完備，責善則容易使父子的感情疏離。「好善優於天下」君主只要好善，治理國家是綽綽有餘。「民日遷善」是因明君之故，讓百姓得以改變向善。「孳孳行善」勤快行善是舜這一類的人。孟子的性善，環境、君王、教化都可以改變一個人轉而向善。

　　傅佩榮提出孟子的性善是「人性本善」？或是「人性向善」？傅氏提出孟子的性善是「人性向善」的見解。筆者認為若以佛教的觀念而言，孟子的性善之說則是兼俱

二者，即存於內在之性，彰顯於行為之中。人性本善是
「根」（內在），人性向善是「力」（外在）。本善是潛在的
性質，向善是外顯的表現。

## 二、善與壽命、家運關係

老子《道德經》是站在「道」的高度來看善、惡，「善
者，吾善之，不善者吾亦善之，德善」。[5]對於善或不善，
站在道的立場，都是善待之，這叫「德善」（得也）。此
老子以自然的運行之道來看世間，自是一番的超越。此段
提醒聖人（理想的治者），以善心去對待任何人，不以主
觀去論斷是非好惡。

莊子則提出「為善」不可以求名才能免於刑戮。《莊
子‧養生主》：「為善無近名，為惡無近刑，緣督以為
經，可以保身，可以全生，可以養親，可以盡年。」[6]提
醒為善世俗人所認為的「善」事不要有求名之心，做世俗

---

5 《老子》第四十九章，參閱：陳鼓應註譯，《老子今註今譯及評介》（台
　北：台灣商務，1995 年），頁 170-172。
6 《莊子‧養生主》，參閱：陳鼓應註譯，《莊子今註今譯》（台北：台
　灣商務，1999 年），頁 102-104。

上的人所認為的「惡」事不要遭受到刑戮之害，順著自然的理路以為常法，就可保護生命，保全天性，可以養護身體，可以享盡天年。」

《易‧坤卦‧文言》：「積善之家必有餘慶，積不善之家必有餘殃。」[7]積善之家，是以「家」為計算單位，整個家族的禍福之報，是祖先與子孫之間的相互牽動，影響的層面擴大，而且福禍之積累是整體性，不限於個人。道教的早期思想也有提出類似的善惡應說，從個人的壽命乃至整體家族的福禍。道教認為天有司過之神，專門登記世人的善惡，奪算或延壽。對於欲修長生之道，有何禁忌？葛洪《抱朴子‧內篇‧微旨》依《易內戒》及《赤松子》及《河圖記命符》皆云：

> 天地有司過之神，隨人所犯輕重，以奪其算，算減則人貧耗疾病，屢逢憂患，算盡則人死，諸應奪算者有數百事，不可具論。[8]

> 又月晦之夜，竈神亦上天白人罪狀。大者奪紀。紀

---

7 《易‧坤卦‧文言》，參閱：陳鼓應、趙建偉著，《周易注譯與研究》（台北：台灣商務，2000 年），頁 41。

者，三百日也。小者奪算。算者，三日也。[9]

　　天地司過之神，會減少本命之數。司過之神即考核世人所犯的過失，並予以處罰之神，依著所過失的輕重，增減壽命，核實人的貧病，算盡人亡。社神負有考核之責，重大過錯減壽300日，輕微過失減壽3日。壽命依著善惡而增減，想要求長者，必需「積善立功，慈心於物，怒己及人……。」。《太平經》中對於善惡報應則以壽命作為連結。

　　為惡則促，為善則延。[10]

　　善者自興，惡者自病，吉凶之事，皆出於身，以類相呼，不失其身。天道無私，但行之所致。[11]

　　行善正，則得天心而生，行惡，失天心，則凶死。此死生即命所屬也。故言聞命也。[12]

---

8 《抱朴子、內篇·微旨》主要是闡說道家精微要妙之旨，全篇分為三：一、修煉的門徑，即道法；二、修行之戒條，即道德；三、具體的方術，即道術。參閱《新譯抱朴子》（台北：三民，1996年），頁149-173。
9 同前註。
10 王明編：《太平經合校》（北京：中華書局，1997年），卷一至卷十七，頁4。
11 同前註，卷一百，頁456。

善則延壽，惡則自病又減壽，生死大事與善惡報應相互牽動，二者產生一種對應的關係，善惡如何應證，《太平經》就以壽命為例證。再者，人皆希望長壽甚至長生不老，以善為延壽的命題，惡為警惕，也不失為一種方便又有例證的教化方法。《太平經》的承負說，基本上即是在這兩種思想的基礎上，提出天能賞善罰惡，且其賞罰不僅及於自身，並將流及後世的理論。至於另一個「承負減算說」更是具體，而且從個人的壽命，延長至祖先及子孫的關連，可以說是中國人的宗族觀念的具體展現。《太平經》的承負說如下：

> 承者為前，負者為後；承者，迺謂先人本承天心而行，小小失之，不自知，用日積久，相聚為多，今後生人反無辜蒙其過讁，連傳被其災，故前為承，後為負也。負者，流災亦不由一人之治，比連不平，前後更相負，故名之為負。負者，迺先人負於後生者也……[13]

承負減算是「承」先人的過失，或先人之績功，「負」

---

12 同前註，卷九十一，頁 355。
13 同前註，卷三十九，頁 70。

則是傳給後世子孫，不論是承先人，負後代，一個人要承負幾代呢？《太平經》提到：

> 凡人之行，或有力行善，反常得惡，有力行惡，而得善，因自言為賢者非也。力行善反得惡者，是承負先人之過，流災前後積來害此人也。其行惡反得善者，是先人深有積畜大功，來流及此人也。…因復過去，流其後世，成承五祖。一小周十世，而一反初。[14]

一個人要「承」前5代的福禍，並「負」後5代的因果，也就是一個承負的周期是10代，以家族、親人為對象。一個周期是10代。太平經的承負是家族式的福禍相依，並提福禍會延及子孫的觀念。[15]

受限於篇幅諸多與善有關的資料者眾，除了傳統思想

---

14 同前註，卷十八至卷三十四，頁 22。

15 有關承負思想，參閱袁光儀：〈《太平經》承負報應思想探析〉，《成大宗教與文化學報》，第二期（2002 年 12 月），頁 167-209。文中對於「前世報、現世報、後世報」的觀念中，「前世」是指前代先人、「現世」是本人今生，至於「來世」是指後代子孫，有別於佛教的三世因果觀。針對承負是指「先人有過，後人受災」與「先人深有積蓄大功，則後人蒙其惠」兩個重點觀點，也對承負的時限與範圍、承負的類別、承負的根據等進行論述。

之外，「善書」亦是傳播「善惡」觀念的重要載體。僅以
最負盛名、流傳最廣的是《太上感應篇》為例，是書編纂
於北宋末年至南宋初年，全書托「太上老君」所說，「感」
是感動，「應」是報應。全文 1,277 字，分總論、善行、
惡行和結論 4 部份，共列舉 22 項善行，155 項惡行。通
篇開端揭示立書宗旨：

> 太上曰：「禍福無門，惟人自召；善惡之報，如影隨
> 形。是以天地有司過之神。」[16]

福禍是自召，善惡之報，如影隨形。善有善報，惡有
惡報。強調著善惡因果有如立竿見影，如影隨形一般。警
世之意濃厚，也為善人必獲福佑，提出論述，由於是道教
之作，善人可望修煉為神仙，並訂立欲成「天仙」、「地
仙」的目標。

> 所謂善人，人皆敬之，天道佑之，福祿隨之，眾邪遠
> 之，神靈衛之；所作必成，神仙可冀。欲求天仙者，當立
> 一千三百善；欲求地仙者，當立三百善。[17]

---

16 〈太上感應篇〉https://book.bfnn.org/books/0477.htm
17 同前註。

民初印光法師十分推崇此篇，將全篇分為十章，包括，明義章第一、示警章第二、鑑察章第三、積善章第四、善報章第五、諸惡章第六、惡報章第七、指微章第八、悔過章第九、力行章第十，對於社會大眾與信眾以收教化之教。

　　以上略述「善」的思想與觀念。整體而言，從儒家的「善者」、行善的「善人」，孟子的「性善」不論是「本性之善」或「人性向善」，是著眼於善性本具及善性可修。道家的「善」、「惡」是站在道的高度來看，有善惡之觀，更要超越。莊子提出的行善不求名，都是基於行善時不偏執、不執著，才是心靈的昇華。道教強調善惡禍福悠關自身壽命，從壽命中提醒世人趨吉避凶，只有修善斷惡。太平經「承負」的觀念則提出修福子孫綿延，也可能禍殃後世。道家勸善書以修善成仙有望，激勵後人積極修善，必能成神仙。

　　明代以來，善書盛行，透過戲曲、民間藝術等各種方式勸人行善，善書在坊間處處可見，在民間更是守護中國之「魂」。日本學者吉岡義豐在觀察民間宗教認為善是守

護中國之「魂」提出：

「善」是生存於複雜歷史社會的中國人所可以永遠依靠的；如果失去了它，人生的憑藉將完全崩潰；這是任何東西也難以取代的生活必需品。對於中國人來說，善並不只是平面的倫理道德之勸誡語詞，它是中國人謀求社會生活時，視為與生命同價，或比生命更可貴，而謹慎守護的中國之『魂』」。[18]

綜言之，從古至今，「善」不僅關係到個人壽命的長短，也牽連著整個家族的運勢，更是先祖牽動後世子孫禍福的根本。「善」的底蘊建立於個人與宗族之間，更是修道成仙的終南捷徑。

## 貳、佛教之「善」

### 一、佛教「善」的意蘊

佛教的善法為何？《十善業道經》針對「善法」要從身、口、意3個面向進行修持，成就十善業道，此十事是

---

18 吉岡義豐，《中國民間宗教概說》，《世界佛學名著譯叢》第 50 冊（台北：華宇，1984 年），頁 5。

「人、天、聲聞、緣覺、菩薩乃至無上正等正覺」都需依此為根本。更能斷除惡道之苦。佛陀對龍王所說：

> 龍王，當知菩薩有一法，能斷一切諸惡道苦。何等為一？謂於晝夜，常念思惟觀察善法，令諸善法念念增長，不容毫分不善間雜，是即能令諸惡永斷，善法圓滿，常得親近諸佛菩薩及餘聖眾。言善法者，謂人天身、聲聞菩提、獨覺菩提、無上菩提，皆依此法，以為根本，而得成就，故名善法。此法即是十善業道。何等為十？謂能永離殺生、偷盜、邪行、妄語、兩舌、惡口、綺語、貪欲、瞋恚、邪見。[19]

經中強調修行十善業道，行為要遠離殺、盜、淫，言語要遠離不實的「妄語」、挑撥的「兩舌」、粗鄙的「惡口」及花言巧語的「綺語」，在思想及意念上要遠離貪、瞋、愚。「十善」被視為佛法修行的最基本方法，以此為根本之法，而得成就，故善法，善法即是「善」的法門。

---

19 《十善業道經》（CBETA, T15, no. 600, pp. 157c27-158a6）。此經為唐・實又難陀翻譯，北宋時施護重譯，名為《佛為娑伽羅龍王所説大乘經》（Sāgara-nāga-rāja-paripṛcchā），實為西晉月支國沙門竺法護譯，係釋迦牟尼佛為龍王所宣説的十善業道因果。

《四十二章經》也有相似記載，從身、口、意3個層面來增進自身的善行，經云：

佛言：「眾生以十事為善，亦以十事為惡。身三、口四、意三。身三者：殺、盜、婬；口四者：兩舌、惡罵、妄言、綺語；意三者：嫉、恚、癡，不信三尊，以邪為真。優婆塞行五事，不懈退，至十事，必得道也。」[20]

就個人的身、口、意三方面，檢視自身的舉止行為、語言溝通和思想意念。不論是外在行為表現或是內在起心動念都以十善為出發點，精進不懈怠，守五戒、十善必可得道。至於得什麼道？可以得五種道，可以證得人天、聲聞、緣覺、菩薩、佛的五種道。因為五戒十善是人天法，是人天修行的標準，從修五戒十善、尊敬三寶開始，漸次修行也可出離三界。印順導師《成佛之道》：「諸善之根本，佛說十善業，人天善所依，三乘聖法立。」[21]十善法與三福業（布施、持戒、修定）、五戒、八戒等，次第列為

---

20 《四十二章經》（CBETA, T17, no. 784, p. 722b6-10）。
21 印順法師，《成佛之道》（新竹：正聞出版社，2000 年），新版一刷，頁 110。

是菩薩、聲聞、緣覺、天、人──一切善行的根本，所以
說是「人天善所依」止。[22] 龍樹菩薩在《大智度論》提出
「十善道則攝一切戒」、「十善是總相戒」。

佛總相說六波羅蜜，十善為總相戒，別相有無量戒。[23]

十善道則攝一切戒。[24]

十善道：七事是戒，三為守護故，通名為尸羅波羅
蜜。」[25]

總相戒是根本，也是統攝攝一切戒。聖嚴法師在〈十
善業道是菩薩戒的共軌〉一文歸納出十善業道是「是世
間善法的常軌」、「十善與五戒都是佛法的正道」、「十
善是世間善業道也是出世間無漏道」、「由十善正行道而
成為十善律儀戒」、「十善是凡聖同歸大小兼備的菩薩戒
法」。[26]《優婆塞戒經》卷六〈業品〉，提及十善道在佛未

---

22 同前註。
23 《大智度論》，卷 46，〈18 摩訶衍品〉（CBETA, T25, no. 1509, p.
   395b21-22）。
24 同前註，（CBETA, T25, no. 1509, p. 395b29）。
25 同前註，（CBETA, T25, no. 1509, p. 395c17-18）。
26 聖嚴法師，《菩薩戒指要》（台北：法鼓文化，1999 年），頁 76-
   118。

出世時就是戒，可以說是普世價值。

　　善生言：「世尊！諸佛如來未出世時，菩薩摩訶薩以何為戒？」

　　善男子！佛未出世，是時無有三歸依戒，唯有智人求菩提道，修十善法。是十善法，除佛無能分別說者，過去佛說流轉至今，無有漏失，智者受行。善男子！眾生不能受持修集十善法者，皆由過去不能親近諮承佛故。[27]

　　佛未出世時，以修十善法為戒，修集十善法就是親近諮承佛。聖嚴法師分析「可以從許多不同的角度來運用十善法，從《雜阿含經》開始，十善法即有戒律、業道、善行、正道行、真實法、涅槃解脫法的功能。」[28]大小乘對十善法均相當重視。善的梵語 kuśala，巴利語 kusala 是一個

---

27 《優婆塞戒經》，卷 6，〈24 業品〉，（CBETA, T24, no. 1488, p. 1066c4-10）。

28 聖嚴法師，《菩薩戒指要》（台北：法鼓文化，1999 年），頁 79。其他經典中以十善法為其內容者有《維摩詰經‧佛國品》、《大品般若經》卷五〈問乘品〉卷二十〈攝五品〉、《十住經》及《十地經》〈離垢品〉等。另有關十善資料可參閱：圓持法師編著：《佛教倫理》（北京：東方出版社），頁 59。歸納十善：「十善為戒，受十善戒法，受十善時限，十善為十德，十善是聖道，十善是解脫本，十善是布施本，十善是果報。」

形容詞，意為「好的、善的、增長、改善、有利益的，用以形容能帶來利益、好處的事物或行為。」[29]敘說菩薩階位及三聚淨戒等之因行的《菩薩瓔珞本業經》提出「順第一義諦起名善。」[30]第一義諦就是依循佛教教義、教理及佛陀真理稱之為「善」。

《成唯識論》則以「能為此世他世順益故名為善。」[31]「順益」意思為「隨順佛法，利益自他」的精神。「此世他世」代表著善有著時間的上下延伸，「自他」則是意味著「人與人之間」的空間性。不但是自己與他人，更從此世至他世都是有益。《大乘義章》將善從因果、空性之理及佛果分為三層次：

順義名善。順有三種：

一順益上昇名之為善，若從是義下極三有人天善法齊

---

29 《佛光大辭典》，頁 4873。

30 《菩薩瓔珞本業經》，卷 2，〈7 大眾受學品〉，（CBETA, T24, no. 1485, p. 1021c29）。全經分八品：集眾品、賢聖名字品、賢聖學觀品、釋義品、佛母品、因果品、大眾受學品、集散品，以闡述菩薩之階位及修行。〈大眾受學品〉的「三聚淨戒」，以八萬四千法門作攝善法戒；以慈悲喜捨四無量心作攝眾生戒；以十波羅夷作攝律儀戒。

31 《成唯識論》，卷 5，（CBETA, T31, no. 1585, p. 26b12）。

名為善。

二順理名善，謂無漏行。若從是義下極二乘所修善法皆名為善，同順理故。

三體順名善，謂真識中所成行德，相狀如何，法界真性是己自體，體性緣起集成行德，行不異性，還即本體。[32]

第一以「順益」為善，從「因果觀」來看，包括人、天、乃至菩薩、佛果皆屬於善的行果。依三世因果及六道輪迴，此生能成為人天以上都是前世善的體現。正如前言順益即是「隨順佛法，利益自他」。第二是順理，即是「隨順無相、空性之義理」為善。簡言之，即不執著「行善」或「善行」之相，重視空性之理，能稱之為「善」。第三是以「體」順為善，「體」即是指隨順於「法界真性為自體」，契入體性一如，這需經由修持才能有所體悟，只有佛才能達到的至善、圓滿的善。

《法句經》〈七佛通戒偈〉是最常被引用的經典名句，

---

32 《大乘義章》，卷 12，（CBETA, T44, no. 1851, p. 697a3-9）。

不僅揭櫫佛陀教育、佛法精義，代表著佛教共通、普遍性的精神，也備受佛教的重視與推崇。所謂：

> 諸惡莫作、眾善奉行，自淨其意，是諸佛教。[33]

佛教的「善」從攝護身、口、意的「十善」為開端，也就是個人行為規範的「戒」，也有內心意念的心理活動，再延伸為益利「此世他世」時間性，並以「人與人之間」的空間為範疇。佛教的「善」以符合佛陀教法為判準，跨越時間，連結人與人之間，實踐於當下的空間。

## 二、行善的解析與校量

上文探討佛教「善」的意蘊，下文將就「善」的解析與校量考察，以明・袁了凡（1533-1606）所撰《了凡四訓》為考察，此書結合儒、釋、道，佛教三世因果的善書，影響社會大眾深遠、流傳久遠。全書分「立命之學」、「改過之法」、「積善之方」、「謙德之教」等四篇。袁氏遇見雲谷禪師，改變思想，從宿命論轉變為因果報應，並引證

---

33 《法句經》，卷 2，〈22 述佛品〉，（CBETA, T04, no. 210, p. 567b1-2）。

了積善造福可消災延壽等觀念。針對積善的發心、真偽、端曲等見解與分析，袁氏提及：

> 凡此十條，所行不同。同歸於善而已。若復精而言之，則善有真有假，有端有曲，有陰有陽，有是有非，有偏有正。有半有滿。有大有小。有難有易。皆當深辨。為善而不窮理。則自謂行持。豈知造孽。枉費苦心。無益也。[34]

袁氏舉事證說明行善需明辨真假，部分行為看似善行，然要審視行善時的起心動念，方臻圓滿。因為「為善不窮理，則自謂行善，豈知造業，枉費苦心，無益也。」提醒大眾行善要為透徹其理，否則自以為行善，殊不知是在造業。對於善的「真假、端曲、陰陽、是非、偏正、半滿、大小、難易」等行為的判準如下：

> 何謂真假？
> …利人者公，公則為真；利己者私，私則為假。
> 又根心者真，襲跡者假。又無為而為者真，有為而為者假。

---

34 《了凡四訓》，（CBETA, B28, no. 159, p. 814a14-17）。

何謂端曲？

…純是濟世之心則為端，苟有一毫媚世之心即為曲。純是愛心之心則為端，有一毫憤世之心則為曲。 純是敬人之心則為端，有一毫玩世之心則為曲。

何謂陰陽？

…凡為善而人知之則為陽善，為善而人不知則為陰德。

何謂是非？

…乃知人之為善，不論現行，而論流弊，不論一時，而論久遠。

不論一身，而論天下。現行雖善，而其流足以害人，則似善而實非也。

現行雖不善，而其流足以濟人，則非善而實是也。

何謂偏正？

…以善心而行惡事者也，又有以惡心而行善事者。

…故善者為正，惡者為偏，人皆知之，其以善心而行惡事者，正中偏；以惡心而行善事者，偏中正也。

何謂半滿？

…又為善而心不著善。則隨所成就皆得圓滿。心著於
善。雖終身勤勵。止於半善而已。

是謂一心清淨。則斗粟可以種無涯之福。一文可以消
千劫之罪。

倘此心未忘。雖黃金萬鎰。福不滿也。

何謂大小？

…故志在天下國家則善雖少而大，苟在一身雖多亦
少。

何謂難易？

…凡有財有勢者，其立德皆易，易而不為，是謂自暴。

貧賤作福皆難，難而能為，斯可貴耳。[35]

試歸納如下表釋之：

| 何謂真假 | 真 | 利人<br>根心（從良心發出）<br>又無為而為者真 | 假 | 利己<br>襲跡（循例）有為而為 |
|---|---|---|---|---|
| 何謂端曲 | 端 | 濟世之心<br>愛心之心敬人之心 | 曲 | 媚世之心憤世之心<br>玩世之心 |
| 何謂陰陽 | 陰 | 為善而人不知則為陰德 | 陽 | 善而人知之則為陽善 |

---

35 《了凡四訓》，（CBETA, B28, no. 159, pp. 814a17-816b4）。

| 何謂是非 | 是 | 現行雖不善，而其流足以濟人，則非善而實是也。 | 非 | 現行雖善，而其流足以害人，則似善而實非也。 |
|---|---|---|---|---|
| 何謂偏正 | 正 | 以善心而行惡事者，正中偏 | 偏 | 以惡心而行善事者，偏中正 |
| 何謂半滿 | 滿 | 心不著善 | 半 | 心著於善 |
| 何謂大小 | 大 | 志在天下國家 | 小 | 苟在一身 |
| 何謂難易 | 難 | 貧賤作福 | 易 | 有財有勢 |

　　善是一種性質，袁了凡從行善的動機、態度、行為、結果及功效等解析，最重要依據是行善的「心念」，重視利他、無我、無求、無為的精神。至於面對善的類型，袁了凡以「隨緣濟眾，其類至繁」，提出了10個行善綱領：一、與人為善，二、愛敬存心，三、成人之美，四、勸人為善，五、救人危急，六、興建水利，七、舍財作福，八、護持正法，九、敬重尊長，十、愛惜物命。他認為「善行無窮，不能殫述，由此十事，而推廣之，則萬德可備矣。」雲谷禪師出示功過格，袁氏記載善事惡過，日日改過遷善。善惡經過「量化」，以善功、惡過來計量其輕

重，有如刑法中的「刑度」，及功德之多寡，有助於平民百姓理解事功與過錯，頗能收到教化的功能，也能功過相抵。[36] 袁了凡從四個面向來改命造運，會通三教的思想，結合因果報應，並提出行善轉禍為福之例證，改為了宿命論，對民間社會的影響深遠。

## 三、「不思善」與「萬善同歸」

前文提及「諸惡莫作，眾善奉行，自淨其意，是諸佛教。」勸善斷惡是修行之宗趣，但是惠能在《六祖壇經》：「不思善，不思惡正與麼時，那箇是明上座本來面目？」：

---

36 方思翰，《修身與化民：論明末清初功過格的儒學內涵》（臺北：政治大學碩士論文，2012 年）。從「修身」與「化民」的角度探討功過格的內涵，指出該書已具「類經典」的性質，同時具有對人的「規範性」。楊均尊，《安身立命之道—《了凡四訓》之義蘊與生命實踐》（嘉義：南華大學生命研究所，2005 年，碩士學位論文）。以「安身立命」生命實踐的內容。「命由我作，福自己求」，「改過向善，近福遠禍」，「積德行善，厚植福因」，以及「虛懷若谷，惟謙受福」，並進一步詮釋與分析《了凡四訓》之內容，提出其符合「安身立命」義涵之生命實踐的內容重點為「持經誦咒，心念清靜無雜」，「積極改過，持續改過」，「行善積德，記錄功過」，和「虛懷若谷，平安幸福」。

惠明至，提掇不動，乃喚云：「行者！行者！我為法
來，不為衣來。」惠能遂出，坐盤石上。惠明作禮云：「望
行者為我說法。」

　　惠能云：「汝既為法而來，可屏息諸緣，勿生一念。
吾為汝說。」明良久。惠能云：「不思善，不思惡，正與
麼時，那箇是明上座本來面目？』

　　惠明言下大悟。」[37]

　　惠明要奪取六祖惠能的衣缽，提掇不動。並表明不是
為衣而來，是為求法，並請六祖告訴惠明：「不思善，不
思惡，正與麼時，哪個是明上座本來面目？」悟了這念
心，就能得解脫。善惡是二元對立，但經文所提不思的
「思」是「執著」，即不執著、不執著善惡的念頭。不執
著、不被繫持縛住即解脫。如同《金剛經》所說「應無所
住而生其心」。而「不思善、不思惡」，指的是一念不生
的當下，心性本清淨、無染濁，善惡淨染皆是念起所致，
找回自性、自心，即是悟。

---

37 《六祖大師法寶壇經》，（CBETA, T48, no. 2008, p. 349b20-26）。

而善的歸結，則以被雍正推崇為「古今第一大善知識」的永明延壽（904-975）[38]，其所著《萬善同歸集》作為圭臬，是書開宗名義揭櫫：「夫眾善所歸，皆宗實相。」[39]「眾善」即是指所有與善相應的思想與行為，歸趣到真如實相，「實相」即是涅槃、真如。永明延壽強調「萬善同趨菩提，眾行共成涅槃。」在永明延壽另一著作《宗鏡錄》「舉一心為宗，照萬法如鑑」為旨趣[40]，結合禪宗的「頓悟」，華嚴宗的「圓修」，作為佛教內部的調合各家之說及融合各宗之義，所謂「和會千聖之微言，洞達百家之秘說。」[41]宗教哲學是以禪教會通和禪淨合一為主。[42]這個基礎之下，再提出眾善同歸的理念，並舉「事善」及

---

38 雍正〈御製妙圓正修智覺永明壽禪師萬善同歸集序〉：「誠以六祖以後，永明為古今第一大善知識也。乃閱至所作《萬善同歸集》，與朕所見，千百年前，若合符節。」期著作「……如日月經天，江河行地，至高至明，至廣至大，超出歷代諸古德之上。」

39 《萬善同歸集》，卷 1，（CBETA, T48, no. 2017, p. 958a23）。

40 「所謂舉一心為宗。照萬法為鑑矣。」《宗鏡錄》，卷 1，（CBETA, T48, no. 2016, p. 415a18-19）。

41 《宗鏡錄》，卷 34，（CBETA, T48, no. 2016, p. 612a5）。

42 參閱冉雲華，《永明延壽》（台北：東大，1999 年），頁 147。第四章「宗教實踐哲學」，探討永明延壽「觀心」思想的展開。

「理善」作為善的進路，針對當時社會只重義理，不重視實修，提出的對治與調合。引用「一毫之善，本趣菩提」[43]修一善心，破百種惡」[44]眾人細微之善也能成就菩提。另一特點是強調由心做起，助道則以慈悲為道。

　　問：「萬行之源，以心為本。助道門內，何法為先？」

　　答：「以其真實正直為先，慈悲攝化為道。以正直故，

　　果無迂曲，行順真如；以慈悲故，不墮小乘，功齊大覺。以此二門，自他兼利。」[45]

　　以心為本之外，更應腳踏實地，落實而不落空，以其正直為先，以慈悲攝化為導。正直與慈悲才不墮小乘，自利利他。發菩提心是首要，「夫從凡入聖，萬善之門，先發菩提心，最為第一。乃眾行之首，履道之初，終始該羅，不可暫廢。」[46]在具體的方法上，永明延壽也歸結出，「六度」、「四攝」是「化他妙行」是大乘菩薩自利利他的

---

43　「荊溪尊者云：『一毫之善，本趣菩提」，《萬善同歸集》，卷 2，
　　（CBETA, T48, no. 2017, p. 976a6-7）。

44　「《涅槃經》云：『佛說：「修一善心，破百種惡；如少金剛，能壞須彌；
　　亦如少火，能燒一切；如少毒藥，能害眾生。少善亦爾，能破大惡。」』」
　　《萬善同歸集》，卷 2，（CBETA, T48, no. 2017, p. 975c6-8）。

45　《萬善同歸集》，卷 3，（CBETA, T48, no. 2017, p. 975c2-5）。

46　《萬善同歸集》，卷 2，（CBETA, T48, no. 2017, p. 977b18-20）。

基本修行。[47]《善同歸集》的「眾行」計有三十餘種，如：供養三寶、恭敬佛像、廣興法會、稱念佛號、誦念佛經、修習禪定、行道念佛、禮佛拜佛、奉持戒律、懺悔罪業、講唱大眾、製論釋經、著文解義、翻譯大乘、廣行經咒、慈心孝順、供養父母、十度四攝、嚴格苦行如燃指燒身、燒臂、遺身、投巖、赴火、放生贖命等等。[48]切修行都是善行，都與佛教不相違背，都能通達佛教真理，所謂「以行者，緣一切善法；無行者，不得一切善法」。[49]

佛教的善惡意義的論述上，方立天歸結為3個層面：「其一道德層面、其二心性層面、其三形而上層面」。道德層面是屬於世間的善惡相對立，心性層面是眾生的本性、人的本性是善或惡的問題。形而上層面，佛教以出世間的涅槃解脫境界為善。[50]對「善」的定義及了凡四訓善書的勸善含攝道德的規範及善的利益與質量，《萬善同歸

---

47 「夫化他妙行，不出十度、四攝之門；利己真修，無先七覺、八正之道。攝四念歸於一實，總四勤不出一心；嚴淨五根，成就五力。」《萬善同歸集》，卷 2，（CBETA，T48, no. 2017, p. 969a26-28）。

48 袁家耀釋譯，《萬善同歸集》（高雄：佛光，1996 年），頁 8。

49 《萬善同歸集》，卷 1，（CBETA，T48, no. 2017, p. 959b14-15）。

50 方立天，〈中國佛教倫理及其哲學基礎〉，《哲學與文化》，第 259 期（1995.12），頁 1137-1138。

集》則是回歸於眾善萬行皆趨於菩提之道。

## 參、從「善門」契入「佛門」

　　六祖惠能大師：「佛法在世間，不離世間覺，離世覓菩提，恰如求兔角。」[51] 隨著時代的需求及環境的變遷，慈濟宗門以「菩薩人間化，佛法生活化」為宗旨，依社會的需求而發展出四大志業、八大法印[52]，以四法四門組織志工團隊，完備志工之功能與勤務。因為善士不僅要做好事，更要發菩提心、大悲心、空性觀，不僅事善，也能契入理善。下文試從善之「士、性、心、念、因、緣、根、力、願、行」區分為5個主軸、10個面向，析論慈濟宗門從「善門」契入「佛門」。[53]

---

51 《六祖大師法寶壇經》般若品第二。（CBETA, T48, no. 2008, p. 351c9-10）。

52 慈善、醫療、教育、人文四大志業，再加上國際賑災、骨髓捐贈、社區志工、環境保護，合稱八大法印。

53 「上人據《法華經》開創慈濟法門使入門者「從善門入佛門」。參閱：釋德凡編撰，《證嚴上人思想體系探究叢書》（臺北：慈濟文化，2008 年），頁 1018。

## 一、善士雲集、善性本俱

　　佛教所指的「善人」是持戒修善者，慈濟在接引「善人」後，經過培訓，有著共同的目標，共同成就善事，成為有志之「善士」。慈濟的緣起係證嚴法師一人帶領30位婦人，在慈善的基礎上，往共同的目標前進。慈濟醫院啟建時，曾有一位日本企業家願意捐兩億美金，全力支持建院，但是上人婉謝。[54] 因此慈濟醫院建院時，即揭櫫慈濟的核心「福田一方邀天下善士，心蓮萬蕊造慈濟世界。」廣邀天下善士，聚集有志向善之士，從而擴及全球。[55] 證嚴法師期待善士的共聚，而非僅由少數善人支持，故集合眾人的力量，朝著善行的目標前進。目前，慈濟在 66 個國家地區設立的分支分會所、聯絡處是慈善推動的重要據點，更是凝聚善士的中心。

　　除了慈善援助，救拔身心病難的部分，「國際慈濟人

---

54 摘自：《證嚴上人衲履足跡》2008 年秋之卷。

55 「善士」需經見習及培訓，才足以承擔志業的責任。「慈濟委員」、「慈誠」需先經 1 年見習，再歷 1 年的培訓，從見習、培訓中，學習擔任志工時所面對的問題，通過培訓後，由證嚴法師親自授證，投入社區的各項工作。

醫會」（Tzu Chi International Medical Association, TIMA）也是匯集大醫王及白衣大士的組織，人醫會於 2000 年召開首屆年會，正式對外公布組織成立，提供醫護人員貢獻所長，也讓醫療網絡延伸到各地。已在全球 11 個國家，設有 58 個據點、超過 7,000 名醫護專業志工，形成一個有組織、有系統的全球醫療服務網。人醫會平日以關懷居住地貧苦患者為主，執行包括外科手術在內的全科性義診服務，若國際間發生災難，亦配合慈濟賑災行動進行醫療救援工作。[56]

　　除此之外，在教育的領域也接引教師組成「慈濟教師聯誼會」，以「研討慈濟人文精神，融入教學活動中；淨化校園，祥和社會」為宗旨，期許以「菩薩的智慧」和「媽媽的愛心」，在校園播下美善的種子。教聯會的活動有：聯誼茶會、靜思語教學研習、關懷慈善機構、醫院志工、

---

56 1996 年成立「慈濟醫事人員聯誼會」，以「醫病、醫人、醫心」為宗旨，1998 年更名為「慈濟人醫會」，證嚴上人期許由醫師、醫護人員、醫技人員、藥劑師、委員、慈誠等志工所組成的醫療服務團隊，能以尊重生命為出發點，做到全人、全方位的身、心、愛之照顧與關懷，共同為社區及醫療資源缺乏的地區服務。

靜思語教學成果展、刊物發行、海外人文交流、社區教育、營隊活動。[57]將教師教化的力量集合，證嚴法師：「借力，用力，集人人之大力。」[58]發揮善的群體力量，善士雲集是契入善門之始，接著肯定人人本俱之善性。

佛教的「性」，是指人本具之理體，性俱「善、惡、無記」三性。天台智顗大師提出「性具善惡」、「善惡互具」。[59]《觀音玄義》：「闡提斷修善盡，但性善在；佛斷修惡盡，但性惡在。」[60]智顗本於眾生佛平等，本具善惡。性俱善惡強調人的本性有其善的一面，同時也具有惡之一

---

57 慈濟教師聯誼會於 1992 年 7 月 23、24 日在花蓮靜思堂舉行成立大會。

58 證嚴法師，《靜思語》第一、二、三集典藏版（台北：慈濟文化），頁 374。

59 智者大師為強調「心」的性具，而展開十界互具，一念三千，法去塵塵，具一切法的圓融論理，更以「性具」而展開佛身論的「如來性惡」思想，即：下至一闡提，上至如來的示現，即善、惡兼具（修善，性善俱足，修惡斷，理惡—性惡存）。而闡提雖具惡的一面，但另一面還也具有性德的理善之存在。智者大師這理論的焦點，在於「上求與下化」的方便，換言之，如來絕不是欣慕於常寂光中的享受而忘棄度生，闡提也不是失望而無法上進的。這種思想充分的暗示著如來是事惡已斷，尚留理惡—性惡的存在。參閱：釋慧嶽，《天台教學史》（臺北：中華佛教文獻編撰社，1979 年），頁 175。尤惠貞，《天台宗性具圓教之研究》（臺北：文津，1993 年）。

60 《觀音玄義》，卷 1，（CBETA, T34, no. 1726, p. 882c10-11）。

面。六祖惠能著重「自性」清淨，《六祖壇經》：「何期自性，本自清淨；何期自性，本不生滅；何期自性，本自具足……」[61] 不論性的善、惡，善性本俱，說明人性光明面，儘管有惡的、負面的，但仍應該受肯定，應藉由修行，積極的發揮正向、善的本性。

慈濟的核心價值即是「尊重生命，肯定人性」，更要顯揚人性本俱的善性。證嚴法師：「內觀自性是最美風光。」[62] 在國際賑災中，最能綻放出人性中「善」的光芒。國際重大災難時，往往是一方有難，十方馳援，不分國籍、種族、宗教、區域、膚色乃至性別，捐獻愛心，相互扶持。舉例而言，1991年6月，大陸華中、華東發生大水患，洪水肆虐18省市，受災兩億多人，200萬無家可歸的災民在淮河堤上搭起帳蓬，慈濟以愛、以善搭起兩岸的橋樑，跨越政治的鴻溝，展開人道救援。再援以2009年8月8日，臺灣發生莫拉克風災，全球52個國家地區亦捐助善

---

61 《六祖大師法寶壇經》，（CBETA, T48, no. 2008, p. 349a19-20）。
62 證嚴法師，《靜思語》第一、二、三集典藏版（臺北：慈濟文化），頁470。

款馳援。[63] 其中，當時適逢強震的海地災民也捐款幫助臺灣，金額雖不多，但從中展露人性之善、人性之美。

慈濟自 1966 年起由一念善心，從「慈善」開展出「醫療、教育、人文」四大志業。就其發展，從志工走入民間，深知「苦」難貧窮逼身，開辦慈善志業；從援助過程中，洞悉眾苦是貧病交集，為斷離苦「集」，創立醫療志業；為徹底「滅」除苦難與煩惱，創辦學校推動各項教育，最終以建立人文志業，作為淨化人心修「道」的指引。四大志業的發展與四聖諦之「知苦、斷集、慕滅、修道」的理路深深契合，也因此，廣泛接引善人成為「善士」。善士如「雲」，因雲能致雨，雨則普潤大地，象徵著善士之平等性、普遍性；從國際賑災、人醫會等援救行動中，隨著每個人的專長而貢獻一己之力，人人可成為善士，體現無差

---

63 慈濟針對莫拉克風災提出「八八惡水毀大地；秉慈運悲聚福緣」慈善專案，國內及海外共計 52 個國家地區發起捐款，募善與愛匯聚臺灣。
http://www.tzuchi.org.tw/%E7%9B%B8%E9%97%9C%E9%87%8B%E7%
96%91/item/15892-%E3%80%90%E6%85%88%E6%BF%9F%E3%80%
8C%E8%8E%AB%E6%8B%89%E5%85%8B%E9%A2%A8%E7%81%BD
%E3%80%8D%E5%B0%88%E6%A1%88%E5%B0%88%E6%AC%BE%E
5%B0%88%E7%94%A8%E8%AA%AA%E6%98%8E%E3%80%91

---

別的善性，展現「善性本俱、善士雲集」的精神。

## 二、善心啟發、善念恆持

「心」是識知目標的過程，然一般皆以此過程為目標。[64]《大寶積經》對於心的多種譬喻，包括水、電、風來描述心的相狀、心的不定、心的快速變化，捉摸不定如狂象、惡賊、盜賊。心更如猿猴一般，快速跳躍奔跑。經文對「心」的詮釋如下：

心去如風、心如流水、心如燈焰、是心如電、心如虛空、心如獼猴、心如畫師、心不一定、心如大王、心常獨行、心如怨家、心如狂象、心如吞鈎、心如蒼蠅、心如惡

---

64 華嚴宗五祖宗密《禪源諸詮集都序》把心分為 4 種「肉團心、緣慮心、集起心、堅實心」。「汎言心者。略有四種。梵語各別翻譯亦殊。一紇利陀耶。此云肉團心。此是身中五藏心也（具如黃庭經五藏論説也）二緣慮心。此是八識。俱能緣慮自分境故（色是眼識境。乃至根身種子器世　界是阿賴耶識之境。各緣一分。故云自分）此八各有心所善惡之殊。諸經之中。目諸心所總名心也。謂善心惡心等。三質多耶。此云集起心。唯第八識。積集種子生起現行故（黃庭經五藏論。目之為神。西國外道。計之為我。皆是此識）四乾栗陀耶。此云堅實心。亦云貞實心。從具體的心臟，到屬於心理活動的根、塵、識、阿賴耶識及清淨自性心等，讓具體又不可捉摸的「心」，進行一個次第性的理解。但此處以善心所為主。

鬼、心常貪色、心常貪聲、心常貪香、心常貪味、心常貪
觸。[65]

　　歸結經文,無非是呈現「心」的功能、作用、表現、
及近因。具體而言,心是浮動的、心具種種功能、心能起
種種作用。因此《楞嚴經》佛陀為阿難「七處徵心」,阿
難提出「心在身內、心在身外、心潛在根、外明內暗、心
隨所合、心在身中、心是無著」等皆被佛陀所破斥。[66] 畢
竟覓心不可得。因為我們的心(識知活動)是不斷地對外
攀緣,就像猴子攀著樹枝一般,快速地跳躍著。因此佛門
修行強調治心、修心,大珠慧海禪師引經云:「聖人求心
不求佛,愚人求佛不求心,智人調心不調身,愚人調身不
調心。」[67] 道信禪師:「百千法門,同歸方寸,河沙功德,
總在心源。」[68] 華嚴經云:「若人欲了知,三世一切佛,應

---

65　《大寶積經》,卷 112,(CBETA, T11, no. 310, p. 635b15-c1)。

66　楞嚴經的七處徵心,以宋‧孤山智圓法師(976-1022)〈無生偈〉:「上
　　七番,破四性:在內、潛根、救內,破自性;在外破他性;中間破共性;
　　隨合、無著,破無性。」

67　《頓悟入道要門論》,(CBETA, X63, no. 1223, p. 18a15-16 // R110, p.
　　840b9-10 // Z 2:15, p. 420d9-10)。

觀法界性，一切唯心造。」[69] 宇宙萬法無不是心所生成，因此「心如工畫師，能畫諸世間，五蘊悉從生，無法而不造。」[70] 心如工畫師，世界的變現及各種唯心所造，心是一切的根源，所謂「三界唯心，萬法唯識。」

善心的表現有哪些？《大乘百法明門論》：「善十一者，一信、二精進、三慚、四愧、五無貪、六無瞋、七無癡、八輕安、九不放逸、十行捨、十一不害。」[71] 分析天親菩薩將宇宙人生的萬事萬物，歸納為一百個名相、一百個法來解說，涵攝生理、心理及物理。前文提及「能為此世他世順益，故名為善。」也是此世是現在，他世是過去與未來，益者益於自他。在時間上是跨越三世，在空間上是人與人間之間彼此受益，方符合「善」法。

馬斯洛將人類需求分成5層次[72]，其中，生理需求（Physiological needs）、安全需求（Safety needs）最基本的

---

68 《真心直說》，（CBETA, T48, no. 2019A, p. 1003a15-16）。
69 《大方廣佛華嚴經》，卷 19，（CBETA, T10, no. 279, p. 102a29-b1）。
70 《大方廣佛華嚴經》，卷 19，（CBETA, T10, no. 279, p. 102a21-22）。
71 《大乘百法明門論》，（CBETA, T31, no. 1614, p. 855b27-29）。

需求。一般人往往是滿足「生理需要」——衣食無虞後，才會關懷他人，正所謂的「倉廩實而知禮節，衣食足而知榮辱」。但在土地貧瘠、人民困窮、社會貧困的非洲地區，慈濟志工啟發當地志工的善心，關懷更貧困者，挑戰馬斯洛五大需求理論。目前在南非，賴索托、辛巴威、史瓦帝尼、莫三比克、波札納、納米比亞 7 個國家有慈濟人，7 國面積加總，約為臺灣的 97 倍大。非洲志工人數 2 萬 1,400 位，有 4 萬 6,000 人次響應「竹筒歲月」，日存點滴助人。[73]

帶動非洲志工的潘明水，原為台商，1994 年因為台灣送愛到南非的舊衣活動認識慈濟，接著在德本帶出 5,000 名志工。[74] 2006、2007 年間，10 位非洲裔的志工培訓成為慈濟委員，在當地成立五百多所職訓班，設立 126 個愛心

---

72 馬斯洛的需求層次理論（Maslow's hierarchy of needs）是亞伯拉罕‧馬斯洛於 1943 年《心理學評論》的論文〈人類動機的理論〉（A Theory of Human Motivation）中所提出的理論。5 個需求依序為：生理需求（Physiological needs）、安全需求（Safety needs）、社會需求（Love and belonging needs）、尊重需求（Esteem needs）和自我實現需求（Self-actualization）5 類，依次由較低層次到較高層次。

73 《慈濟月刊》第 621 期，2018-08-01。

菜園站，供應中餐給 5,000 名孤兒，照顧 1,200 名愛滋病患。2018年，慈濟在南非史瓦帝尼，帶動 3,000 位志工，關懷 1,000 戶、照顧 3,500 位孤兒。貧窮的志工照顧「貧中之貧」的同胞，就是因為一念善心啟發他們的愛。在賴索托則有 3,000 位當地志工，平日關懷 300 戶貧病人，照顧 1,500 名孤兒。在莫三比克的志工蔡岱霖，她嫁到莫三比克，憑一人之力，接引 3,000 位當地志工，要帶活動、發放、賑災、勘查、訪視等。[75] 蔡岱霖以一人帶動三千多人，呼應《無量義經》「一生無量，無量從一生」的精神。

證嚴法師說「見苦知福」，就是觸動到世間的苦難，啟發自己的悲心、善心，徹底的轉化內在，將攀緣的心轉動為善心。慈濟人的勸募是募心「募一份善心，募一份愛心。」不在於數量而在心量。靜思語：「心寬就是善」[76]、「心平路就平，心寬路就寬。」[77] 善士會聚，肯定善性，啟

---

74 德本，位於南非東岸，是僅次於約翰尼斯堡（Johannesburg）、開普敦（Cape Town）的南非第三大城，也是臨印度洋的海岸度假地。

75 《慈濟月刊》第 621 期，2018-08-01。

發其善心，「心」的啟迪後，則需「善念」的恆持。

　　光的速度是每秒30萬公里，能繞著地球走7圈半。聲音的速度每秒 350公尺，大約只有光速的九十萬之一。但是比光速還快的就是「念」。《仁王般若經》：「九十剎那為一念，一念中一剎那經九百生滅。」一念有八萬一千個生滅。天台智者大師建構「一念三千」的理論，即是從十如是、十法界的交錯的百界千如，再結合「器世間、眾生世間、五蘊世間」，一念之中悠遊於地獄、惡鬼、畜生、阿修羅、人、天、聲聞、緣覺、菩薩及佛等三千大千世界，就在於一念。

　　攝護善念的具體實踐 ——「經藏演繹」，以法水滌心。慈濟推動經藏演繹始於2000年（34周年慶）推出音樂手語劇《三十七助道品》，將三十七助道品化為偈頌，配合手語、音樂，深入經藏。2001年，35周年慶，推出《靜思・寰宇・慈濟情》，演述慈濟功德會草創因緣及一

---

76 證嚴法師，《靜思語》第一、二、三集典藏版（台北：慈濟文化），
　　頁 467。
77 同前註，頁 468。

路走來的篳路藍縷。2002年，36周年慶推出《父母恩重難報經》，音樂手語劇提醒世人父母恩大。同時在美國、新加坡、馬來西亞、印尼、菲律賓、澳洲、日本、南非等地演繹。2003年，37周年慶，推出《藥師如來十二大願》為天災、戰禍、瘟疫的年代祈求人心淨化、社會祥和、天下無災。2007年，40周年慶推出《清淨‧大愛‧無量義》詮釋《無量義經》的經義，弘揚無量法義。

志工投入演繹前得參加讀書會、齋戒，讀誦經典、手語等，從身、口、意三方著攝護善念。2011年慈濟推動一場需 2,016 人同台演出的「法譬如水《慈悲三昧水懺》經藏演繹」，以唐‧悟達國師（811-883）一念憍慢心起，左股上長出「人面瘡」，引出漢朝袁盎斬晁錯千年之冤的故事。藉此事提醒世人守護心念之重要。[78] 演繹中蘊涵著「悲智雙運的宗教情懷、莊嚴生命的人文涵養、多元創作的藝術表現、心靈膚慰的終極關懷」。[79] 誠如法師所言「善門難開，好事多磨」，慈濟走過半個世紀，慈濟人繞遍全球五大洲，在艱難險阻之中堅持善念，無懼於憂譏畏讒。慈濟志工眾多，成員來自社會各階層，也都是臨時編組，

團隊要面對內部、外部的考驗,如何體悟恆持善念?就在經藏演繹中淬練。

　　前文《大寶積經》譬喻「心如流水」,說明心是念念遷流,剎那變化快速。若將「心」的快速流動喻為流水時,「心念」就如同水泡一般,剎那間生滅;「心性」如同水的本質,無色無味。從善性、善心至善念,起心動念時,念念遷流,心性不變。該如何恆持?該如何時時護念?《無量義經》:「而入眾生諸根性欲,性欲無量故,說法無量;說法無量,義亦無量。無量義者,從一法生;其一法者,即無相也。」[80]佛陀面對無量不同根器的眾生,

---

78 悟達國師(811-883)於唐懿宗咸通 4 年(863)在長安照顧麻瘋病的病僧(迦諾迦尊者化身),僧人痊癒後,告訴悟達國師,日後若有難可至西蜀彭州水九隴山,其山有兩棵高碩的松樹為誌。唐懿宗咸通 12 年(871),獲賜沉香法座,從此尊為國師。因起一念憍慢心,左股上突隆起瘀青,長出「人面瘡」,名醫束手無策。國師赴九隴山找尋昔日病僧迦諾迦尊者,尊者引出一段千年恩冤,即漢朝袁盎斬晁錯的故事。前世的袁盎(即悟達國師的前世)斬晁錯(化為人面瘡),袁盎十世為僧,戒律精嚴,晁錯苦無報仇機會,沉香法座生起一念憍慢心,晁錯得以報仇。經迦諾迦尊者以三昧水洗滌,解開心結,化解冤仇,人面瘡痊癒,悟達國師發心在四川的九隴山築庵造懺。

79 拙撰,〈慈濟基金會《法譬如水——經藏演繹》之意蘊〉,第二屆世界佛教與企業論壇,2011 年 12 月 23、24 日。

得用不同的教法；因眾生無量，所有教法無量，而有無量義。然而無量義從一法，即是從「心」而生。面對無量眾生、法亦無量。善心亦如是，由「善」而心生萬法，面對不同區域、環境而有調適，「善念」的恆持亦然，調合心念，從「善」如流，證嚴法師以「恆持剎那，把握當下。」[81]用來對治念念的遷流，即是在心念的洪流中，把握每個當下，「啟發善心」、「恆持善念」，依待善因、善緣。

## 三、善因深植、善緣廣結

「諸法因緣生，諸法因緣滅」，就緣起觀而言，萬物的生成無不依「因」待「緣」。「因」是「主要」、「直接」造成事物發生的結果，也就是最主要、最直接的原因，或可說是「內在」為因。相對而言，除了主因之外，其餘的都是「緣」，也可以說是非主要的、不是直接的條件。簡

---

80 《無量義經》，〈2 說法品〉，（CBETA, T09, no. 276, p. 385c22-25）。
81 證嚴法師，《靜思語》第一、二、三集典藏版（台北：慈濟文化），頁 393。

而言之，因、緣即「內在主因、外在條件」。以種植植物為喻，種子是主因，陽光空氣水為助緣。部派佛教提出六因：

「能作因、俱有因、同類因、相應因、遍行因、異熟因。」[82] 唯識學派則提出十因：「隨說因、觀待因、牽引因、生起因攝受因、引發因、定異因、同事因、相違因、不相違因。」主要是以十因用以說明世界萬事萬物，一切物質和精神現象產生的原因。[83] 然而這些「因」的分析都是根據不同的觀念作為不同的分類標準，由此也可以無窮盡的區分，永無止境。[84] 也就是所有的事物的存在不是自有、獨立、不變、單一的，也就是所謂的「無自性」。

---

82 因，指引生結果之直接內在原因；緣，指由外來相助之間接原因。依此，因緣又有內因外緣、親因疏緣之稱。廣義而言，因即意謂因與緣，包含內因與外緣。《佛光大辭典》，頁 2301。

83 此十因是唯識學派從種子學說出發而立，用以說明藏於阿賴耶識中的種子在生起世界各種物質和精神現象中的作用，以及眾生生命過程中的業報輪迴產生的原因。參閱：業露華，《中國佛教百科叢書（二）教義卷》（高雄：佛光，2015 年），頁 139-144。《佛光大辭典》，頁 418。

84 陳沛然，《佛家哲理通析》（臺北：東大，1993 年），頁 43。對於部派佛教分析六因，由於因果概念並沒有必然性，可以根據不同的觀念作為不同的分類標準，由此而可以無窮無盡地區分下去，而永無止

十二因緣是佛陀的教法，「無明（前世之愚昧無知）、行（錯誤的決定和行為）、識（構成下一期生命的主體）、名色（肉身和對象世界）、六入（生理感官，逐漸形成胎兒的眼、耳、鼻、舌、身、意等六種感覺器官）、觸（於出胎之後，自我身心的六入（六根和外在環境的六塵之間，發生了相對的接觸）、受（領納苦或樂）、愛（貪戀執著於一切事物）、取（執著於所對之境）、有（求取生存的慾望）、生（生起、今生造了生死的業因）、老死（眾生衰變及滅壞、而至死亡）。」跨越三世二重因果的十二因緣，用以解釋生命的輪迴流轉的歷程，也是苦惱形成的因緣。各個前者為後者生起之因，同時說明因、緣之間是相依相待的關係。一切事物皆具有相依性皆由因、緣所成立。十二因緣可說明過去、現在、未來三世的因果關係，不論是順觀十二因緣（無明緣行，行緣識，……，生緣老死）或逆觀十二因緣（老死緣生，生

境，亦即無必然性。若將一切法各各分析，視之為各現象之最後實在之存在，各有其獨立的性質、不變的自性，更不可彼此化為一，……「緣起」觀念開展的過程中的曲折，走向歧途。原本是「緣起性空」，現變成了「性不空」、有自性」。這是一切有部的歧出。

緣有，……，行緣無明），只要將行緣自無明，由無明斷除，生命的逆觀，滅其輪迴流轉。

如何還滅？就要從因做起。所謂「深思行業善惡之報，如影隨形，三世因果循環不失，此生空過後悔無追。」[85]「欲知前世因，今生受者是。欲知後世果，今生作者是。」[86] 慈濟的賑災、社區發放中，鼓勵受助者或弱勢也能用微薄的力量去助人，為自己種下善因。這也是證嚴法師提出要「教富濟貧」、也要「濟貧教富」，讓富者能濟苦難人；苦難人也能發揮一點點的力量布施，不分貧富都要深植善因。不但鼓勵富人濟貧，更要激勵貧者心靈富足，懂得付出。在每個人的心中，播下一粒種子，就是埋下一個善因。所以施者布施——結善緣、受者布施——種善因。透過布施讓所有的人都能行善。證嚴法師說：

富裕者有錢、有力量，可以引導他們用世間財來幫助苦難人；為人間福祉付出，也是為自己造福，這是「教富

---

85 《大般涅槃經後分》，卷 1，〈1 遺教品〉，（CBETA, T12, no. 377, p. 901a9-10）。

86 《維摩經無我疏》，卷 1，（CBETA, X19, no. 348, p. 590a23-24 // R30, p. 75a10-11 // Z 1:30, p.38a10-11）。

濟貧」。

　　希望貧窮人知道自己也有力量救人，即使只有一滴水，滴進大缸裡，這缸水就有他付出的一滴，可以供應許多人喝，也是在造福；這就是「濟貧教富」。[87]

　　法不孤起，仗境方生；道不虛行，遇緣即應。有因必需有助緣，才能發展。

　　「諸法因緣生，諸法因緣滅」萬法都是因緣法，而各有宿緣，就時間上來說，是因為有過去的條件，才能成立現在結果。在《佛說罪福報應經》：

　　佛告阿難：「吾觀天地萬物，各有宿緣。」……佛言：「夫人作福，譬如此樹，本種一核，稍稍漸大所益無限。為人豪貴國王長者，從禮事三寶中來。為人大富財物無限，從布施中來。為人長壽無有疾病身體強壯，從持戒中來。……[88]

　　慈濟與眾生結善緣、鼓勵人人種善緣。其中最特殊

---

87 摘自《慈濟月刊》507 期〈隨師行記〉，證嚴法師開示於 2009 年 1 月 17 日。

88 《佛說罪福報應經》，（CBETA, T17, no. 747a, p. 562b18-c11）。

的「緣」是骨髓幹細胞捐贈。「慈濟骨髓幹細胞中心」自1993年成立至今，志願捐贈者累計超過 42 萬人，各界愛心捐贈者搶救生命的足跡已遍布全球 31 個國家地區。截至2020年12月完成5,897例骨髓捐贈，捐贈者的愛已圓滿了5,897個生命重生，也給了5,897個家庭希望。[89] 這份「髓」緣傳誦著許多不可思議的因緣與動人的生命故事，更重要的是及時搶救生命。受髓者因捐贈者付出，生命得以延續。

2013年骨髓中心成立20周年，在中秋節舉行「骨髓捐、受者相見歡」活動，來自越南貧困鄉村的黃清俊是腦神經外科醫師，他努力追求夢想，不到 30 歲就成為醫界新秀，以精湛醫術搶救無數生命，正在救人的道路上，卻於 2005 年檢驗出罹患血癌，在越南幾乎放棄一線生機。黃清俊卻在慈濟骨髓資料庫配對成功，跨海到臺大醫院接受骨髓移植。8年後，黃清俊見到捐髓者李允鑫，內心激動，淚水潰決，跪拜在地感恩捐髓者。[90] 「髓」緣不變，

---

89 慈濟骨髓幹細胞中心網頁： http://btcscc.tzuchi.com.tw/

不變「髓」緣，在千萬人中能配對成功的機率非常低，志工在勸髓時，見證因緣不可思議，髓緣無限寬廣，善緣得以跨越千萬里。

　　骨髓捐贈也有跨種族、膚色配對成功的案例，這是「無緣大慈，同體大悲」的最佳證明，也讓人感悟「善」的因緣不可思議，種善因，讓己身的「善因」得以綿延不斷、讓「愛」得以持續；結善緣，讓別人能接受一份祝福與關懷。善無分大小，重要是恆長久遠深植這份善因。佛教強調三世因果的因緣觀，因緣果報貫通時間、空間，在《法華經》上，日月燈明如來、大通智勝佛、威音王過去諸佛都曾宣講《法華經》，代表著過去、現在及未來三世諸佛都宣講此經。這是強調《法華經》在時間上的永恆性、空間上的普遍性。[91] 援以證嚴法師 2015 年底歲末祝福之主題「大愛之道廣披寰宇，長情之路古往今來。」相互

---

90 http://btcscc.tzuchi.com.tw/index.php?option=com_content&view=article&id=1164%3A2014-01-17-03-12-23&catid=186%3A2013-09-24-06-42-02&lang=tw

91 日‧菅野博史著，釋孝順（池麗梅），《法華經──永遠的菩薩道》（臺北縣：靈鷲山般若，2005 年），頁 76。

呼應，適逢慈濟55周年，慈濟已在全球119國家地區，因此可以「廣披寰宇」說明「空間的普遍性」——普及全球，遍滿世間。而本著佛陀慈悲的本懷，行善半世紀以「古往今來」詮釋著「時間的永恆性」——永久持續，恆常不變，作為慈濟「善」的「因緣觀」的註腳。

## 四、善根增長、善力開展

　　佛教中的「善根」又作善本、德本。即產生諸善法之根本。無貪、無瞋、無癡三者為善根之體，合稱為三善根。又善法為得善果之根本，故亦可稱為善根。《普門品》：「宿植德本，眾人愛敬。」[92] 即是因過去曾深植善根，此生能獲眾人的愛敬。[93]《阿彌陀經》提及「不可以少善根福德因緣得生彼國」此處是指念佛為多善根，念佛以外之其餘各種諸善為少善根。「善根」在三十七道品中有五善根，「信、精進、念、定、慧」。因修習四念處觀而發起的修行經驗，善根發起之後，修行的工夫才算著

---

92 《妙法蓮華經》，卷 7，〈25 觀世音菩薩普門品〉，（CBETA, T09, no. 262, p. 57a9）。

力，故接下來便是信、精進、念、定、慧的五力。[94]《華嚴經》：「信為道源功德母，長養一切諸善根。」佛教以「根」和「力」代表著兩種不同的呈現方式，根是長在地底、在土裡，喻為向下扎根，代表著基礎的、隱性的、潛藏的、內在的、本質的。若沒有根，植物是無法發揮生長，更無法產生「力道」與「作用」。《法華經》〈藥草喻品〉：三草二木，以大樹、小樹，以譬喻五乘的根基不同，有種種的差別。

慈濟的日常活動，為志工生起善法的根本。每日「志工早會」從證嚴法師的開示、或由常住眾的「複講」都是日日長養諸善根。志工早會上，志工、各志業職工及全

---

93 《佛光大辭典》，善根：又作善本、德本。即產生諸善法之根本。據中阿含卷七大拘絺羅經載，比丘知善、知善根，是謂成就見、得正見，於法得不壞淨，入於正法中。無貪、無瞋、無癡三者為善根之體，合稱為三善根。不善根則為善根之相反，貪、瞋、癡等，即稱三不善根，或稱三毒。又善法為得善果之根本，故亦可稱為善根。（大品般若經卷一序品、無量壽經卷上、佛本行經卷五降象品、悲華經卷八、舊華嚴經卷四盧舍那佛品、大寶積經卷七十八具善根品、入阿毘達磨論卷上、梁譯攝大乘論釋卷七），頁 4888。

94 聖嚴法師，《卅七道品》（臺北：法鼓文化，2011 年），頁 100-134。

球各地分享日常事務或工作上的體會，有助於彼此之間事理的薰習。另外，每年5月第二個星期日的全球浴佛，自 1996 年起每年5月第二星期日，慈濟訂為「全球慈濟日」、並結合「母親節」、「浴佛節」三節合一，進行全球浴佛大典，藉著浴佛灌沐如來自性。以 2018 年為例全球浴佛共計 37 國家地區、25 萬人參與。[95] 藉由浴佛的善與信，讓善根滋長。若就五善根而言，慈濟善士深信因緣果報，日日精進於各項志業，面對各項挑戰與考驗，堅定己心，以智慧突破，建立諸善法之根本。

相對於「根」屬內在、根本；「力」是屬於顯性、發揮的、外在的、表現的，猶如樹幹是向上攀升之力。也就是，善力是經由善根的滋長而突破，從地湧出、破土而生，由根本而開展。由是善根增長、扎根於事理，據此才能有根基，遇事才能有契機。五十多年來，慈濟「善」的行動力遍及全球，慈濟全球「慈善行動力」歷年累計如下：

---

95 摘自 http://ww.tzuchi.org.tw/2017-12-15-02-39-10/ 大型活動 / 慈濟 52 周年 / 三節合一 /item/21384- 全球 37 國家地區 -25 萬人浴佛。灌沐如來是滌自性，透過佛誕日來洗滌心性。

全球人道援助119國家地區　（截至2020年12月）

全球援建學校16國家地區242所（截至2020年12月）

全球住屋援建16國家地區21,117戶（截至2020年底）

全球慈濟人醫會在57國家地區，共義診338萬9,521人次（截至2020年底）

全球慈濟人分布66國家地區（截至2020年12月）[96]

這個動力即如證嚴法師所言：「發心、用心、集人人愛心；借力、用力、集人人大力。」[97]「為善如汲井水，即使汲取再多，仍會不絕地湧出，怕的是不掘井。」[98] 援引智者大師在《法華玄義》[99] 行妙中「菩薩五行」之嬰兒行，即菩薩面對小善權機者，菩薩運用「慈善根力，如磁石吸鐵，和光利行，能令眾生得見，菩薩同其始學。」[100] 即是面

---

96 《慈濟年鑑2020》（2021），頁592-593。

97 證嚴法師：《靜思語》第一、二、三集典藏版（臺北：慈濟文化），頁374。

98 同前註，頁346。

99 《四教義》，卷10，（CBETA, T46, no. 1929, p. 758c9-11）。天台四教義中《法華玄義》，全書近20萬字的是智者大師針對《妙法蓮華經》經題5個字依「法」「妙」、「蓮華」「經」開顯法華經的妙義。

對眾生具有小善權機，若無菩薩為之化行陶冶來誘導，
仍不能成就小乘小善。是以菩薩所具足的慈善根力，猶
如磁石吸鐵一般有和光利行，能令眾生豁然了見菩薩之
所示現，從而知所傚慕。[101] 慈濟宗門菩薩人間化，即是
以此「善根、善力」，無量善行及善願才能從地源源不斷
湧出。

---

100 智者大師在「行妙」別五行引《涅槃經》──「聖行、梵行、天行、
　　病行、嬰兒行。」五行是指菩薩所修之 5 種行法。即：（一）聖行，聖，
　　正之意。謂菩薩依戒、定、慧所修之行，稱為聖行。（二）梵行，梵，
　　淨之意。謂菩薩於空、有之二邊無愛著之染，稱為淨；以此淨心運於
　　慈悲，與眾生樂而拔其苦，故稱梵行。（三）天行，天，即指第一義天。
　　謂菩薩由天然之理而成妙行，故稱天行。（四）嬰兒行，嬰兒，以喻
　　人天、小乘。謂菩薩以慈悲之心，示同人天、聲聞、緣覺之小善之行，
　　故稱嬰兒行。（五）病行，謂菩薩以平等心，運無緣之大悲，示現出
　　同於眾生之煩惱、病苦等之行，故稱病行。此處嬰兒行，以嬰兒喻人
　　天小乘。謂菩薩以慈悲之心，示同人天、聲聞、緣覺、小善之行，故
　　名嬰兒行。參閱《佛光辭典》，頁 1085。李志夫，《妙法蓮華經玄
　　義研究》（臺北：中華佛教文獻編撰社，1997 年），頁 500。
101 智者大師在「行妙」別五行引《涅槃經》──「聖行、梵行、天行、
　　病行、嬰兒行。」五行是指菩薩所修之 5 種行法。即：（一）蘇榮焜，
　　《法華玄義釋譯》（臺北：慧炬，2002 年），頁 616。

## 五、善願堅立、善行無量

　　修行學佛者，立願、發願之重要，普賢菩薩的〈普賢十大願〉、《阿彌陀經》彌陀四十八大願、《藥師經》藥師如來佛十二大願、觀音《大悲懺》法門中十二大願。地藏菩薩立下「地獄不空，誓不成佛。」「我不入地獄，誰入地獄」之宏願。為何要發大願？清．省庵大師在《勸發菩提心文》剴切提出：

　　嘗聞入道要門，發心為首。修行急務，立願居先。願立則眾生可度。心發則佛道堪成。苟不發廣大心、立堅固願。則縱經塵劫，依然還在輪回。雖有修行，總是徒勞辛苦。[102]

　　發願才能度眾，修行若不發大心、立大願，雖經長時間的修行還是徒勞無功。

　　《大智度論》：「莊嚴佛世界事大，獨行功德不能成故，要須願力。譬如牛力雖能挽車，要須御者能有所至；淨世界願亦復如是，福德如牛，願如御者。」[103] 願力如同

---

102 《省菴法師語錄》，卷 1，（CBETA, X62, no. 1179, p. 234b19-22 // R109, p. 592a13-16 // Z 2:14, p. 296c13-16）。

駕御牛車者，除了牛隻的力量，也要有御者的願力，才能到目的地。四宏誓願：「眾生無邊誓願度，煩惱無盡誓願斷，法門無量誓願學，佛道無上誓願成。」慈濟宗門則以「誠正信實」與四宏誓願相應。慈濟人內修誠正信實，外行慈悲喜捨：

> 誠心誓願度眾生，
>
> 正心誓願斷煩惱，
>
> 信心誓願學法門，
>
> 實心誓願成佛道。
>
> 大慈無悔愛無量，
>
> 大悲無怨願無量，
>
> 大喜無憂樂無量，
>
> 大捨無求恩無量。[104]

證嚴法師的〈誠心祈三願〉「祈願人心淨化，社會祥

---

103 《大智度論》，卷 7，（CBETA, T25, no. 1509, p. 108b27-c1）。

104 《慈濟月刊》第 561 期，2013-08-25。釋德仉撰：「⋯⋯上人結合『誠正信實』與『四弘誓願』，囑眾「誠心誓願度眾生，正心誓願斷煩惱，信心誓願學法門，實心誓願成佛道」。證嚴上人衲履足跡（2013-07）。

和，天下無災難。」[105] 即是慈濟人的善願。四無量心與四宏誓願的另一種表達是〈普天三無〉「普天之下沒有我不愛的人，普天之下沒有我不原諒的人，普天之下沒有我不信任的人。」以愛天下人、寬宥天下人、信任天下人的胸襟。一如《金剛經》：「所有一切眾生之類，若卵生、若胎生、若濕生、若化生，若有色、若無色，若有想、若無想、若非有想非無想，我皆令入無餘涅槃而滅度之。」[106] 滅度一切眾生的精神與意涵。

《無量義經》：「能捨一切諸難捨，財寶妻子及國城，於法內外無所悋，頭目髓腦悉施人。」[107] 慈濟人的善願莫過於突破國人禁忌的「無語良師」，無語良師是指往生者捐出大體供醫生研究、模擬手術使用。中國自古以來重視全屍、厚葬。但是證嚴法師提出「化無用為大用」，帶動慈濟人在生前就簽立「大體同意卡」，帶動捐贈風氣，目

---

105 1995 年 1 月 2 日，證嚴法師對靜思精舍的常住二眾談到：「今年我更加抱著無限希望，希望人心淨化、社會祥和、天下無災難。」此後年年以此為新春三願。

106 《金剛般若波羅蜜經》，（CBETA, T08, no. 235, p. 749a6-10）。

107 《無量義經》，（CBETA, T09, no. 276, p. 385b14-15）。

前超過4萬人簽署捐贈大體，其中6成為慈濟志工。生前投入慈善，死後捐大體提供醫學研究。若不是菩薩的宏願，豈能從容地捐出身體。實者是「立好願就有付出的力量。」[108]

發廣大願後，更要力行在人間。《釋禪波羅蜜次第法門》：「有願而無行，如欲度人彼岸，不肯備於船，當知常在此岸，終不得度。如病者須藥得而不服。當知病者必定不差。」[109]發願不實踐，還是無法得度，因此若只重高深玄妙的義理，流於口舌之辯。所以永明延壽強調「佛法貴在行持，不取一期口辯」[110]，「重實而不重虛，貴行而不貴說。」[111]行持則從具體的日常生活中實踐，因此「萬善是菩薩入聖之資糧，眾行乃諸佛助道之階漸。」[112]「萬善悉向菩提」、「眾行咸歸種智。」[113] 一切行持都是趨向善行，

---

108 證嚴法師，《靜思語》第一、二、三集典藏版（臺北：慈濟文化），頁 377。

109 《釋禪波羅蜜次第法門》，卷 1，（CBETA, T46, no. 1916, p. 476c6-9）。

110 《萬善同歸集》，卷 2，（CBETA, T48, no. 2017, p. 972b1）。

111 《萬善同歸集》，卷 3，（CBETA, T48, no. 2017, p. 987b8-9）。

112 《萬善同歸集》，卷 1，（CBETA, T48, no. 2017, p. 958c13-14）。

通達諸佛真理。永明延壽在《萬善同歸集》所指的眾善之
行的「眾行」——供養三寶、恭敬佛像、廣興法會、稱念
佛號……等三十餘種，涵蓋佛教大小乘各類修行。[114] ……
即一切修行皆善行，都與佛教不想違背，更能通達佛教
真理，所謂「以行者，緣一切善法；無行者，不得一切
善法」、「若人修行一切善法，自然歸順真如法。」延壽的
「善行」、「修行」大抵不出身、口、意，概括「十善」的
範疇，重視自身的行為規範，透過佛教的修行方法約束自
己的言行舉止，重在求「解脫」，至於利他的部分，較少
提及。

　　慈濟志工重在利他，志工勤務繁多雜瑣，善士的「眾
行」繁多。志工團隊以「四法四門」為組織結構：

　　一、合心—總持門：總一切法，持一切善。

　　二、和氣—和合門：和聖賢心，合菩薩道。

---

113　《萬善同歸集》，卷 1，（CBETA, T48, no. 2017, p. 958c17-18）。
114　如供養三寶、恭敬佛像、廣興法會、稱念佛號、誦念佛經、修習禪定、
　　行道念佛、禮佛拜佛、奉持戒律、懺悔罪業、講唱大眾、製論釋經、
　　著文解義、翻譯大乘、廣行經咒、慈心孝順、供養父母、十度四攝、
　　嚴格苦行如燃指燒身、燒臂、遺身、投巖、赴火、放生贖命等等。參
　　閱袁家耀釋譯，《萬善同歸集》（高雄：佛光，1996 年），頁 8。

三、互愛—關懷門：內觀自在心，懷抱眾生苦。

四、協力—力行門：力持諸善法，行遍人間道。[115]

四法四門四合一，立體琉璃同心圓，有如一棵樹，從樹根（合心）、樹幹（和氣）、枝芽（互愛）、樹葉（協力）。既是功能職責，也是修行法門，不論組織或是修行向下扎根，堅固道心，往上發展到樹葉，每個人都是人間菩薩。就志工編組，針對功能設有幹事，從活動、財務、人事、總務、視聽、福緣（供應茶水點心及香積等）、交通、培育、精進、公傳、訪視、急難、人醫會、骨髓、醫院志工、諮詢、教育團隊、人文團隊、人文真善美、環保等幹事，幹事要負起總責，協調安排人力。至於志工勤務工作內容多達五十多項，如下列：

活動策畫、手語練習、防災協調、視訊連線協助，規劃香積、茶水、點心、餐點提供，交通安全維護，委員慈誠培育、精進研習規劃，安排助念、告別式，法脈共修、

---

115 2003 年，證嚴上人提出四法四門四合一組織架構，即立體琉璃同心圓，有如一棵樹，從樹根（合心）、樹幹（和氣）、枝芽（互愛）、樹葉（協力），由下扎根道心，往上發展到樹葉，每個人都是人間菩薩。參閱潘煊，《證嚴法師 琉璃同心圓》（臺北：天下文化，2004 年）。

法器研習，媒體聯繫，外界互動，慈善訪視，急難賑災訪視、防災協調、義診、往診、衛教，捐髓者之陪伴、關懷、接引及受髓者之關懷、經濟困難協助，骨髓幹細胞捐贈之教育宣導，驗血活動，規劃慈院志工教育訓練，志工輪值，靜思堂及分會諮詢服務、接待導覽、社會教育推廣，志業導覽人員之培訓與安排，外語、書法、繪畫、音樂、歌唱等善士接引，人文真善美錄音、錄影、拍照、活動文宣、多媒體、海報看板等之建立、設計、製作，環保推動，社區環保教育站及環保點運作。[116]

這五十多種的勤務即是世間的行持，且落實在日常活動中，不僅是人與人之間的調和，更要掌握時間、空間的管理。慈濟的「善士」即本著菩薩利他精神，行入人群，從中參學力行。有如《華嚴經》善財童子五十三參[117]，即「經歷53種不同生命的表徵獲得不同的宗教體驗」[118]志工投入各種工作，經歷不同的勤務，面對各樣的困難，慈濟的

---

116 參考慈濟功能團隊勤務。

117 《華嚴經》〈入法界品〉，為八十華嚴之最後一品，全經卅九品，前卅八品合計 59 卷，此品佔了 21 卷。主要是描寫善財（財根法財俱足）童子自發菩提心，參學拜訪善知識的過程。

善士不僅具有善人的慈悲，更要走入人群、深入苦難、體驗生命，結合人力、整合資源，克服萬難，完成善的使命。

社區就是一個修行道場，志工來自不同的階層、不同的生命經歷，如同花園裡開滿了各種不同的花草樹木，因為有差異性，才能各展長才，更能展現花園之內花團錦簇之美。《華嚴經》之經題為「雜華嚴飾」意即，展現法界森然，包羅萬象，代表著「同時具足相應門、一多相容不同門、……。」[119]「《華嚴》之宗教精神在透過日常生活去體驗，並不斷地提升境界。」「五十三參，參參皆非向外參，既是歷事練心，則是藉事之外緣而起內省、觀照之功夫；藉此而達照寂乃至寂照的標的。」[120]善財童子五十三參所提出的是「修行實例」彰顯《華嚴經》中的「崇高宗

---

118 方東美，《華嚴宗哲學》（下）（臺北：黎明文化，1993 年），頁89。

119 澄觀十玄門「一、同時具足相應門。二、廣陝自在無礙門。三、一多相容不同門。四、諸法相即自在門。五、祕密隱顯俱成門。六、微細相容安立門。七、因陀羅網境界門。八、託事顯法生解門。九、十世隔法異成門。十、主伴圓明具德門。」《大方廣佛華嚴經疏》，卷 2，（CBETA, T35, no. 1735, p. 515a19-24），十玄門闡釋法界緣起，無盡圓融；法界重重，一多無礙。

教精神」（實踐的精神）及「神聖的宗教情操」。[121]慈濟的善門修行亦同，不論擔任何種職務、承擔何種勤務，在各種磨合過程中，本著與人為善，處處與人為善，時時調和自身，融合別人的意見。在紅塵俗世中修煉，在人我差別中修養，在日常生活中修行。證嚴法師：「『經』不只是口唸，而是用雙手做、雙腳走，為世間疾苦付出。」[122]行善是本分，付出無所求，不執善有善報，自然輕安自在。」[123]慈濟志工以善願、善行，「願行合一」，撫慰苦難，行善人間，轉苦為福。

　　上文分從「士、性、心、念、因、緣、根、力、願、行」區分5個主軸、10個面向，探討慈濟宗門「從善門契入佛門」，在5個主軸中洞見：「人性中和、心念調和、根力統合、因緣和合、願行結合。」就10個面向中歸結出：

---

120 繼夢法師，《華嚴經哲學概要》（台北：圓明，1993年），頁286。

121 同前註，頁267。

122 證嚴法師，《靜思語》第一、二、三集典藏版（臺北：慈濟文化），頁443。

123 同前註，頁369。

宗門善士雲集、人人善性本具，循著「知苦、斷集、慕滅、修道」四諦之理路，開展「慈善、醫療、教育、人文」四大志業、八大法印。

　　啟發善心、恆持善念依《無量義經》：「無量義者，從一法生。」一法即一心，心生萬法，念念遷流之際，「把握當下，恆持剎那」。

　　本著《法華經》超越時空的精神，體認善的因緣在時間的永恆性、空間的普遍性，因因緣緣，相續不斷，善因深植、善緣廣結。

　　慈善根力，則如《法華玄義》所言：「如磁石吸鐵，和光利行，能令眾生得見，菩薩同其始學。」引領眾生，善根深植，善力開展。

　　效法《華嚴經》善財童子五十三參，歷事練心、廣參博學，於日常生活中，善願堅立、善行無量。

## 肆、餘論

　　慈濟宗門秉持佛陀「慈悲為懷，濟世為志」的精神，跨越宗教藩籬、超越種族意識、突破政治界限等，以世

界為道場，拔苦予樂為資糧，關懷天下貧病，撫慰蒼生苦難。55年來，以善、以愛援助119個國家地區的苦難，並在66個國家、地區設立分會、聯絡處，開展慈善、醫療、教育及人文等四大志業。佛法東傳兩千多年的歷史，尚未出現單一個教團或宗門，在短短半世紀，行遍全球、濟貧救苦、利益眾生，此一悲心宏願根植於一個「善」字。「菩薩人間化，佛法生活化」為慈濟宗門宗旨，慈濟引領社會大眾從「善門」入「佛門」，善事與佛理，事理相應即；善門與佛門，門門相通；善法與佛法，法法相應。慈濟宗門從善門「入」佛門，非僅於「進入」，而是悲智雙運的「契入」佛門。

# 參考書目

經典（依筆劃順序）

《十善業道經》

《大方廣佛華嚴經》

《大方廣佛華嚴經疏》

《大乘百法明門論》

《大乘義章》

《大般涅槃經後分》

《大智度論》

《大寶積經》

《六祖大師法寶壇經》

《太上感應篇》

《四十二章經》

《成唯識論》

《佛說罪福報應經》

《妙法蓮華經》

《宗鏡錄》

《法句經》

《法華玄義》

《金剛般若波羅蜜經》

《省菴法師語錄》

《涅槃經》

《真心直說》

《無量義經》

《無量義經》

《菩薩瓔珞本業經》

《萬善同歸集》

《頓悟入道要門論》

《維摩經無我疏》

《優婆塞戒經》

《禪源諸詮集都序》

《釋禪波羅蜜次第法門》

《鐔津文集》

《觀音玄義》

**專書（依姓名筆畫）**

尤惠貞，《天台宗性具圓教之研究》（臺北：文津，1993年）。

方東美，《華嚴宗哲學》（下）（臺北：黎明文化，1993年）。

日・菅野博史著，釋孝順（池麗梅），《法華經——永遠的菩薩道》（臺北縣：靈鷲山般若，2005年）。

王明編，《太平經合校》（北京：中華書局，1997年）。

冉雲華，《永明延壽》（臺北：東大，1999年）。

印順法師，《成佛之道》（新竹：正聞，2000年）。

吉岡義豐，《中國民間宗教概說》（世界佛學名著譯叢）第50冊（臺北：華宇，1984年）。

李中華注譯，黃志民校閱，《新譯抱朴子》（臺北：三民，1996年）。

李志夫，《妙法蓮華經玄義研究》（臺北：中華佛教文獻編撰社，1997年）。

明・袁了凡著／黃智海演述，《了凡四訓白話解釋》（臺北：眾生文化，1994年）。

袁家耀釋譯，《萬善同歸集》（高雄：佛光，1996年）。

陳沛然，《佛家哲理通析》（臺北：東大，1993年）。

陳鼓應、趙建偉著，《周易注譯與研究》（臺北：臺灣商務，2000年）。

陳鼓應註譯，《老子今註今譯及評介》（臺北：臺灣商務，1995年）。

陳鼓應註譯，《莊子今註今譯》（臺北：臺灣商務，1999年）。

業露華，《中國佛教百科叢書（二）教義卷》（高雄：佛光，2015年）。

聖嚴法師，《卅七道品》（臺北：法鼓文化，2011年）。

聖嚴法師，《菩薩戒指要》（臺北：法鼓文化，1999年）。

潘煊，《證嚴法師 琉璃同心圓》（臺北：天下文化，2004年）。

證嚴法師，《靜思語》第一、二、三集典藏版（臺北：慈濟文化，2009年）。

繼夢法師，《華嚴經哲學概要》（臺北：圓明，1993

年）。

蘇榮焜，《法華玄義釋譯》（臺北：慧炬，2002年）。

釋德凡編撰，《證嚴上人思想體系探究叢書》（臺北：慈濟文化，2008年）。

釋德凡編撰，《證嚴上人衲履足跡》2008年秋之卷（臺北：慈濟文化，2008年）。

釋德凡編撰，《證嚴上人衲履足跡》2013年夏之卷（臺北：慈濟文化，2013年）。

釋慧嶽，《天台教學史》（臺北：中華佛教文獻編撰社，1979年）。


## 論文

楊均尊，《安身立命之道──《了凡四訓》之義蘊與生命實踐》，南華大學生命研究所碩士學位論文 2005年。

方思翰，《修身與化民：論明末清初功過格的儒學內涵》，政治大學碩士論文，2012年。

方立天，〈中國佛教倫理及其哲學基礎〉，《哲學與文化》，第259期（1995.12）。

傅佩榮，〈儒家「善」概念的定義問題〉，「傳統中國倫理觀的當代省思」國際學術研討會，臺灣大學哲學系主辦，2008-05-15。

簡東源，〈慈濟基金會《法譬如水──經藏演繹》之意蘊〉，第二屆世界佛教與企業論壇。2011年12月23、24日。

### 期刊

《慈濟月刊》，第 507 期，2009 年 2 月 25 日

《慈濟月刊》，第 561 期，2013 年 8 月 25 日

# 慈濟社區志工 —— 布善種子 遍功德田

策劃執行／財團法人印證教育基金會、慈濟教育志業執行長辦公室
編　　著／財團法人印證教育基金會
文字提供／劉銘達、鄭鳳嘉、王運敬、菲律賓分會、馬來西亞雪隆分會、新加坡分會
　　　　　印尼分會、美國總會、林文成、石計生、林明昌、簡東源
責任編輯／劉銘達、吳淑娟
文字校對／慈濟教育志業執行長辦公室
圖片提供／慈濟花蓮本會、佛教慈濟基金會文史處圖像資料組
　　　　　慈濟教育志業執行長辦公室


發 行 人／王端正
總 編 輯／王志宏
叢書主編／蔡文村
叢書編輯／何祺婷
美術指導／邱宇陞
內頁排版／極翔企業有限公司
出 版 者／經典雜誌
　　　　　財團法人慈濟傳播人文志業基金會
地　　址／臺北市北投區立德路二號
電　　話／02-2898-9991
劃撥帳號／19924552
戶　　名／經典雜誌
製版印刷／禹利電子分色有限公司
經 銷 商／聯合發行股份有限公司
地　　址／新北市新店區寶橋路 235 巷 6 弄 6 號 2 樓
電　　話／02-2917-8022
出版日期／2021 年 6 月初版
定　　價／新台幣 400 元

國家圖書館出版品預行編目 (CIP) 資料

慈濟社區志工：布善種子 遍功德田
TZU CHI：Community Volunteers／
財團法人印證教育基金會／編著─初版 .-- 臺北市：經典雜誌，
2021.06　416 面；15*21 公分
ISBN：978-986-06556-0-5（精裝）
1. 佛教慈濟慈善基金會 2. 慈善 3. 社區志工

548.126　　　　　　　　　　　　　　　110007314

ISBN 978-986-06556-0-5

00400

9 789860 655605